21 世纪高等院校旅游管理类创新型应用人才培养规划教材

现代旅行社门店管理实务
(第 2 版)

梁雪松　胡　蝶　王　伟　张建融　编　著

内容简介

本书以现代旅行社门店的实际操作能力培养为出发点，紧紧围绕国内外旅游业发展的新业态、新需求，对现代旅行社门店的管理和操作实务进行了详细的论述和说明。本书体系完整，编写紧扣"实用性、时代性、准确性"原则，从店长和店员两个层面通过案例进行讲解，内容深入浅出，具体生动，实践性强，门店业务操作技能、技巧与现代旅行社实际工作紧密结合。

本书适合作为高等院校旅游管理专业教学用书及旅游行业、企业培训用书，并可供相关从业人员参考使用。

图书在版编目(CIP)数据

现代旅行社门店管理实务/梁雪松等编著. —2版. —北京：北京大学出版社，2016.6
（21世纪高等院校旅游管理类创新型应用人才培养规划教材）
ISBN 978-7-301-27176-6

Ⅰ.①现… Ⅱ.①梁… Ⅲ.①旅行社—企业经营管理—高等学校—教材 Ⅳ.①F590.63

中国版本图书馆CIP数据核字（2016）第121559号

书　　名	现代旅行社门店管理实务（第2版）
	XIANDAI LÜXINGSHE MENDIAN GUANLI SHIWU
著作责任者	梁雪松　胡　蝶　王　伟　张建融　编著
策划编辑	刘国明
责任编辑	翟　源
标准书号	ISBN 978-7-301-27176-6
出版发行	北京大学出版社
地　　址	北京市海淀区成府路205号　100871
网　　址	http://www.pup.cn　新浪微博：@北京大学出版社
电子信箱	pup_6@163.com
电　　话	邮购部 010-62752015　发行部 010-62750672　编辑部 010-62750667
印刷者	北京溢漾印刷有限公司
经销者	新华书店
	787毫米×1092毫米　16开本　16印张　375千字
	2009年9月第1版
	2016年6月第2版　2021年9月第3次印刷
定　　价	35.00元

未经许可，不得以任何方式复制或抄袭本书之部分或全部内容。
版权所有，侵权必究
举报电话：010-62752024　电子信箱：fd@pup.pku.edu.cn
图书如有印装质量问题，请与出版部联系，电话：010-62756370

前　　言

《国务院关于加快发展旅游业的意见》明确"要把旅游业培育成国民经济的战略性支柱产业和人民群众更加满意的现代服务业",将旅游业的地位上升到战略高度,上升到与人民生活息息相关的现代服务业的高度,这是对旅游业的全新定位。随着2013年《国民旅游休闲纲要》和《旅游法》的相继出台,对于有序地推进目标的实现有重要现实意义和理论价值。

随着社会经济与科学技术的进步和快速发展,对于为旅游者提供旅游活动服务第一线的旅行社门店,也正面临着前所未有的发展机遇。作为现代旅行社门店管理与销售服务人员,其职业素质、业务操作能力对于旅行社门店工作的成败将起到至关重要的作用,是其在激烈的市场竞争中能否取得业绩的关键所在。

本书以旅行社门店的实际操作能力培养为出发点,紧紧围绕国内外旅游业发展的新业态、新需求,对旅行社门店的管理和操作实务进行了详细的论述和说明。在我国旅游业的培训教材中,关于旅游业各部门理论方面的教材数不胜数,但是关于现代旅行社门店实践方面的教材却比较缺乏,尤其是在当今O2O模式下、定制旅游、旅行顾问等新业态下,旅行社门店销售岗位,特别缺少实际操作的培训教材,本书就是为适应这样的市场需求而编写的。

本书体系完整,编写紧扣"实用性、时代性、准确性"原则,从店长和店员两个层面进行讲解,内容深入浅出,具体生动,实践性强,门店业务操作技能、技巧与旅行社门店实际工作紧密结合,是旅游行业门店工作人员和旅游管理专业学生的培训和必修教材。

本书作者之一梁雪松系我国首批旅游管理学博士、教授,从事旅游高等教育多年,并在国内外旅游企业工作二十余年,其中担任企业高层管理工作十余年,有着丰富的一线实际经验。本书作者在总结多年教学科研成果的同时,也把自己对旅游职业教育的理解以及多年来在旅游人才培养方面的经验和体会融入教材。

本书在编写过程中,得到了浙江省旅行社协会会长陈岩先生和浙江省中国旅行社有限责任公司各门店的大力协助,在此一并表示诚挚的谢意!

本书在编写过程中参考借鉴了国内外同仁的相关学术著作和研究成果,是他们的研究成果奠定了本书的编写基础,在此表示衷心的感谢!

由于编写水平所限,本书一定存在许多不足和疏漏之处,教材编写要接受更多教学实践的客观验证,有一个不断修改、不断完善、不断提高的过程,敬请各位专家、学者以及专业人士不吝赐教。

作　者
2016年1月于杭州

目　　录

绪论 1
　　第一节　门店的概念与定义 1
　　第二节　门店的业务与作用 3
　　实操练习 7

第一篇　基础篇

第一章　店长角色与定位 11
　　第一节　店长的角色 11
　　第二节　店长的定位 13
　　第三节　店长的职责 14
　　第四节　店长的素质 16
　　第五节　店长的心态 21
　　第六节　店长的类型 22
　　实操练习 24

第二章　门店工作与管理 25
　　第一节　工作流程 25
　　第二节　管理重点 27
　　第三节　管理技巧 30
　　实操练习 33

第二篇　准备篇

第三章　开店前准备工作 37
　　第一节　门店的选址 37
　　第二节　门店的申请注册 41
　　第三节　门店的设施配置 42
　　实操练习 45

第四章　门店形象设计 46
　　第一节　形象设计的原则 46
　　第二节　门店的形象要素 47
　　第三节　门店产品陈列 51
　　实操练习 55

第三篇　管理篇

第五章　门店管理 59
　　第一节　店员管理 59
　　第二节　店员指导与培训 74
　　第三节　成本控制管理 82
　　实操练习 84

第六章　安全管理 85
　　第一节　异常情况处理 85
　　第二节　突发事件管理 87
　　第三节　消防管理 88
　　实操练习 90

第四篇　营销篇

第七章　销售管理 93
　　第一节　销售过程管理 93
　　第二节　销售计划制订 94
　　第三节　工作表现评估 96
　　实操练习 102

第八章　销售沟通 103
　　第一节　沟通 103
　　第二节　沟通式销售 104
　　第三节　沟通销售技巧 111
　　实操练习 113

第九章　顾客关系管理 114
　　第一节　相关概念 114
　　第二节　企业与顾客关系 117
　　第三节　顾客消费需求 120
　　第四节　顾客消费心理 122
　　第五节　影响消费者满意因素 130
　　第六节　消费者满意管理 134

第七节　消费者投诉管理 135
　　实操练习 142

第十章　促销管理 143
　　第一节　促销的概念 143
　　第二节　促销价格及方案 144
　　第三节　促销方式 146
　　第四节　促销效果评估 147
　　实操练习 151

第十一章　营销管理创新 152
　　第一节　实体门店的优势 152
　　第二节　创新商业营销模式 153
　　第三节　创新体验营销模式 156
　　第四节　定制旅游营销 159
　　实操练习 162

第十二章　体验营销与旅游电子商务 ... 163
　　第一节　体验营销 163
　　第二节　在线旅游改变传统旅游业 ... 164
　　第三节　体验创造传统门店新价值 166
　　第四节　线下门店全面布局 O2O 168
　　实操练习 172

第五篇　服务篇

第十三章　店员的职业素养 175
　　第一节　职业道德素养 175
　　第二节　职业知识素养 178
　　第三节　职业技能素养 180
　　实操练习 181

第十四章　门店接待服务 182
　　第一节　门店服务技巧 182
　　第二节　旅游接待技巧 190
　　第三节　旅游咨询服务 192
　　第四节　产品及内容介绍服务 196
　　第五节　促成交易技巧 202
　　第六节　顾客接待服务 209
　　第七节　与顾客互动服务 210
　　实操练习 212

第十五章　门店商务礼仪 213
　　第一节　店员形象礼仪 213
　　第二节　店员行为举止礼仪 231
　　第三节　礼仪养成训练 241
　　实操练习 247

参考文献 248

绪　论

旅行社门店是旅游者与旅行社第一次面对面"亲密接触"的地方，是旅行社给旅游者留下"第一印象"的地方，是旅行社对外营业的窗口和形象，旅行社门店管理和经营的好坏对旅行社业务发展起着至关重要的作用。

第一节　门店的概念与定义

一、旅行社门店的概念

在社会分工日益明细的今天，其专业性不仅表现在技术上，而且体现在市场的布局上。就像一些大型超市一样，形成了一大批强大的专业卖场，并打出了自己的品牌、赢得了口碑。从而形成了人流量，带动了销售，这就是专业市场的最大好处。

旅行社门店作为专业的旅游卖场，汇聚了大量的游客客源、旅游企业及旅游相关行业企业，将旅游行业进行了细分，精致打造，为游客提供了专业的旅游服务。由于提供了强大的资源数据库、交易平台及多种游客出游必备的咨询服务功能，旅行社门店成为游客出游的专业咨询和指导场所，是旅行社展示、宣传及销售的最佳窗口及场所。

旅行社行业和饭店餐饮行业一样，也是分为前区和后区的。处于旅行社前区最前沿的就是门店或营业部(有些旅行社是前台)的工作人员。他们最早和旅游者接触，是他们把旅游产品的详细信息传递给旅游者，取得旅游者的信任，把产品销售给旅游者。可以说，没有旅行社门店销售人员，旅行社的产品销售和经济效益就会受到影响，从而最终影响到旅行社企业的可持续发展。

1．门店的优点

(1) 因为旅行社门店的地点大多选择在人流量密集的区域，可以省去大量的广告宣传费用，因此，旅游产品或服务的价格也具有一定的竞争性。

(2) 旅行社门店具有触摸自选性的特点，摆脱了传统的"你问我答"的单一服务模式。使消费者可以通过翻看宣传资料、自助触摸屏和声像资料等现代电子产品，自由地查询旅游产品或服务，更加人性化，使消费者更加自主化。

(3) 旅行社门店具有互动性特点，销售人员和顾客面对面地交谈互动可以让消费者有宾至如归的感觉，提高了客人的信任度，并产生旅游消费欲望。

2. 门店的业务

旅行社门店业务主要指旅行社通过门店柜台这一重要窗口，向顾客提供旅游咨询、宣传介绍以及推销旅游产品、选择性旅游接待和票务的服务。同时办理散客的各项委托代办业务。

1) 受理散客来本地旅游的委托

(1) 记录有关内容。受理散客到本地旅游委托时应记录散客的姓名、国籍(地区)、人数、性别、抵达日期、所乘交通工具的抵达时间、需提供的服务项目、付款方式等。如要代办在本地出境的交通票据，则要记录下客人身份证或护照上准确的姓名拼写、护照或身份证号码、出生年月、交通工具档次，以及外地委托社名称、通话人姓名、通话时间等。

(2) 认真填写任务通知书，并及时送达有关部门及工作人员(导游)。

(3) 如果旅行社无法提供散客委托的服务项目，应在 24 小时内通知外地委托旅行社。

2) 代办散客赴外地(国)旅游的委托

旅行社为散客代办赴外地(国)旅游的委托应根据所需时间在其离开本地前数天受理。如果委托人在国外，旅行社可告知到该国与其有业务关系的外国旅行社，通过该旅行社办理；如果委托人在我国境内，可让其直接到旅行社相关部门办理。接受此项委托业务时，必须耐心询问客人要求，认真检验其身份证件。根据客人各项服务要求逐项计价，现场收取委托服务费用，出具发票或收据。如果客人委托他人代办委托手续，受委托人在办理委托时，必须出示委托人的委托书和委托人身份证件，然后再按上述程序进行操作。

3) 处理各种文件

门店接待人员应认真做好有关信息的处理工作，并交有关人员存档，及时转发门店团队和散客的接待计划。

影响旅行社门店接待业务开展成功与否的主要因素有以下两个。

(1) 门店或营业部的设立。首先要考虑的是接近目标市场，一般以选择客源相对集中的机场、车站、码头、饭店、社区、闹市街区等为宜；其次要考虑位置恰当、方便顾客，一般以选择交通干线的临街店面房为宜；最后可考虑选择旅行社门店相对集中的区域。(具体参照第三章第一节内容)。

(2) 门店接待人员的素质要求。门店工作人员不是花瓶，要求由具有相当高素质的人员担任此项工作。

【思考】

什么是散客旅游？散客旅游与团队旅游的区别是什么？

散客旅游(Full Independent Tour)，简称 F.I.T，也称为"个别旅游"，其旅游日程、线路等由旅游者自己选定，然后再由旅行社做某些安排，如机票、旅馆等。因散客旅游灵活、自由、可选择性强，因此为很多旅游者喜爱。

散客旅游与团队旅游的区别表现在以下几点。

(1) 在旅游方式上：包价旅游团队由旅行社或旅游中介机构提前安排，而散客旅游自行安排。

(2) 在人数方面：包价旅游团由 10 人以上的旅游者组成，散客旅游团队人数少。

(3) 在服务内容方面：包价旅游团队有组织地按预订的行程计划进行旅游，散客旅游团队随意性很强、变化多、服务项目不固定、自由度大。

> (4) 在付款方式和价格方面：包价旅游团队在出游前一次性支付全部或部分费用，即以综合包价的形式支付；散客旅游零星现付，服务难度大。

二、旅行社门店的定义

(1) 中华人民共和国国家旅游局(以下简称国家旅游局)颁布的《旅行社国内旅游服务质量要求》(1997年3月13日发布，1997年7月1日正式实施)中对门市的定义是：旅行社为方便宣传、招徕和接待国内旅游者而专门设立的营业场所。这个定义明确指出，旅行社门店主要从事"宣传、招徕和接待国内旅游者"的工作，并且要有专门的营业场所。

(2)《旅行社管理条例实施细则(2009年)》中规定，旅行社门店(也称为服务网点)是指"旅行社设立的，为旅行社招徕旅游者，并以旅行社的名义与旅游者签订旅游合同的门市部等机构"。这个定义强调了门店必须是"在注册地的市、县行政区域以内设立"，主要为设立社"招徕游客并提供咨询、宣传"等服务，是"不具备独立法人资格"的"收客网点"。

(3)《旅行社出境旅游服务质量》(2002年7月27日发布，2002年7月27日正式实施)其中将旅行社门店(也称为门店、营业部)界定为"组团社为提供旅游咨询和销售旅游产品而专门设立的营业场所"。该定义进一步明确了组团社门店是组团旅行社的衍生机构，其职能一是提供旅游咨询；二是销售旅游产品，并进一步强调门店要有专门设立的营业场所。

综上所述，门店定义为：旅行社在注册地的市、县行政区域以内设立的不具备独立法人资格，为设立社招徕游客并提供旅游咨询、宣传、接待，销售旅游产品等服务的收客网点(或营业场所)。这个定义首先明确了门店必须是"在注册地的市、县行政区域以内设立"；其次指出，门店主要是为设立社"招徕游客并提供旅游咨询、宣传、接待，销售旅游产品等服务"；最后强调了门店是"不具备独立法人资格"的"收客网点"或"营业场所"。

第二节　门店的业务与作用

一、旅行社门店的业务

按照《旅行社管理条例实施细则(2009年)》中的规定，旅行社门店"为旅行社招徕旅游者、提供旅游咨询服务并以旅行社的名义与旅游者签订旅游合同"等服务。

1．"宣传、招徕和接待国内旅游者"的活动

(1) 遵守旅游职业道德和岗位规范。
(2) 佩戴胸卡，服饰整洁，精神饱满，端庄大方。
(3) 熟悉所推销的旅游产品和业务操作程序。
(4) 使用普通话和民族语言，态度热情、礼貌、认真、耐心。
(5) 向旅游者提供有效的旅游产品资料，并主动、具体、翔实地为其介绍相应的旅行日程，满足旅游者的需求，帮助选择、组织和安排旅游产品。
(6) 向旅游者/客户说明所报价格的限制条件，如报价的有效时段或人数限制等。
(7) 计价收费手续完备，账款清楚。

旅游产品销售成交后，门店销售人员还应向旅游者提供以下服务。
(1) 开具正式发票或相关票据。
(2) 与旅游者签订旅游服务合同。
(3) 发放旅行日程、参团须知、赔偿细则等。
(4) 妥善保管旅游者在报名时提交的各种资料物品，交接时手续清楚。
(5) 无全陪的团体和散客须被告知旅游目的地的具体接洽办法和应急措施。
(6) 向旅游者推荐旅游意外保险。
(7) 提醒其他注意事项。

2. 门店业务规范

(1) 必须由设立社统一与旅游者签订加盖设立社印章的旅游合同。
(2) 门店应与设立社实现计算机联网，通过设立社网络平台实现统一计调、统一团队操作。
(3) 门店应建立旅游招徕业务档案，并定期交由设立社统一存档。
(4) 旅游产品由设立社统一策划、制定和发布。

二、有关门店禁止的业务

由于各地的实际情况不同，各省、自治区、直辖市禁止的门店业务也略有不同，归纳如下。

(1) 旅行社门店的业务范围"不得超出其设立旅行社的核定经营范围开展业务"。
(2) 旅行社门店必须严格按照核定的经营范围开展业务。门店业务文书一律使用设立社印章。
(3) 其使用的旅游业务广告宣传材料、旅游合同或其他业务经济合同必须由设定旅行社统一印制并签章确认。旅行社门店不得以其名义发布旅行社业务广告，或与旅游者签订旅游合同。
(4) 不得以门店名义与宾馆饭店、车船公司、景区景点、购物点以及其他旅行社签订合同，发生业务关系。
(5) 其使用的户外广告或旅游宣传材料必须注明设立旅行社的名称和投诉电话，其旅游业务广告价目表必须由设立旅行社统一印发。
(6) 门店不得聘用、委派导游运行旅游团队。
(7) 旅行社门店不得设立独立账号。
(8) 旅行社门店的员工统一由设立旅行社招聘并登记备案。
(9) 旅行社门店不得设立分支机构和为外地旅行社办事机构及人员提供便利。
(10) 旅行社门店的业务档案由设立旅行社统一存档保管。

三、旅行社门店的作用

目前，我国旅行社业的竞争已经到了白热化的程度，旅行社只有"两手抓"，即一方面想方设法降低经营成本，另一方面千方百计地提高顾客满意度，这样才能在竞争中胜出。旅行社的门店销售人员如果能从一开始就给顾客留下良好的第一印象，那么，把眼前旅游消费者培养成为旅行社的忠实消费者就有了可能，由此，也就为旅行社节约了经营成本。

具体而言，门店的作用主要体现在 4 个方面。

1. 优质的门店服务是旅行社的形象、窗口和广告

1) 门店是旅行社的形象

从理论上来说，门店可以让旅游者产生联想，并进而上升为对旅行社的认知。在许多情况下，尤其是散客旅游，旅游者与旅行社的第一次亲密的面对面接触，向旅行社咨询旅游信息往往就是在门店进行的。所以，门店是旅行社给旅游者留下心理学中的"第一印象"的地方，是产生"关键时刻""关键效益"的地方。一个好的服务人员必须每时每刻都需要注意服务质量，也许 99 分钟做得很好，但有一分钟做得不好，恰恰这一分钟被客户感受到，那你 99 分钟的努力都白费了；即使 99 名员工服务都好，但有 1 名员工服务不到位，也就很难塑造出优秀的公司形象，这就是"100-1=0"的道理。

2) 门店是旅行社的窗口

因为旅游者通过门店可以了解旅行社的全部，因此可以说门店是旅行社的窗口。旅游产品是一种无形的服务产品。服务产品购买的风险难以把握，使旅游者总是本能地去寻找、判断购买风险高低的外在因素。于是，当旅游者跨入一个设计大方活泼、装潢新颖别致、环境亲切宜人、宣传资料综合展示、服务人员训练有素的门店时，自然就可以对这家旅行社的水平做出判断。

3) 门店是旅行社的广告

门店是旅行社的广告是指通过门店可以提高旅行社的"美誉"知名度。旅游者对于旅行社通过报纸、电视、网络等媒体所做的硬广告以及人员推销等，在一定程度上存在着"防御心理"以及"抵触情绪"。旅游者对旅行社宣传的服务理念、服务质量等的真正认知并不是完全来自媒体广告和旅游营销人员，换句话说，在旅游者主动的消费意识没有形成之前，即在旅游者没有主动要求提供服务之前，他们对旅行社企业"形象"的认知并不在意。但是，门店作为旅行社与旅游者接触最频繁的部门之一，旅游者自从跨进门店的那一刻起，他们所受到的接待、所享受到的服务、所体验到的一切，就成为他们评价旅行社最充分的"佐证"。所以，门店有着重要的广告作用。

【参考】

刘小姐的"周末体验"

周末，刘小姐和朋友去逛街，由于穿着新买不久的高跟鞋，脚后跟的皮被磨破了，于是就顺路来到了某旅行社的门店小歇一下……门店销售人员为她倒了一杯水。开始，刘小姐装作旅游者问了有关旅游的一些问题，翻了几页旅行社的产品手册，看了旅行社提供的一些旅游目的地的宣传资料……

刘小姐："不好意思，请问店里有创可贴吗？脚后跟的皮破了！"

旅行社门店销售人员："那一定很痛吧？可能是穿新鞋走路的缘故，店里刚好没有创可贴，真的很不好意思，您稍坐一下休息一会儿！"

"不了，谢谢！"刘小姐慢慢走出了门店。走了大约 50 米，后方传来呼唤声，原来是那位门店销售人员气喘吁吁地跑来，说："是这样的，这里有两片创可贴，是我到隔壁借的，因为我怕您的脚受伤走路不方便，所以特地为您送过来。"

> 这时，刘小姐非常感动，连声说："谢谢！谢谢！"
>
> 门店销售人员："来，我们先找个地方坐下，我帮您把伤口贴上！"
>
> 刘小姐："这怎么好意思，我自己来就可以了，谢谢您！"
>
> 门店销售人员："没事，这是我应该做的，加上各位都是第一次来我们店，我更应该尽尽地主之谊呀！"于是门店销售人员亲自蹲下来帮刘小姐把创可贴贴好，最后还多拿出两片创可贴给刘小姐使用，并目送刘小姐一行人离开。

【思考】

> **什么是真正关心顾客？**
>
> 在整个过程中，门店销售人员做了两件事：第一，真正地关怀顾客；第二，没有把营业额摆在顾客之前，可以先照顾顾客而不计代价，也不计报酬，真正做到顾客至上。
>
> 因此，"顾客至上"不能只是门店店面上的招牌广告，而是顾客来到门店时所体验的真实感受。因此，公司需要把"顾客至上"的口号真正转化为门店工作中的体现。
>
> 什么叫做真正关心顾客，什么叫做用心服务好每一位顾客？顾客有现实顾客和潜在顾客之分，有短期顾客和长期顾客之分。跨入旅行社门店的顾客今天不买旅行社的产品，不等于今后不买；今天买了旅行社的产品不等于今后就非买其产品不可。只有用心去服务，来者都是客，产品的销售业绩才会上升，旅行社的顾客才会日积月累、越来越多。
>
> 如果你是该案例中的刘小姐，亲身体验过这家旅行社门店的关心和服务后，日后你或者你的公司有机会进行旅游，你大脑中会不会立刻出现这段难忘的、温馨的、愉快的回忆？会不会首先考虑这家旅行社呢？

2. 优质的门店服务能促进旅行社产品的销售

优质的服务可以吸引住新顾客，也可以留住老顾客。《哈佛商业杂志》的一份研究报告指出，"再次光顾的顾客可以为公司带来25%～85%的利润，而在吸引他们再次光临的因素中，首先是服务质量的好坏，其次是商品本身的品质，最后才是价格。"优质的门店服务温暖人心，使人感动，它是销售的促进剂，可以提高旅行社产品的销售量。在旅游消费日益大众化、生活化，以及旅行社之间对于顾客的竞争越来越激烈情况下，留住老顾客、培养忠诚顾客就成为一件非常有意义的事情。

门店销售人员素质的表现是连接公司与社会、与消费者的纽带。因此，门店销售人员的态度形象直接影响着公司的名誉与销量，作为一个优秀的销售人员，首先应该做到真诚，因为态度是决定一个人做事能否成功的基本要求，所以必须抱着一颗真诚的心，诚恳地对待客户，对待同事，只有这样，别人才会尊重自己，把自己当作朋友。门店销售人员处在公司的第一窗口，要能表现出公司和产品的优势，不仅仅是在销售产品，也是在销售自己，客户接受了自己，才会接受自己的产品。门店销售人员每天的销售工作并不是单纯地卖几条线路或服务，更大的价值是在终端代表公司的品牌形象，用热情的服务拉近与每一个顾客之间的距离。

3. 优质的门店服务能为旅游产品增值

优质服务既是规范化服务也是个性化服务，优质服务含有超常规的和一般性的服务内容和服务满足，一般理解是：

"规范服务+超常服务=优质服务"。

即优质服务是在规范服务的基础上，有超乎常规服务的表现。规范化的服务不会使客人感到不满意，而超常服务则是在完成规范服务的基础上使自己的服务效率更高，或者增加一些规范服务中所涉及的、根据特定情况额外提供的服务内容，可以起到"增值服务"的作用。

"增值服务"的核心内容是指根据客户需要，为客户提供的超出常规服务范围的服务，或者采用超出常规的服务方法提供的服务。"增值服务"用于门店服务行业主要是指"特色服务"，在保证基本服务的同时，提供超出常规的、个性化的服务。

优质服务的机会只有两次：第一次是在旅游门店直面顾客时，门店人员的销售服务过程；第二次是旅游开始，在旅游过程中导游人员提供的导游服务。而这两次机会又是有联系的。如果门店销售人员提供了优良的服务，给旅游者留下了深刻的印象，那么，旅游者就会带着对旅行社的这种美好印象开始他们的旅游过程，并表现在他们的言行中。比如主动与导游人员套近乎，对门店销售人员赞不绝口，对旅行社有好感等，更有意义的是，他们把这种好感也"爱屋及乌"到导游人员身上，从而使导游人员的工作变得更为轻松。反之，则会给导游人员的工作带来很多困难。由经验可知，在团队旅游中，如果旅游者一开始就非常开心，那么，只要用3倍的努力就可以赢得旅游者的表扬和赞美；反之，用10倍的努力才可能让客人不投诉！

4. 优质的门店服务能提升旅行社核心竞争力

在国内，旅行社的"弱、小、散、差"的行业特征已经讲了10多年了，但至今改变不多。国内旅行社对开发新产品的积极性并不高，市场上70%的旅行社做的是观光产品，抢的是全包价观光旅游的生意。所以，一方面是观光市场的"肉搏式"的激烈竞争；另一方面是一些细分市场的不饱和。

现在可以用3句话来概括国内的旅游市场：产品同质化，市场同源化，竞争价格化。为了与大多数旅行社的同类产品有区别，也有的旅行社打出这样的促销口号："相同产品比价格，相同价格比质量，相同质量比服务。"确实，没有什么比提供优质服务更重要的了，没有什么比提供优质服务更能提升旅行社的核心竞争力了。

实 操 练 习

1．旅行社门店的定义是什么？
2．门店服务可以促进旅行社产品的销售吗？
3．为什么说优质的门店服务能为旅游产品增值？

第一篇
基础篇

第一章
店长角色与定位

店长是旅行社门店的灵魂。据调查显示：一个优秀的店长可以帮助旅行社门店提升销售量的30%。店长作为旅行社门店的灵魂人物，在终端承担着重要的责任，发挥着至关重要的作用。

第一节 店长的角色

旅行社门店的最高管理者称为店长或者经理(以下简称店长)。店长是旅行社门店的灵魂，对旅行社门店的经营管理好坏将直接影响整个门店的盈利水平。因此，店长要协调和激励全体员工做好旅行社门店的营业工作，赋予旅行社门店生命力，以团队精神塑造旅行社门店特色，不断提高门店的经营业绩。

店长的定义是不断变化的。20年前，店长的定位是门店的管家，只要管好门店，管好这些产品就可以了。进入21世纪，店长已经从管家开始向商人的角色发展转变了，作为商人，如何提升销售额是他们的职责。但店长不仅是商人，还是一个指导者，一个管理者。因此，他不仅需要提高销售额，而且要懂得如何进一步开发和维护客户，如何增加旅游消费者的数量，如何使销售额达到最大的极限，如何管理好门店的一班人。图1.1所示为店长的角色定位。

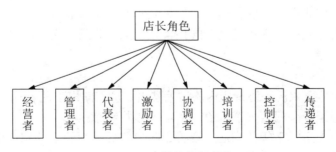

图1.1 店长的角色定位

一、经营者

店长需要站在经营者的立场上，综合地、科学地分析店铺运营情况，全力发挥店长的职能，指挥店员高效运作，全力贯彻执行公司的经营方针，对旅行社门店经营的各项数据以及市场走势进行准确的分析和判断。执行公司的品牌策略，要明确目标在哪里，在满足旅游消费者需求的同时创造一定的经营利润，并在职权范围内对各项工作做出正确的决策。

更多的企业则希望店长是一名优秀的导演。店面是一个表演的舞台，店堂内的硬件设施就是布景和道具，而公司一年四季不断变化的旅游产品构成了故事的素材。店长要把这些素材组织成吸引人的故事，讲给每一位光顾的客人。故事讲得好不好，客人爱不爱听，全凭店长的组织、策划和安排、带动。

二、管理者

对"管理"两个字最简单的解释就是："如何让别人把你想做的事做好"，而不是"自己把所有的事做好"。

店长是一个专卖店的灵魂，是领头羊，店长的工作能力及领导能力直接影响整个旅游门店的业绩。实际上，一个店就像是一个家，店长就是这个家的家长。家长要操心这个家的所有问题，人员、产品、现金、信息、营销、卫生、陈列等方方面面都要照顾到，要担起控制的责任。任何一个小的细节考虑不到，就有可能给工作带来不良影响。作为一个管理者，要具备计划、决策、执行、总结的能力，管理店内的营业活动并实现营业目标，对相关业务或突发事件果断地做出决定。

因此，店长要切实执行公司的政策、经营标准、管理规范、经营目标和任务，要懂得如何分配、指导、监督和鼓励员工做好旅行社门店里的每一项工作，控制和运用旅行社门店的相关资源，管理店内的营业活动并实现营业目标。协调解决旅行社门店出现的各种问题，使工作保持顺畅。同时，店长又是一个激励者，要善于激发员工的工作热情和潜能，调动工作气氛。特别当店员遇到了问题时，要及时帮助、疏导、解决，让员工更有激情地投入工作，最大限度地发挥每个人的积极作用。

三、代表者

店长代表整个旅行社门店的形象：(1) 代表公司；(2) 代表老板；(3) 代表员工；(4) 代表品牌。

店长是旅行社门店所有者的代理人，对外处理与相关主管部门、产品合作供应商、旅游消费者等方面的关系；对内又是员工的代言人，因为店长首先是店内的一名员工。

四、协调者

所谓协调，就是要解决和协调店内旅游消费者、员工间出现的各种问题，使一切要素、工作或活动和谐地配合，门店气氛融洽，各项工作井然有序。

内部协调：与上级、下级的沟通，要善于收集门店营运管理的相关信息，进行分析，提出适当的应对措施，向公司汇报，供公司参考。

外部协调：与旅游消费者的销售沟通，售后服务，投诉处理等。

五、培训者

员工业务水平的高低直接关系到门店经营的状况好坏。因此，店长不仅要时时充实自己的实务经验及相关技能，更要不断地对所属员工进行岗位培训。一个好的店长不仅能管理好旅行社门店，还要教会员工成功销售的服务技巧，要对员工进行品牌文化、工作流程、规章制度、产品知识等方面的培训，提升员工整体素质，激励店员不断为旅行社门店创造效益。

六、传递者

店长是品牌与消费者对话的窗口，是公司和员工沟通的桥梁。一方面店长必须在第一时间将公司的文化、经营方针、计划目标的信息传递给员工，员工才能及时让旅游消费者了解；另一方面店长又要以最快的速度将员工的思想行为以及消费者的需求和反应反馈回公司，公司才能更好地为消费者服务。

总之，要让自己成为一名优秀的、有威信和影响力的店长，就要提升自己的感召力、凝聚力和亲和力，使自己成为员工效仿的对象，让店员以归属的心理围绕在你身边，心甘情愿地接受以店长领导为核心的组织。

第二节　店长的定位

旅行社门店是一个企业零售的终端，作为企业运营的基础环节和为客户提供服务的主要渠道，其经营状况的优劣直接决定了旅游企业的经营业绩、竞争能力和服务水平。

店长是企业文化信息传递的纽带，是公司销售政策的执行者和具体操作者，是企业产品的代言人。因此，要明确以下几点才能更好地定位。

一、店长与员工的区别

店长不同于员工，他是门店的管理者。店长作为企业意志的执行者，也是终端市场信息的收集者、反馈者，是连接企业、员工和消费者的桥梁。正因为店长扮演的角色如此复杂，对其要求也就更高。所以，"千军易得，一将难求"。

店长与员工的区别具体见表1-1。

表1-1　店长与员工的区别

区　别	店　　长	骨干员工
组织中的位置	监督管理者	执行者
职责范围	团队	专项事务
工作对象	人+事	事
工作技能	人际、管理技能	作业技能
评价标准	团队成绩	个人成绩
自我实现	管理专家	技术专家

二、店长的角色定位

店长首先是一个管理者。作为一个管理者，要具备计划、决策、执行、总结的能力。对"管理"两个字最简单的解释就是"如何让别人把你想做的事做好"，而不是"自己把所有的事做好"，因此店长要懂得如何分配、指导、监督、鼓励店员做好店里的每一项工作。店长对于上级、同级和下级的角色定位是不同的，见表1-2。

表 1-2　店长的角色定位

角 色 层 次	角 色 定 位
对于上级	执行者、协助决策、反馈
对于同级	团队合作、沟通交流
对于下级	领导者、信息传达、决策者、推动者、培训指导

在旅游门店管理中，店长无疑就是一家之长。作为一个店的领导者、门店的核心，店长不仅作为规划者做好门店的规划管理工作，要将门店所在地域的情况和消费动态向总部反馈，以便总部及时了解市场情况，对市场变化做出相应的调整；还要作为营运者进行门店的目标管理工作；还要作为领导者进行门店的团队管理工作，负责门店内的人员管理培训，以及同其他地区的商业伙伴建立良好的关系；更要作为门店的"领头羊"做好门店的业务工作，协调和激励员工做好店内的营业工作，带领他们以团队精神塑造门店特色，最终成为一名门店管理的"牧羊人"，如图1.2所示。

图 1.2　店长定位

第三节　店长的职责

旅行社门店的所有者把旅行社门店委托给店长来管理，就是把整个卖场、店员、产品与旅游消费者等重要"财产"交给店长经营，因此，店长在旅行社门店经营管理中起着非常重要的作用。身为店长不只是现场工作的指挥官，同时又得负责将上司的命令传达给部门的最末端。可谓肩负着上传下达沟通桥梁的责任。

一、执行管理

执行企业的各项政策与指标。负责各项规定及政策、制度的宣布、解释与执行；合理制定销售目标，分解销售任务到个人，并结合去年同期任务的完成情况制作日、月、季度和年度销售报表；根据市场环境，制订长期、中期和短期的经营管理计划，包括促销策划、客户管理等；完成企业下达的各项经营指标，如营业目标、毛利、费用及利润目标等。

二、日常管理

店长必须对每日营业状况进行分析，并评价员工的工作表现，监督与审核收银、账簿制作与保管等工作。另外，还要进行旅行社门店内外日常清洁的实施、陈列方式的更新、广告的制作张贴、礼券和信用卡的发送、陈列台的布置整理、店面和店内的巡视等；掌握旅行社门店销售动态，为新产品的引进及滞销产品的淘汰提供建议；掌握业绩和进行目标管理，将每天各项目标分解给部下，并促使其行动以实现目标。

三、店员管理

门店的管理首先是人员的管理。人员管理主要包括根据旅行社门店的规模确定门店人员的岗位设置、人员构成；人员的考勤与岗位合理安排、团队凝聚力建设、员工的培训与辅导、工作程序标准制定、员工销售技能提升、员工的绩效考评与激励等方面的工作。

【参考】

> **尽量使用柔化语言**
>
> 当员工的建议出现时，"这行不通，这样做只是徒然浪费时间而已""这样做连想都别想，领导一定不会同意的""这以前就试过了，做不到……"，如果这些语言在刹那间出现，那么在这一两秒钟的时间里，其实就已经足够决定创意的命运了。因此，建议尽量使用柔化语言。
>
> (1) 这建议很好，表示你很用心，只是你有没有想过，如果……，你应该如何处理？我可以听听你的想法吗？
>
> (2) 你的假设很有创意，只是我还有一些个人的看法……我们一起来讨论看看可行性好吗？
>
> (3) 我这里刚好有一些资料可以提供给你作为参考。或许对于你所提建议的完整性会有帮助……等你看完之后，我们一起讨论好吗？我很想听你的看法。

四、服务管理

服务是连接消费者与品牌的纽带，做好产品服务可以为创造良好的销售业绩奠定坚实的基础。服务包括售前、售中和售后，其中店员的每一个举止、神态、言谈都具有重要的意义，对促进服务质量的提高起着重要的作用。还要注意管理旅游产品或服务价格变动、产品补充、调整、更新等，负责监督与改善旅行社门店各类旅游产品或服务的管理。

五、信息管理

对旅行社门店的信息管理包括门店的商圈、竞争者、旅游消费者、旅游产品等情报的收集、整理，以及相关信息的书面收集与反馈。除了做好本店铺的资讯收集工作以外，对同行业相关品牌的关注与信息收集将对公司的经营决策起到基础性作用。收集同行业相关信息时需要有明确的目标，不能随意地无选择性地收集，应主要关注与本公司品牌风格类似、产品风格类似的品牌。

六、消费者管理

旅行社门店的旅游消费者管理主要是为了建立本店和消费者的良好而持久的关系，满足旅游消费者的需求。建立旅游消费者数据库及相关资料档案。在销售过程中可以通过与消费者的自然交谈了解消费者资料，建立顾客档案，顾客资料至少应保存 3 年，并定期维护。

七、异常情况处理

包括维护旅行社门店的清洁卫生与安全，维护店内触摸屏、音响设备、空调等主要设备的正常运转，消防设施的检核，区域卫生的落实等；以及对停电、火灾、盗窃、抢劫等各种意外事件的处理。在发生突发事件如投诉等情况时，应本着保护消费者利益、维护品牌形象的原则及时、妥善地处理。

八、企业文化传承

企业文化是一个企业形成的并得到其成员认同的一系列价值观念、精神准则、行为准则乃至思维模式、风格作风等。企业文化不能简单地从公司的宣传资料、出版物去了解获知，而是应从门店的实际经营管理活动中进行观察、分析，并注意从一些细节如会议、总结、奖惩活动中去细心体会。

企业文化其实是企业价值观的集中体现，领导人凭借自己的个人魅力去影响身边的核心干部，然后这些人像同心圆一样，一圈一圈向外传递，直到最基层员工，从而让整个企业弥漫着同样的文化分子。企业文化需要长期的积累，关键在于层层的传递。店长作为门店的最高领导，应该在实际工作中深刻理解、把握企业文化，并承担着向店员们传承企业文化的责任。企业文化作为企业在经营管理中的一种"团队精神"，是企业赖以成长的丰厚土壤。在门店里，店长必须通过自身的言行举止影响和教育全体店员理解企业文化，并在实际工作中体现出来。

【参考】

> **领导的示范作用**
>
> 如某门店新来了一名员工，还没有正式接手工作，上班时并没有什么事情要做，下班的时候看大家都在加班，他也不好意思先走，想等店长走了以后自己再走，看店长19点还没有走，心想再等一等，但是等到了20点，店长仍在继续加班……
>
> 再如，某门店的店长热爱学习，多年来养成了看书学习的习惯。因此，其门店已经培养出了业余时间看书学习的企业文化，读书会已成为员工业余看书学习、交流思想的重要场所。
>
> 从上面这些小事中可以看出领导的示范作用对形成企业文化具有很重要的意义，领导是"带队伍"的头，"带"字就具有示范的意思。所以，店长应该将企业文化体现在实际的工作中，让店员在无形中也加入企业文化的传递中来。

第四节　店长的素质

当你决定当店长的时候，是否意识到了艰险重重？你是否有在复杂情况下面对重要难题从容不迫的机智与勇气？你能否协调复杂的人际关系、合伙关系，能否应付各式各样的人？

一、基本素质

1. 身体

同样的你要有比别人好的身体素质，因为你操的心要比别人多，承载的压力也比别人大，而且要承受来自各个方面的压力，比如市场竞争的压力、业绩的压力、公司的压力、下属的压力等。同样，很多事情要自己亲力亲为……，脑力与体力劳动都要参与。所以对于一个店长最重要的是身体素质(身体是革命的本钱)，要能够承受超负荷的紧张工作所带来的压力；能承受长期疲劳的考验。

2. 品格

【参考】

> **一位哲学家与学生的交谈**
>
> 一位颇有名气的哲学家在演讲结束后与学生交谈。一个学生问："您认为谁是当今最优秀的哲学家？" 哲学家答："朋友，你使我面临两难处境：一方面我的品格要求我谦虚，因为我不便说出这个名字；另一方面，我的品格要求我诚实，因而我又不得不说出这个名字。我这么解释，也许你已经想到了这个名字。如果你没有想错，那我要谢谢你既让我保持了谦虚又是诚实的。"

品格是指道德、品行、人格、作风。品格包含了一个人的可信度。一个人的品格非常重要，店长的品格代表着其修养，直接影响其是否能受到别人的尊重。

3. 技能

(1) 拥有熟练的业务技能和优良的销售技能。店长对店铺所销售的产品应具有很深的理解力，这对业绩的提升起着至关重要的作用，因而要求店长具有对产品的客观理解和正确判断的能力。

(2) 拥有教导下属的能力。店长身为教导者，应是下属的"老师"，能发现下属是否能力不足以及帮助其成长，指挥下属达到既定目标，从而促使下属提升业绩，让下属的能力发挥到极限。

(3) 良好地处理人际关系的能力。要注意与上级、同仁、下属之间的情感关系。在有了亲切感的人际关系中，相互的吸引力大，彼此的影响力也就大，对店铺营运与管理有举足轻重的作用。要注意与客户的情感关系，可以增强客户对店铺的忠诚度，提升业绩。要注意与来店投诉的顾客的关系，将客户流失率降到最低。

(4) 自我提升的能力。店长要有较强的总结与自学能力，从店铺的管理实践中不断总结经验，充实自己。只要具有一定的经营管理能力和自我成长能力，并具有一定的商业经验或实践经验的店长就不会被清除出局。

(5) 拥有实干的技能。身为管理者，要让下属心服口服地接受他的指挥，最好能做到面面俱到。不必凡事亲为，但必须凡事会做，做得又好，这样的店长最易获得员工的钦佩。

4. 学识

学识是才能的基础，才能是知识的实践表现。

(1) 具有能洞察市场消费动向的知识。

(2) 具有关于品牌历史、企业文化、理念的知识。

(3) 具有销售管理、制度、计划决策的知识。

(4) 具有计算及理解店铺所统计的数据的知识。
(5) 具有关于零售业的变化及发展的知识。

【参考】

> **未雨绸缪**
>
> 　　一只山猪在大树旁勤奋地磨獠牙。狐狸看到了，好奇地问它，既没有猎人来追赶，也没有任何危险，为什么要这般用心地磨牙。山猪答道：你想想看，一旦危险来临，就没时间磨牙了。现在磨利，等到要用的时候就不会慌张了。防患于未然的工作是绝对需要的。书到用时方恨少，平常若不充实学问，临时抱佛脚是来不及的。

二、经营素质

1. 充满自信

　　比较完美的店长的特点是对自己充满信心。对任何想做店长的人来说，自信心是最重要的。如果一个店长对于未来决策拿不定主意，这会对门店上下的所有人都产生影响。随着时间的推移和经验的增长，每个人都会具有信心。

2. 出色经营

　　要做店长首先要做一个出色的经营者。那么，怎样才算是出色的经营者呢？现在来看看成功企业家松下幸之助的所言所行：经营者首先应是一个责任者。他的责任是多重的，是对自己的，是对全体员工的，是对社会大众的，是对民族国家的。其次，经营者要有浓厚的经营兴趣，这一点最重要。有经营才能、善于用人、通晓业务、顺应社会形势，这些都是出色经营者的必要条件，但对经营"有兴趣"不仅是做经营者的先决条件，而且是经营中始终应该具备的素质。

3. 顽强精神

　　如果说有一种素质是店长必备的，那就是顽强精神。员工、旅游消费者、企业都希望有坚强的领导人。只有竞争对手希望其放弃这种精神。优秀的店长应该将抱负顽强地坚持下去：顽强精神使人更顽强；成功之后会有更大的成功。

【参考】

> **"三次定律"**
>
> 　　所谓顽强，并不是达到愚蠢地步的顽固。它是一种下决心要取得结果的精神，不管在这条路上要忍受什么样的艰难险阻。门店销售人员必须听到三次"不"字，才真正意味着这个旅游消费者不买了。在你从事的任何事情上，都不妨考虑一下这个简单的"三次定律"，碰到任何事情，都要用不同的方法试验3次，然后才放弃它。为了更妥善起见，不妨试验第4次。

4. 创新精神

提高创新能力最简单的办法就是观察并仔细研究大多数人在一般情况下是怎样做的，而自己换一个方式做。常人往往不自觉地跟着别人亦步亦趋，人家怎么做，自己也怎么做。不要那样，要有新花样，与众不同，推陈出新，超过别人。抛弃以前的老惯例，走新路子，新的领导人就是这么脱颖而出的。

5. 竞争精神

商场如战场，不进则退，必须有一定的竞争精神，同对手进行的竞争有助于加强自己的斗志，提高自己的水平。不要妄想在竞争中轻而易举地获得胜利。有一个强大的对手或一个难办的问题是一件好事，因为战胜后可以获得巨大的成功喜悦。竞争对手能帮助自己达到顶峰，而轻而易举的胜利则会使自己变得软弱起来。只有同对手不断进行斗争，才能使自己的战斗精神旺盛起来。

6. 善于工作

成功的店长总是能够很出色地完成自己的工作。所谓善于工作，就是说既要是专家，又要是通才。所谓通才，就是说既要了解自己的专业，又要对别的多种专业也有所了解。作为一个店长，每天所做的许多决定都涉及专业以外的事情。要做一个成功的店长，还必须在两者之间保持平衡：一方面发挥自己的通才特点，另一方面必须在专业领域内表现得非常出色。

7. 乐于领导

店长的另一项重要素质是乐于领导。要做到乐于领导必须首先做到如下几点。

(1) 为员工树立明确的目标。成功的店长知道让下属做什么。

(2) 合适的形体语言。有能力的店长总是保持着充满信心的轻松笑容，常常使用非语言的沟通手段。他们传达好消息和坏消息的时候总是保持轻松的笑容。

(3) 多出现，多说话。与同事说说话、聊聊天。不要老是坐在自己的办公室里，那样是发现不了问题也发现不了创意的。

三、商业素质

1. "情报"感觉

店长能否成为成功者的关键还在于对事物的感受能力。现代正是感性市场的时代，怎样抓住消费者的感性并将其表现出来，已作为重要的战略方式显现出来。

你无意中走在大街上，也许就会意外地发现这儿正是情报的宝库。作为一个店长应多去感受，想想"为什么"，这正是一个经营者最必要的感受方法。思考"为什么"的人会去探究秘诀，会发现异常现象，并力图去抓住其原因。

【思考】

> **这里没人穿鞋**
>
> 两位推销员都到非洲某地推销鞋,眼见当地土著人都赤脚,一位立即发回电报:"这里没人穿鞋,根本不存在市场!"而另一位推销员却说:"好极了!这里的人全没鞋穿,有极大的市场。"没有看到机会的销售员选择放弃,另一位销售员无疑会留下来,通过努力,开发属于他的市场。

2. 数字感觉

有些店长一说到"数字"两个字就不行。他们对预算表之类的几乎毫不过目,全部都托付给财务负责人。当然,即使他们了解月度、年度的大概销售额,但大脑中却全然没有成本等费用的数字。这样的店长显然会令人对其门店的去向抱着极大的不安。

不论在什么时代,经营者非和数字打交道不可。可以说经营可以全部概括为数字。

(1) 看到数字时要有意识地思考其背后隐藏的事实和现象。作为前提有必要充分地把握门店整体的活动。开始也许会多少花些时间,但是,经过多次反复,时间会逐渐减少,不久则会在一瞬间就能把握。

(2) 尝试与这相反的事,即把现象转换成数字的训练。在这方面机会不可胜数。比如,挂长途电话后,算算电话费为多少;加班的人多了,算算加班费为多少;等等。把所有的现象换算成数字看看。

3. 金钱感觉

金钱感觉是经营者必须掌握的一个部分,是非常重要的感觉。经营者对门店的金钱必须严格把关。对金钱以外的东西,不少人都不具备以金钱的眼光去看待的感觉,属于金钱感觉薄弱型。实际上公司的金钱不仅限于现金、产品、设备,必须把所有的一切都转换为金钱。把旅游产品看作与标注的价格相等的现金,才是敏锐的金钱感觉。

4. 成本感觉

销售和利润的增长对经营很重要,但是同时不能缺乏成本意识。多大数量的销售要花费多少成本,成本率是上升还是下降等,必须经常装在大脑里。

(1) 相对于销售额花费了多少直接成本。

(2) 直接成本以外的成本花费了多少。它的指标包括销售管理费(广告宣传、接待交际等)、员工工资、办公用品、差旅、通信、房租等管理费。

(3) 人事费的大小。指关系到人的经费,合计为工资、奖金、福利保健费等。人事费过大时,由于不能降低工资,只有削减人员或在现有人员的基础上努力提高销售额,也就是提高劳动生产率。

以上3个数字是经营者应该看的最为重要的数字。通过各种成本,可以看到各种指标。

经营者的成本感觉还有一个不可缺少的视点,即单位小时成本和成果,即公司每小时花费多少成本,获得多少成果。时间是每个人平等拥有的资产,要从这个资产如何有效地利用的视点去看待成本和成果。

具体来说，就是用销售额和毛利润及有关成本的数字除以实际工作时间。重要的是从其视点上经常检查整个公司和每个职工的动向。

第五节 店长的心态

人们常说"态度决定一切"，好的态度产生好的驱动力，注定会得到好的结果。

店长做的是一项与旅游消费者及店员接触最为广泛、最为频繁的工作。店长的服务意识、销售行为、言谈举止，甚至个人形象等对店员都具有很好的影响作用，而店长所做的一切都是由他自己的心态决定的。

一、积极乐观的心态

心态决定认知，认知决定行动。所谓积极乐观的心态，一方面指心理状态是乐观的，另一方面指态度是积极的。积极的心态是成功者最基本的品质。一个人如果心态积极，乐观地面对人生，乐观地接受挑战和应付麻烦事，那他就成功了一半。很多有知识、有能力却没有成功的人，是因为缺乏足够的乐观与热情。

二、主动热情的心态

主动就是"没有人告诉你而你正做着恰当的事情"。在竞争异常激烈的时代，被动就会挨打，主动就可以占据优势地位。好的业绩不会从天而降，而是要靠店长带领员工主动热情地去创造。

作为店长，企业、店主已经为你搭建了舞台、提供了道具，如何去表演需要自己去思考和排练，能演出什么精彩的节目，有什么样的收视率也由自己决定。主动热情的店长总是受到老板的支持和员工的拥戴，主动热情地去为门店创造良好的销售业绩，把握实现自己价值的机会。

三、专业务实的心态

专业务实就是以专业知识切实搞好销售管理工作，建立一支优秀的员工队伍和忠诚的旅游消费者群，为企业创造稳定的销售业绩。广博的专业知识既可以随时指正员工的错误，在关键时刻还可以获得旅游消费者的信心和领导的赏识。

四、空杯学习的心态

21世纪，谁会学习，谁就会成功，学习成为自己的竞争力，也成为企业的竞争力。

孔子说："三人行必有我师。"人无完人，任何人都有自己相对较弱的地方。也许个人在专业的销售技巧方面已经有了丰富的积累，但是在团队协作、同事关系、旅游消费者维护等方面还有很多需要学习和改进的地方。

店长需要用空杯的心态重新去整理自己的智慧，去吸收现在的和别人的正确、优秀的东西。向同事、上级、旅游消费者及竞争对手学习，把自己融入企业之中，融入团队之中。学习不但是一种心态，更是一种生活方式。

【参考】

> **空杯的心态**
>
> 一个人向一位高僧问"道",高僧请他坐下便一言不发,开始给他倒水,水慢慢充满了杯子。高僧视若无睹,继续倒水。水已经溢出杯子,高僧照倒不误。这个人心里不由哀叹,到底年岁不饶人,高僧也会耳聋眼花。高僧依然一言不发,继续往杯中倒水,水一直在溢出。终于,这个人站起来,向高僧道了谢,便告辞而去。他已明白了所要问的"道":装满了水的杯子是不可能再装进新的水的,只有空杯的心态,打开心胸才能够打开头脑。

五、老板的心态

像老板一样思考,像老板一样行动,也可以取得同老板一样的成就。店长只有设身处地地为老板思考,具备了老板的心态,才会尽心尽力去工作,考虑门店的成长,考虑门店的成本,才会意识到门店的事情就是自己的事情,才会知道什么是自己应该去做的,什么是自己不应该做的。

反之,如果工作时得过且过,不负责任,认为自己永远是打工者,门店的命运与自己无关。那么,肯定得不到老板的认同,自己的人生价值就无法得到体现。

什么样的心态决定什么样的生活。唯有心态解决了,才会感觉到自己的存在,才会感觉到生活与工作的快乐,才会感觉到自己所做的一切都是理所当然的。

第六节 店长的类型

店长通常被划分为以下 4 种类型。

一、任务传达型

这一类的店长会在每次接到旅行社门店的任务时,马上以总部发言人的身份出现在员工面前,当话题交代、宣布完毕之后,他的工作也就告一段落了,也不管这些事项是否执行,是否有人将其牢记在心,反正只负责传达,其余一概不理。

这样的店长当然不会在员工的心目中有任何的领导力存在,充其量只能算是经销商或是总部的传声筒而已,也许员工外在的表现会对他所处的职位给予一定的尊重,但是在员工的心目中却是另一回事,因为这样的店长没有共同参与的价值,更无法成为所有员工的榜样,说穿了只是平常在门店里走来走去的一个"人"而已。

二、自以为是型

这种店长只相信自己,认为自己是最专业、最聪明、最有经验的人,而且没有一个员工可以比得上他,因此这一类店长最明显的特征就是不相信员工、对员工没有耐心、不愿意让员工尝试,事必躬亲,在他身边工作的人毫无工作上的成就感。因此最后就会发现在这个环境里除了店长最忙之外,其余的全都是看好戏、喊加油的人。

优秀的店长应该学习授权的艺术,让员工有"犯错误"的机会,让自己有相信下属的美德，因为旅行社门店是大家共同的门店而不只是店长一个人的门店，店长需要的是共同参与的员工而不是只在一旁喊加油的人。

三、全面委任型

这是最没有团队精神的一种店长类型，聪明的他会将任务做出完全分配，而且大家都有，但就是自己没有，然后自己充当完全的监督者，只负责检查进度而不负责参与。

这种店长通常有些本事而且聪明，但是骄傲的态度会成为这一类店长最大的弱点。因此在这一类型的店长身边会存在一堆想要从他身上学东西的人，但是都抱着只要一学到就准备另谋高就的心态。

要改变这种状态就要调整自己的心态，放宽胸襟，尤其是在教育员工上可以积极主动一些，千万不可聪明反被聪明误，因为在信息流通快速的市场上，大多数人所拥有的专业知识都不是什么秘密或绝招。所以一个优秀的店长应该将自己的聪明才智发挥在训练员工上，并且通过复制让自己的专业产生更大的价值，达到迅速提升门店、提升员工素质、提升自己的结果。

四、任务指导型

这是最好的店长类型，有能力、有专业，而且对于自己活动者的身份掌握得很清楚，并且善于在活动中教育员工、带领员工、指导员工，凝聚所有员工的向心力，是所有员工都喜欢的一类店长——不仅有领导力，而且大家喜欢跟他一起工作，更喜欢当他的朋友。这样的店长会有一群认真工作、努力学习，以门店为家的员工陪伴左右，生活、工作都能愉快。

当任务分配下去之后这类店长会和员工共同承担、共同负责。让员工能够在具有安全感的状态下工作，提供最坚强的后盾。

每一个门店团队都是一个宝库，而且随着经验的增加、时间的积累，宝库里的宝藏还会越来越丰富，但如何让宝藏显露出来，产生实质上的价值呢？关键有两点：一是通过共同参与时的引导，二是要员工本身愿意。在所有的店长类型中，只有这种"任务指导型"的店长才能完成这样的任务。人们平常也许感觉不到这种人的出色，也感觉不到他有什么特殊魅力，在所有人的眼中他就是那么一个简简单单的人，但他确实才是那个真正有本事让宝藏显露出来的人，有人说："最优秀的人就是能够让所有优秀的人都愿意无私付出的人。"任务指导型的店长就是这样的人。

【参考】

店长的10项修炼

店长作为职业经理人，除了应具备专业技术技能、人际沟通技能之外，如下的10项修炼是成就优秀店长不容忽视的长期功课。

(1) 责任感。为工作负责到底。事实上旅行社门店店长是所在门店经营的第一责任人和店务一把手，责无旁贷。

(2) 事业心。旅行社门店竞争十分激烈，也是经营管理技术要求和运营规律十分突出的行业，将门店业务当成自己的一番事业来经营与钻研，才能有所成就。

(3) 学习观。很多实用技术都是首先在零售行业推广，许多新兴理念都在零售服务业试行。面对诸多的新兴技术和管理理念，店长唯有与时俱进、不断学习，方能保持领先。

(4) 重团队。职业经理人要通过团队的协作发挥集体的合力，方能战无不胜。

(5) 重执行。高层管理者与基层管理者的重要区别是，高层管理者需要"做正确的事"，即善于决策；而基层管理者则要"正确地做事"，强调执行。一个执行力不强的店长，肯定不会有好的业绩。

(6) 培养人。店员需要培养，"班前会、业务短会、常识教育"是店员培训的机会。中国传统的"传帮带"是店长培养下属的方式，而店员素质是成就名店的基础。

(7) 会营销。店长要用商人的头脑打理门店业务。

(8) 数字观。用事实说话、用数字表达。数字是世界趋向一致的语言，数字是经营评价最具结构化的语言。

(9) 顾客观。市场就是由一个个的顾客构成的，门店所有工作的起点和归宿都在顾客身上，店长能够"抓住"顾客，便能够抓住核心。

(10) 归纳提升。旅行社门店经营的规律性十分突出，店长能够抓住规律，便能够运筹帷幄，有预见性地开展工作。

实 操 练 习

1. 店长应该具备哪些能力？
2. 你认为店长应具备哪些心态？
3. 结合你的工作实践谈谈店长定位的重要性。

第二章

门店工作与管理

旅行社门店的工作流程和工作内容看似简单,但有时可能影响重大。具体需要怎样的工作流程和管理还要结合公司和门店的实际来制定最适合的流程和管理。

第一节 工作流程

作为一店之长,一定要做好本职工作,才能起到以身作则的模范作用。虽然不同行业的门店营业时间会有所差异,但营业流程都分为营业前、营业中和营业后三大部分是基本一致的。因此旅行社门店店长每天的工作都必须严格按照规定的工作流程进行,以把握好门店营运和人员管理的重点。

通常店长应该早班出勤,即早上的8~9点至下午的5~6点,这种上班时间可让店长充分掌握门店销售过程中的中午及下午两个营业高峰期,对营业过程中的重要事项进行指导和处理。

做好旅行社门店营业前的准备工作是顺利开展当天营业工作的基础,店长每天都必须带领员工仔细完成营业前的各项准备工作,为门店创造一个崭新的开始,具体工作流程及注意事项,见表2-1。

表2-1 店长工作流程及注意事项一览表营业前

工作阶段	工作流程	注意事项
营业前	店员报到	• 每天提前15分钟到店,进入店后依次打开电源 • 检查员工出勤和休假的情况,观察员工的精神状况 • 查看留言本上的昨天留言及营业状况,待店员到齐,召开早会
	晨 会	• 早会由店长主持,所有店员必须参加,议程包括 • 检查仪容仪表 • 总结前一天的销售情况和工作 • 介绍销售计划,提出当日销售目标 • 提出当日工作要求:服务要求、纪律要求、卫生标准、旅游消费者意见反馈 • 注意每位店员情绪,提高其工作意愿 • 针对新店员进行阶段性的、有计划的销售技巧培训与产品知识培训(尤其是新品上市) • 传达上级工作要求,宣布当日的工作重点、注意事项和营业目标 • 鼓励、表扬优秀店员

续表

工作阶段	工作流程	注意事项
营业前	整理检查	• 指导清理店面卫生，分区进行。扫除干净之后，扫帚、垃圾筒、吸尘器等清洁工具是否都收拾好，放在比较隐蔽的地方 • 指导整理产品 • 门店设施应在旅游消费者到来之前，先行整备、整理妥当。如装了电器的招牌或装饰品的照明灯具是否点亮；电脑以及网络是否正常工作；视听、触摸屏等电器设施是否可以正常使用等 • 店员之间互相检查服装、头发或装饰品；或者对着镜子，自己检查一下仪容仪表
	收银准备	• 店长指导收银员准备工作 • 准备刷卡机，准备收银机中找给旅游消费者的零钱、收据或发票类等 • 收银机上面的日期打出来要符合当天的日期，标示应归零的地方要先归到零的位置 • 橡皮筋、印章、海绵、收银盒，各种面额的纸币、硬币都要准备好
	开工仪式	• 店长带领店员做早操锻炼，迎宾气氛一定要活跃，表情自然、亲切 • 用最亲切的微笑、最温和的口吻向旅游消费者说声"早安""欢迎您光临"，然后以愉快的心情、高昂的工作热忱开始为旅游消费者服务

完成了以上相关准备工作之后，门店马上要正式开始营业，迎接旅游消费者进店。店长安排员工各就各位后，应该按照工作要点逐项实施，具体工作流程及注意事项，见表2-2。

表2-2　店长工作流程及注意事项一览表营业中

工作阶段	工作流程	注意事项
营业中	正式营业	• 巡视门店，检查清洁工作(包括橱窗、装饰)，带领店员向旅游消费者打招呼 • 注意整个门店的氛围 • 经常察看营业状况，对照以往情况进行分析，并及时提醒、鼓励店员 • 注意店员的休息、工作状态，切勿同进同出、同时休息或频繁休息
	问题追踪	• 对营业近期的销售量/额比较分析 • 对营业中设备修理、灯光、产品供给及排列等观察 • 考察当天的营业高峰是什么时候 • 对其他同行进行调查，做到知己知彼
	培训教育	• 在工作之余和员工交谈、鼓舞士气 • 对发现的问题及时进行处理和上报
	空闲安排	• 比较空闲时，特别是上午估计一到两个小时没有什么生意，可请一位店员介绍产品的价格、特点、销售技巧等，使其温故知新 • 指导店员整理产品、清洁卫生

一天营业结束后，店长还需要做好当天的总结工作，包括销售情况总结、旅游消费者档案整理、各类报表的填写等。一天的销售记录或收银机的纸带时常会反馈给店长很多宝贵的情报与资料，具体工作流程及注意事项见表2-3。

表 2-3　店长工作流程及注意事项一览表营业后

工作阶段	工作流程	注意事项
营业后	核定目标	● 总结当天销售情况，核对是否实现早例会所定目标 ● 分析并解决相关问题，提出相应策略，不断改进工作方法，促进销售业绩
	整理旅游消费者档案	● 方便旅游消费者服务、跟踪反馈信息
	完成各种报表	● 包括日报表、周报表、月报表、店员考核表及客户跟踪反馈表、调研表等
	盘点产品、收银	● 了解哪几种产品最畅销 ● 本日销售额是多少，现金或刷卡收入有多少 ● 确认营业额的完成情况
	产品补充及陈列	● 根据季节和假日及时调整补充新旅游产品 ● 特别要注意应将旅游产品按照类别、目的地(国家)、档次等级等归类整理好 ● 旅游产品的陈列方式，要做到一目了然、容易查找 ● 旅游产品的陈列主要突出在视听、触摸屏和文字资料上面 ● 自己站在旅游消费者的购买位置察看一下；自己先触摸或视听一下看是否合适
	安全检查	● 店头整洁，安全问题检查(灯火是否熄灭，橱柜或门窗上锁，贵重物品收拾)等

第二节　管 理 重 点

一、企业代理人

　　店长除了旅行社门店店长的身份之外，在与企业合作的过程中，他的另一个身份就是企业代理人，是企业派驻在市场上冲锋陷阵的领头人，因此他必须与企业配合，一肩扛起市场营销的责任，而非只是一个自营商或是门店店长这样单纯。

1．达成设定的数值目标

　　在门店的经营中有很多的数值目标，而其中最重要的数值目标就是营业额的数值目标，每一个门店都应该有自己的营业目标，而营业目标的确定可以根据市场的潜力、过去的业绩、同行的参考值等而将之设定出来。完成数值目标并不仅仅是旅行社门店的工作，而是由门店与总部共同努力去达成的。门店只要在各司其职的条件下努力将自己分内的工作做好即可，因为数值目标设定下来之后，总部和相关部门都不会让门店承担这所有的工作和压力，门店的目标就是总部的目标。

2．实行店头的行动计划

　　(1) 促销前期宣传的推广。广告媒体，平面媒体，店头的美化，POP 海报的制作，传单的制作与派发方式，广告牌的张贴，宣传期的时间设定，人力的安排，文宣的制作，费用预估都应做好。

(2) 促销期间的执行。活动内容的执行需随时掌握进度和补漏，包括当日活动的检查，设定应变措施，人力的灵活调配，工作职务的任命，现场指导，产品的盘点，宣传品的盘点，店头美化与整洁，人员形象与谈吐等内容。

(3) 促销后的检讨。包括活动流程总检讨；目标达标率的检讨；旅游者数据库名单的分类和检讨；旅游产品销售构成检讨；活动费用检讨；突发事件检讨；其他建议事项检讨并列入会议记录。

3. 新产品、新服务的推广

店长必须通过学习强化自己拥有做出简单企划案的能力，因为当总部推出新产品或是新服务时，其内容并不见得符合每一个不同区域的需求；或是就产品的效果呈现而言，尤其是在我国这样一个庞大的市场里，南北距离遥远、气候迥异、各地风土民情不同，各个连锁店都应该因区域性产品需求的不同，从总部的新产品或是新服务中抓住重点出击，在大企划案下再延伸出小企划案来与之配合，这样才能够真正达到新产品或是新服务的推动效果。

4. 店员产品专业知识的提升

丰富的专业知识是销售时的强大后盾，因此人员专业素养的养成对旅行社门店而言就是一个重要的工程。店长也必须随时对人员的专业知识进行补充。这些专业知识可以向其他企业学习，也可以从书籍中获取，甚至从前辈身上丰富的经验中吸收，还可以从四通八达的信息网络上收集，因此学习也是店长必须培养的能力之一，然后将自己所有学习到的知识做出总结，随时将这些知识通过早会、夕会、机会教育等一点一滴地传达出去。像饮食一样，少量多餐的方式可以达到最好的消化和吸收效果。

二、情报收集者

所谓"知己知彼，百战不殆"，只有情报准确、翔实，才能做出正确的判断，从而设定出正确的应对策略。因此，为总部收集所有的相关情报也是店长的一项重要工作。

一般的情报收集分为几个方向来执行。

1. 旅游市场的产品情报

包括新产品上市，新品牌进入市场，其他产品的市场反应与销售状态，流行话题和焦点，产品性价比，产品价格与成分等。

2. 竞争对手的动态情报

包括竞争对手的新促销活动的展开，新服务活动的展开以及时间安排，新策略的执行与新训练系统的建立，旅行社门店服务的满意度调查，新门店形象调整等。

3. 本区域的商圈情报

包括本区域内新住宅区的入住，新旅行社门店的开幕活动，客流量的移转，区域内流行性旅游产品的移转，商圈内举办的大型旅游活动等。

4. 客户情报

包括客户(团体和个体)所有的反馈信息：客户的重点需求，客户的平均消费水平，客户投诉报告，售后服务报告，定期的有针对性的客户意见调查表，热销的旅游产品种类等。

一个积极灵活的店长会在向总部呈报的报告中适当地加上自己思考之后的意见和解决方式。除了充分表达出与总部站在同一阵线上共同解决问题的立场之外，还可以借此训练自己应变和处理问题的能力。

三、调整者

在旅行社门店的经营中，店长会针对具体情况，对门店的人事、经营和管理上进行调整。因此任何人都不能期待只要有一套制度推行下去就可以一帆风顺，因为制度在执行的过程中也必须要经过调整之后才会完整。调整是件好事，因为经过适当的调整之后，不管是在制度或是策略上，都会更加贴近旅游市场实际的状况。

在门店的日常运作中，店长应随时关注和适当调整如下几个大方向。

1. 开店、打烊的管理与调整

开店早会的进行，人员的激励以及形象检查，工作与任务分配的传达，待办事物的交办，目标的再次确认等。

2. 广告、宣传、POP 的管理和调整

包括已过期促销海报 POP 的清理，新促销海报 POP 的设计与张贴，POP 的主题设定，POP 张贴的位置，定期的店内 POP 更新，广告的设计与派发方式等。

3. 对下属的管理与调整

关于对下属的管理与调整方式和技巧有很多，在此只针对冲突产生时的解决方式进行探讨。当冲突产生时，店长应该知道如何处理冲突，最后是否能够积极地化冲突为团队之间更深的了解更是对店长自身成熟度的考验。

四、传达者

店长还是一个上传下达的主要环节。店长必须强化自己语言沟通的能力，良好的语言沟通的能力可以达到事半功倍的效果。因为公司营销策略需要传达，制度上所带来的希望需要传达，营业目标需要传达，企业愿景需要传达，下情也必须上传。传达不到位的结果最直接的外在表现就是一线人员动力不足。如果期待解决这些问题，那就只能从提升店长沟通传达的能力下手了。

五、培训者

身为旅行社门店的店长，对于培训就有责无旁贷的责任。在自己培训技能未成熟之前可以多运用讨论会、读书会或谈感受、技能演练的方式来进行培训，通过共同参与，集合所有成员的智慧和经验在撞击之后迸出火花，共同促进团队成长，而不一定只是以授课的方式来进行培训。授课只是培训形式中的一种而不是全部，千万不要因为个人的培训技能

不足而忽略了应该做的工作，延误了培训的时机。

六、管理者

每一个店长所统管的门店面积大小不同。而在旅行社门店里所领导的员工人数也不相同。很多的店长都是因为在基层工作的时间比较长，对公司整体比较了解或是业绩做得比较好，然后就被提升成为店长，但不曾接受过正规的培训，因此，要能够更上一层楼，唯一的途径就是向上提升自我到另一个更高的层次，提高管理能力。

七、保全者

盈利的两大方向一是开源，二是节流。开源可以让营业额增长、加大获利，这点固然重要，但不能将焦点只是放在开源上，因为节流也是一样重要的。保全者的职责就是作为门店的捍卫者，严格把关，全力避免所有的不必要损失产生。

1. 保全装修、设备

装修一旦毁损，翻修而产生的支出也是亏损，因此，以下几件事是必须注意的：海报、POP 不要随意张贴，避免最后撕下时在粉刷墙壁或是木质漆面上留下伤痕；固定清洁打扫，做好装修维护等。最好建立保管人制度，让店里的每一项设备都有一个直接照顾它的主人，避免员工之间互相推卸责任，也可以避免大家在公物使用上的不爱惜。

2. 保全财务

为了避免财务的直接损失，有几点是旅行社门店平常运作时一定要谨记的。
(1) 确认刷卡机的保管人，刷卡机除了出纳之外其余人不得随意开启。
(2) 固定每天的对账时间。
(3) 刷卡机记录簿、支出明细报表要确实填写。
(4) 收银四确认：收多少、实际销售金额多少、找零是多少、与客户确认。

第三节　管 理 技 巧

一、高效运作的技巧

门店工作团队运作的效率如何关键在于店长。店长要想和谐、高效地研究和解决问题，主要应该注意以下几点。

1. 意见表达要清晰明白

为了使团队中的每一个成员都能很好地理解店长所提出的意见，店长应该力求不用烦琐的语言，就能把复杂的事物、观点表达清楚。说话要单刀直入，一开头就有吸引力，不啰唆，不重复，主要论点要精益求精。这样，既可以避免别人对自己的意见产生误解，又有助于别人了解自己整个意见的中心意思，可以使问题更明确，意见更集中，讨论更顺利。

2. 讨论前做好准备工作

凡是需要团队成员集体讨论和解决的问题，讨论之前要做好周详的准备。要求有关的人员拿出初步的意见和方案，在讨论之前，再根据他们的意见修改一下对策方案，然后再拿到集体会议上进行讨论。这样的周详准备可以使团队成员对所要解决的问题心中有数，也可以给他们一种印象，这个问题是经过深思熟虑后才提出来的，能够引起他们的重视和认真的思考，从而慎重地发表自己的意见。

3. 及时做出全面评价

及时对团队的工作做出全面评价对于店长来说是十分重要的。店长应该懂得，在讨论和研究问题时，一种有倾向性的决议，或者多数人赞同的意见的形成，总是源于各种不同意见的相互启迪。因此，在问题讨论中，不管每一位成员发表的意见是否被采纳，店长在最后的综合、归纳中都应当婉转地给予评价。这样做能够造成一种民主气氛，否则，以后就会有一些人对问题的讨论和研究不感兴趣。

4. 创造轻松、和谐的气氛

旅行社门店团队讨论和研究的问题往往多是非正规性的，又由于各自所站的角度和所管辖的领域不一样，认识、看法有分歧是难免的。每个团队成员都应该有一种幽默感，当讨论中出现紧张的气氛时，能及时地用一个笑话或一个小插曲来解除大家的紧张感，从而使大家能够继续平心静气地、轻松地讨论问题。

5. 善于抓住问题的关键

要保证团队成员研究和解决问题的效率，就必须注意抓住问题的关键进行研究讨论，不要在细枝末节上争来争去。只要在大的方面、在关键的环节上取得一致就可以了，不要企求在所有的方面、每一个细节上都一致。

6. 能够服从多数人的意见

有时候店长也不要过分独断专行，当团队成员中多数人的意见占上风时，就应当服从多数人的意见，而不能总是考虑照顾自己的情面。切记，门店团队中最基本的前提就是牺牲个人的利益来完成组织的目标。服从多数本身已经包含了保留个人意见，用不着再三声明。

二、内部冲突化解方法

团队往往是由不同性格、不同背景的人所组成的，在很大程度上讲，成员之间在个性上具有互补性。团队的这种特点导致可能出现一些矛盾、纠纷、摩擦与冲突，对于门店团队中的主导者——店长来说，要想更好地去处理这些冲突、去化解其中的矛盾，需要遵循一定的方法与技巧，总的来讲，处理团队内部冲突的方法有以下几种。

1. 黄牌警告法

对冲突不止，且日趋加剧的双方，在批评教育、晓明大义的基础上，采取一定的行政手段和组织措施。如民主会诊、责令检查和"最后通牒"等出示黄牌警告的方法。

2. 以冷制热法

在激化了的矛盾面前，一时又不好解决问题的情况下，作为冲突双方要能理智地控制自己，冷静地思考；作为店长要设法"冷却降温"，而后再"釜底抽薪"。运用这种方法的核心是制怒。

3. 坦诚中和法

当团队成员之间的意见或主张利弊并存时，往往会产生争执或冲突，双方都应明确认识到自己或对方的主张存在的利弊，诚心诚意地收回或部分收回原来的意见或主张，最后形成的决定要集中大家的长处，体现集体的智慧，使冲突变成积极的有利因素。

4. 自我补偿法

当店长个人意见被领导集体否定后，店长为了缓和心理冲突，可以改变原有的意见和主张，提出新的认识、可能被大家接受的意见或主张来补偿。作为店长则应慎重考虑这种新的意见和主张，尽可能使店长与团队成员取得一致性意见。

5. 彼此退让法

当店长发现自己在冲突中处于理亏地步时，应该有正视错误的勇气，然而在冲突之中主动退让是很难的，特别是对于作为领导者的店长来说。这时就需要双方各自退让一步，达成彼此可以接受的协议。采取此法，关键是把握好适度点：一是看冲突双方的"调子"高低，分析双方的起初意图；二是视冲突的事实和抑制冲突的气氛对双方心理的影响程度，分别向他们提出降低"调子"的初步意见；三是在冲突双方或一方暂不接受调解意见的僵持阶段，可以采取欲擒故纵的临时措施，明松暗紧施加压力，促其早转弯子。

三、打造团队协作精神

对于团队的调查结果显示，70%以上的团队成员最希望的是团队领导能够为他们指明目标或方向；而80%以上的团队领导最希望的则是团队成员能够朝着既定的目标前进。由此可以看出目标在团队建设中的重要性，它是团队所有成员都非常关心的事情。

1. 树立团队的共同目标

团队目标能够为团队运行过程中的决策提供参照物，同时能成为判断团队进步的可行标准，而且为团队成员提供一个合作和共担责任的焦点。具体到一个门店来说，在确立团队的共同目标时，一定要切合门店的实际情况，所定目标既不要过高，也不要过低，这就需要门店团队的领导者——店长来进行综合型的权衡与谋划。

2. 建立有效的沟通机制

要保持团队精神与凝聚力，沟通是一个重要环节。比较畅通的沟通渠道、频繁的信息交流使团队的每个成员间不会有压抑的感觉，工作就容易出成效，目标就能顺利实现。所以要把确定的长远发展战略和近期目标传达给下属，并保持沟通和协调。这时，团队成员都有较强的事业心和责任感，对团队的业绩表现出一种荣誉感和骄傲，乐意积极承担团队的任务，工作氛围处于最佳状态。

3. 实施人性化管理

统计显示，很多团队管理失败最主要的原因之一是团队领导者不能够很好地处理与下级的关系。人性化管理是处理日常工作、处理上下级关系至上的管理技巧。特别是管理知识型员工更是需要有关怀、爱心、耐心、善用、信任和尊重。团队中成员之间的互相信任很重要。而从情感上相互信任是一个组织最坚实的合作基础，能给员工一种安全感，员工才能真正认同门店，把门店当成自己的家，并将之作为个人发展的舞台。

4. 培养团队成员的素养

(1) 培养员工主动做事的风格。
(2) 培养员工敬业的品格。
(3) 培养员工宽容与合作的品格。
(4) 培养员工的全局意识、大局观念。

团队精神并不是要反对个性张扬，但个性必须与团队的行动一致，要有整体意识、全局观念，考虑团队的需要。团队成员要互相帮助、互相照顾、互相配合，为集体的目标而共同努力。在工作中，有意识地培养员工的全局观念极为重要。

实 操 练 习

1. 结合你管理或实习的门店，列出你的门店管理流程，谈谈需要改进的内容。
2. 你认为店长工作的重点内容是什么？
3. 店长的管理技巧包含哪些内容？你认为还应该增加哪些内容？

第二篇

准备篇

第三章

开店前准备工作

俗话说"未雨绸缪",可见在开展每项工作前的准备工作是十分重要的。准备工作是否到位是决定旅行社门店成功与否的基本要素,准备工作做好了才是营销工作成功的开始。

第一节 门店的选址

适当的旅行社门店店址对旅游产品销售有着举足轻重的影响,店址是门店的主要资源之一,有人甚至以"位置,位置,再位置"来着力强调。因为开设地点决定了门店旅游消费者的多少,同时也就决定了销售额的高低。

一、店址选择的重要性

门店选址作为旅行社有两个方面的因素是可以自我控制的:一是旅行社门店是否拥有法律规定的营业场所;二是旅行社能否以理想的租金租到理想的营业场所。

店址选择的重要性体现在如下几个方面。

(1) 房租是最固定的营运成本,投资数额较大且时期较长,尤其在寸土寸金的大城市,房租往往是开店的一大负担,关系着门店的发展前途。

(2) 店址的确定是门店经营目标和经营策略制定的重要依据。不同的地区在社会地理环境、人口交通状况、市政规划等方面都有自己有别于其他地区的特征,它们分别制约着其所在地区的门店旅游消费者的来源、特点和门店对经营的旅游产品、价格、促进销售活动的选择。

(3) 店址是影响门店经济效益的一个重要因素。店址选择得当,就意味着其享有优越的"地利"优势。在同行业门店之中,如果在规模相当,产品构成、经营服务水平基本相同的情况下,则会有较大优势。

(4) 店址的选择贯彻了便利旅游消费者的原则。它首先以便利旅游消费者为首要原则,以节省旅游消费者时间、费用角度出发,最大限度地满足旅游消费者的需要,否则会失去旅游消费者的信赖、支持,门店也就失去存在的基础。当然,这里所说的便利旅游消费者不是简单地理解为店址最接近旅游消费者,还要考虑到大多数目标旅游消费者的需求特点和购买习惯,在符合市政规划的前提下,力求使旅游消费者获得最大的满足。

二、店址区域位置的类型

门店店址区域位置选择指的是门店应选择设在哪一个区域的问题。绝大多数门店都将店址选择在商业中心、要道和交通枢纽、居民住宅区附近，从而形成了以下 3 种类型的商业群。

(1) 中央商业区。这是最主要的、最繁华的商业区，主要大街贯穿其间，云集着许多著名的百货门店和各种大饭店、影剧院和写字楼等现代设施，人流量大。

(2) 交通要道和交通枢纽的商业街。它是次要的商业街，这些地点是人流必经之处，在节假日、上下班时间人流如潮，店址选择在此处大大方便了来往人流。

(3) 居民区商业街和边沿区商业中心。居民区商业街的旅游消费者主要是附近居民，在这些地点设置旅行社门店是为方便附近居民。

就一个具体的旅行社门店，在选择时应充分考虑旅游消费者对旅游产品的需求特点及购买规律，而旅游消费者对旅游产品的需求一般可分为两种类型，这里结合区域位置的选择具体阐述如下。

(1) 小型门店：这类门店的设立力求为旅游消费者购买时方便，希望时间、路程耗费尽可能少，所以，经营这类旅行社门店应最大限度地接近旅游消费者的居住地区。

(2) 旗舰门店。这种门店的商圈范围要求要大、设施要好、规模面积要大，应设在客流更为集中的中心商业区或专业性的商业街道，以吸引尽可能多的潜在旅游消费者。

三、店址选择的因素

门店选址必须符合旅行社或门店的经营战略，按照旅行社或门店的市场定位以及业务经营的要求来进行店址的选择。

1．交通因素

交通和停车问题是旅行社门店选址必须考虑的因素之一。公交车、地铁站附近人群流动性强，是过往人流的集中地段。如果是交通枢纽，则该地段的商业价值更高。

1) 店址的停车设施

确定一个规模合适的停车场可根据以下各种因素来研究确定：商圈大小、门店规模、其他停车设施、非购买者停车的多少和不同时间的停车量。

2) 店址附近的交通状况

需要考虑店址是否接近主要道路，旅游消费者前来购买或咨询旅游业务时是否方便。

3) 交通的细节问题

要分析市场交通管理状况所引起的利弊，比如单行线街道、禁止车辆通行街道以及与人行横道距离较远都会造成客流量的不足。

2．客流因素

客流量大小是一个旅行社门店成功的关键因素，客流包括现有客流和潜在客流，通常旅行社门店店址总是力图选择潜在客流最多、最集中的"聚集"地点。这些符合客流规律和流向的人群集散的地段可以适应顾客的生活习惯，自然形成"市场"，对顾客来说，省时、省力、比较方便，会对顾客有较大的吸引力，使进入门店的顾客人数多，客流量大，以便于多数人就近购买和咨询旅游产品，但这里仍应从多个角度仔细考虑具体情况。

1) 客流类型

一般门店客流分为3种类型,即:自身的客流,是指那些专门为购买或咨询旅游产品来店所形成的客流;分享客流,指一家旅行社门店从邻近其他门店形成的客流中获得的客流;派生客流,是指那些顺路进店的旅游消费者所形成的客流,这些旅游消费者只是随意来店购买或咨询。

2) 客流目的、速度和滞留时间

不同地区客流的规模虽可能相同,但其目的、速度、滞留时间各不相同,要进行具体分析后,再做出最佳地址的选择。

3) 街道特点

选择门店的开设地点还要分析街道特点与客流规模的关系。十字路口客流集中,可见度高,是最佳的开设地点;有些街道由于客流主要来自街道的一侧,表现为一端客流集中,纵深处逐渐减少的特征,这时候店址宜设在客流集中的一侧,而有些街道中间地段客流规模较大,相应中间地段的门店就更能招募潜在旅游消费者前来购买或咨询。

3. 竞争因素

旅行社门店周围的竞争情况对经营的成败会产生巨大影响,因此选择门店开设地点时必须要分析竞争形势。一般来说,在开设地点附近如果竞争对手多,就必须具有雄厚的经济实力或品牌实力,否则与竞争的旅行社门店毗邻而居,将无法打开销售局面。

4. 成本因素

衡量门店选址优劣的最重要标准是门店经营能否取得好的经济效益。因此,门店的选址一定要有利于经营,才能保证取得最佳的经济效益。商业街、商业综合体、公园名胜等,这些地方人气很旺,能使顾客享受到多种服务的便利,是门店开业的最佳地点。但是这类地段往往寸土寸金,地价高,费用大,竞争性强。尽管商业效益好,但一般只适合非常有实力的大社门店或者有鲜明个性的门店发展,并非适合所有旅行社开店经营。

5. 发展因素

门店选址的最终目的还是为了争取经营成功。因此,在选址时,一是必须考虑有利于门店的特色经营,就是必须综合考虑目标市场的消费心理、消费者行为以及行业特点等因素;二是必须考虑有利于提高市场占有率,就是不仅要分析当前的市场形势;而且要从长远的角度去考虑是否有利于扩大规模,是否有利于提高市场占有率和市场覆盖率。

四、店址选择的技巧

交通、客流、竞争、租金等都是店址选择时必须认真考虑的因素。在选定设店地点前,必须针对当地情况做一定的调查分析,并根据调查结果确定营业内容、定价策略、人事规划、营业时间等。开店的目的是赚钱,能够让自己赚到钱的店面才是好店面。

1. 好店址的特征

一个最好的店址应当具备以下4个特征,但选择中至少也要拥有两个以上。

(1) 商业活动频度高的地区。这样的店址就是"寸土寸金"之地。
(2) 人口密度高的地区。居民聚居、人口集中的地方是适宜设置门店的地方。
(3) 面向客流量多的街道。门店处在客流量最多的街道上可使多数人购物都较为方便。
(4) 交通便利的地区。比如在旅客上、下车最多的车站附近，也可以在旅游消费者步行距离很近的街道设店。

【参考】

春秋旅行社门店最初的选址

上海春秋旅行社历经23年发展，目前拥有2000余名员工、导游，营收逾30亿元，业务涉及旅游、航空、酒店预订、机票、会议、展览、商务、因私出入境、体育赛事等行业，被授予上海市旅行社中唯一著名商标企业。自1994年至今，年年获国家旅游局排名的国内旅游全国第一，是国内连锁经营、最多全资公司、最具规模的旅游批发商和包机批发商。在上海有50个连锁店，在江浙地区有400余个、全国有近2000个网络成员，在北京、广州、西安、沈阳和三亚等30余个国内大中城市设有全资公司，每个全资公司大都有2至10个连锁店，境外有美国、泰国等7个境外全资公司。

长期以来上海春秋旅行社一直着眼于学习国际大旅行社的运行规律，紧贴市场，依靠创新超越自我。其中，最重要的经验之一就是不眷恋团体市场而定位散客。20世纪80年代，上海春秋旅行社创社后组成的第一个旅游团就是由散客构成的苏州一日游。

为什么散客愿意到春秋报名？春秋人很明白：散客成团会有顾虑、要承担风险，因此，春秋一开始就选择在紧靠南京路步行街的，有"十里南京路，一个新世界"之称的新世界旁边设立了第一个门店——西藏路门店，其旨在通过在旺市地段建立自己的门店，以打消或者减少消费者的顾虑。25年的发展成就无疑证明了这是一个英明的战略选择。因为，迄今为止，西藏路营业部都是春秋众多门店中接待人数最多、营业收入最高的。

由此可见，门店选址地段举足轻重：第一重要的是地段；第二重要的是地段；第三重要的还是地段。

2. 小额资金的选店法则

一般来说，小额资金的选店法则有4项。
(1) 选自己居住的地区。
(2) 选与自己经济上或人事上有关系的地区。
(3) 选自己希望的区域。
(4) 选预算范围内的适当地区。

前两项选择是运用地缘关系，可以广泛利用既有人际关系拓展业务，打下创业基础；后两项则必须参照行业特点，考虑地段特性。

3. 复合店面

若你非常垂青于黄金地段，而又苦于资金不足时，分租店面的方式说不定能助你一臂之力。通常在车水马龙、人气汇集的热闹地段开店，成功的概率较高，若设在车站、社区、大型购物中心附近，就至少占了七分地利。但是这类地带的租金往往极高，而且大多已被人捷足先登，想取得一席之地并不容易，这时，倒不妨在你所中意的地段中找寻合适的伙伴，采取分租店面的方式共用一个店面，也就是目前盛行的"复合店面"。另外，旅行社也可以根据当地著名连锁超市或营业场所的网点和品牌声誉，以依附形式代销旅游产品，建立依附式合作关系，形成"依附式"的门店发展模式。

4. 选址大忌

(1) 高速车道边。
(2) 周围居民少或增长慢而已有旅行社门店的区域。
(3) 高层楼房。
(4) 近期有拆迁可能的地区。

【思考】

> **为何门前冷落**
>
> 杭州某旅行社的一个门店地址选择在一条新建的特色商业街的中间位置，设计和装潢非常新颖有个性。该旅行社门店人员热情细致、服务周到，但开业后半年多的时间里，做成的单子仅10余人。为什么呢？
>
> 究其原因，问题出在门店的选址上。
> (1) 该旅行社门店所在的地段尽管也是比较有层次、有品位的商业街，但是由于刚刚兴起，人气不旺，显得冷冷清清。
> (2) 该商业街所在的周边虽然多是居民小区，但居住的多是租住的外来打工者，本地人口极少，潜在旅游者不多，市场目前不够成熟。
> (3) 而该社的门店又恰好处在整条商业街的中间，更是有点"养在深闺人未识"的味道，知名度不高。当然，也有其他原因，但选址不当是导致门店"门前冷落"的主要原因。

第二节 门店的申请注册

开店也是在办企业，因此，选择好店址以后，接下来的一个步骤就是进行旅行社门店的登记设立(图 3.1)，唯有通过企业的登记注册的法定程序，门店才是合法的，也才能宣告正式开展法律所允许的经营、管理活动。

图 3.1 经营许可证和营业执照

一、门店名称及经营范围

旅行社门店(包括营业网点和散客柜台)是指旅行社在注册地或离开注册地，在本省行政区域内设立不具备独立法人资格的，为设立社招徕旅游者，提供旅游咨询服务、以设立社的名义与旅游者签订旅游合同的收客网点。旅行社门店为非法人单位，旅行社对其所属门店负有管理职责，并承担法律责任。

规范旅行社门店的管理，维护旅游市场秩序，保障旅游服务质量，促进旅行社业又好又快发展，根据《旅行社管理条例》《旅行社管理条例实施细则》、各省《旅游条例》以及国家旅游局《关于深入贯彻行政许可法的通知》精神，旅行社门店名称统一规范为："设立社全称+(县、区)街道名称+门店。"

旅行社设立的门店其业务范围在设立社业务经营范围内核定为招徕游客并提供咨询、宣传等服务。国内旅行社设立的门店核定的业务范围为"国内旅游招徕、宣传、咨询业务"。国际旅行社设立的门店核定的业务范围为"国内、入境旅游招徕、宣传、咨询业务"，其中，有出境游经营权的国际旅行社设立的门店在其核定业务范围时增加"出国旅游及港澳游招徕、宣传、咨询业务"。

二、旅行社门店的设立

根据《旅行社管理条例实施细则(2009 年)》，旅行社门店(服务网点)的设立与管理要遵循以下几点。

(1) 门店(服务网点)是指旅行社设立的，为旅行社招徕旅游者，并以旅行社的名义与旅游者签订旅游合同的门市部等机构。

(2) 设立社设立门店(服务网点)的区域范围，应当在设立社所在地的设区的市的行政区划内。设立社不得在前款规定的区域范围外，设立服务网点。

(3) 门店(服务网点)应当设在方便旅游者认识和出入的公众场所。服务网点的名称、标牌应当包括设立社名称、服务网点所在地地名等，不得含有使消费者误解为是旅行社或者分社的内容，也不得作易使消费者误解的简称。门店(服务网点)应当在设立社的经营范围内，招徕旅游者、提供旅游咨询服务。

(4) 设立社向门店(服务网点)所在地工商行政管理部门办理服务网点设立登记后，应当在 3 个工作日内，持下列文件向服务网点所在地与工商登记同级的旅游行政管理部门备案：

① 设立社的旅行社业务经营许可证副本和企业法人营业执照副本；
② 门店(服务网点)的《营业执照》；
③ 门店(服务网点)经理的履历表和身份证明。

没有同级的旅游行政管理部门的，向上一级旅游行政管理部门备案。

(5) 门店(服务网点)备案后，受理备案的旅游行政管理部门应当向旅行社颁发《旅行社服务网点备案登记证明》(图 3.2)。

图 3.2　旅行社服务网点备案登记证明

第三节　门店的设施配置

一、店面设施

店面设施的主要功能是引导及宣传，以引起消费者的注意，并产生兴趣，继而迅速联想。店长一是要关心如何让消费者"很容易地走进来"，即没有障碍、阻挡；二是关心"消费者可以满足什么或享受到什么乐趣"，即如何激发消费者内心的欲望，让欲望驱使消费者走进来，这是店面设施最重要的功能。

1. 停车设施是否完备

"停车方便"已成为当今门店吸引旅游消费者最重要的因素之一,在可能的范围内将停车场的规划列入可吸引更多的客人。此外,有很多的家庭主妇或青少年以电瓶车或自行车代步,在从事停车场规划时,也必须考虑。

2. 招牌

招牌的功能是"自我介绍",同时又能体现门店的个性特征,其内容应包括店名、业态。设计上要有特征,与邻近门店相区别,和周边环境相适应,另外还要考虑到经济、耐久和便于保养、清洗。招牌是向旅游消费者传递信息的一种形式,不仅要追求艺术上的美感,更重要的是内容的准确。招牌的内容是设计的核心部分,主要包括店名和社标(社徽),如图3.3所示。

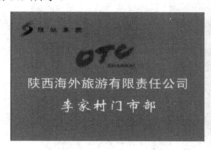 

图3.3 旅行社招牌

醒目易见的招牌位置与距离、视点有关。一般来说,眼睛离地的垂直距离为1.5米,以该视点为中心的上下250~300cm范围为招牌设置的易见位置。例如,招牌与眼睛视点的距离为10米,那么离地面2.5米左右的高度为最佳位置。

3. 出入口的设计

招牌吸引了消费者的目光,入口引导消费者进入店内。如何选择一个适当的入口将是决定日后来客数多寡的关键。门店在选择入出口的时候应仔细观察行人的行动路线,选择行人经过最多或最接近的方向与位置应是比较适当的。

一般来说,门店的入口设在右侧就能畅销。入口究竟设在中央、左侧或右侧曾产生很多议论,而结论往往由领导来决定。入口设在右侧较好的理由如下。

(1) 世界各国的门店入口大都设在右侧。
(2) 视力右眼比左眼好的人多。
(3) 使用右手的人较多等。

4. 通道规划

良好的通道规划,可引导消费者自然地走向门店的每个角落,也就不会有所谓"死角"的产生,当然,这还需要辅以产品的配置以及陈列的技巧。通道方面要考虑的几个问题如下。

(1) 通道的宽度是否充分?

(2) 通路的往来是否顺畅？
(3) 与出、入口的连接是否妥当？
(4) 通道、地面的情形是否良好？
(5) 通道的照明情形是否良好？

二、陈列设施

陈列设施与旅游产品互为一体，良好的陈列设施更能展现出旅游产品的魅力，增加消费者的购物欲望。通常在有些店里，大多采用较矮的陈列架(图3.4)，使空间感觉较为宽敞，并减少压迫感。有关陈列设施最需要考虑的就是让旅游产品资料很容易地被看到以及方便取放。因此，应从以下几方面考虑。

图 3.4　陈列架

(1) 陈列架的形态、位置、排列、大小是否合适？
(2) 陈列架内的产品资料看起来是否显眼，是否容易拿取？
(3) 价目表是否清楚易见？
(4) 陈列架是否清洁？
(5) 陈列是否考虑到旅游消费者的视线与视觉？

三、接客设施

接客设施包括进口处的服务台、等候区、咨询区以及最后结账的收银台。服务台大多位于入口处，等候区和咨询区(图3.5)大都在靠里面的较大的区域，收银台位于出口。设有供游客查询用的电子设备，如图3.6所示。

图 3.5　咨询区

图 3.6　查询用电子设备

好的音像让人流连忘返。如果店内所播放的旅游实景片能获得消费者的喜爱，消费者会在观看和聆听的同时选择旅游产品，如图 3.7 所示。

图 3.7　旅游实景片展示

实 操 练 习

1．旅行社门店是否属于独立法人？旅行社设立门店应征得谁的同意和审批？

2．你认为你所工作或实习的旅行社的门店需要调整吗？可以做哪些调整？

3．你所工作或实习的旅行社门店的地理位置是否理想？如果理想，请说出理由；如果不够理想，请分析原因并找出提高或者超越的途径。

第四章 门店形象设计

门店赢利的四宝由"好店长+好品牌+好产品+好店面"构成。统一标准的店面招牌，明亮的橱窗展示，抢眼的宣传海报，整齐有序的店内陈列，还有若干着装统一、面带笑容的工作人员，这就是现代旅行社门店的标准形象。

第一节 形象设计的原则

门店形象设计的目的就是为企业塑造良好的形象。良好的企业形象是门店的无形资产，是企业的生命。

门店形象设计主要体现以下原则。

一、同一性的原则

要达成同一性，实现 CI 设计的标准化导向，必须采用简化、统一、系列、组合、通用等手法对旅行社门店形象进行综合的整形。

1. 简化

对设计内容进行提炼，使门店组织系统在满足推广需要的前提下尽可能条理清晰，层次简明，优化系统结构。如 VI 系统中，构成元素的组合结构必须化繁为简。

2. 统一

为了使信息传递具有一致性和便于被社会大众接受，应该把企业品牌和形象不统一的因素加以调整。品牌、企业名称、门店名称应尽可能地统一，给人以唯一的视听印象。

3. 系列

对设计对象组合要素的参数、形式、尺寸、结构进行合理的安排与规划。如对企业形象战略中的广告、包装系统等进行系列化的处理，使其具有家族式的特征，鲜明的识别感。

4. 组合

将设计基本要素组合成通用性较强的单元，如在 VI 基础系统中将标志、标准字或象征图形、企业造型等组合成不同的形式单元，可灵活运用于不同的应用系统，也可以规定一些禁止组合规范，以保证传播的同一性。

5. 通用

设计上必须具有良好的适合性。如标志不会因缩小、放大产生视觉上的偏差，线条之间的比例必须适度，如果太密缩小后就会并为一片，要保证大到户外广告、小到名片均有良好的识别效果。

同一性原则的运用能使社会大众对特定的旅行社企业形象有一个统一完整的认识，不会因为门店形象的识别要素的不统一而产生识别上的障碍，增强了形象的传播力。

二、强化视觉冲击的原则

视觉冲击就是运用视觉艺术，使大众的视觉感官受到深刻影响，能给他们留下深刻的印象。其表现手法可以通过造型、颜色等展现出来，直达视觉感官。

视觉冲击力的强化引来了自身品牌的提升与受众对其的聚拢，使旅行社门店在竞争中立于不败之地。

三、差异化的原则

首先表现在不同行业的区分，在设计时必须突出行业的特点，才能使其具有与其他行业所不同的形象特征，有利于识别认同。其次，必须突出与行业其他企业的差别，才能独具风采、脱颖而出。

四、有效性的原则

企业形象设计要具有有效性，能够有效发挥树立良好的企业形象的作用。首先在于其策划设计必须根据门店的自身的情况，根据企业在市场营销的地位，在推行企业形象战略时确立准确的形象地位，然后依次定位进行发展规划。总之，一切必须从实际出发，不能迎合企业领导人一些不切实际的心态。

五、象征性的原则

在识别系统中，象征图形是作为一种附属于辅助的要素出现的，配合标志、标准字、标准色、企业造型等基本要求而被广泛灵活地运用，有着不可忽略的功能作用。

第二节 门店的形象要素

旅行社的门店设计和装潢应该力求给旅游咨询者一种亲切的感觉，营造一种渴望旅游的氛围，并具有鲜明的品牌标志。门店就好像一个舞台，是门店销售人员展现自己的地方。因此，门店设计要塑造一种氛围、一种旅游的场景，让旅游咨询者情不自禁地走到旅游的氛围中去。

一、门面设计的要素

旅行社门店的门面无疑就如人的脸面对于形象的重要程度一样，为其形象的突出表现部分。门面设计要求应该在考虑经营产品和接待旅游消费者特点的情况下，刻意求新。显示个性，力争让旅游消费者产生好印象，也就是说既要有精神上的美感，又要在现实中符合人的要求。

店面的设计必须符合旅游门店的特点，从外观和风格上要反映出门店的经营特色；要符合主要消费者的"口味"；店面的装潢要充分考虑与原建筑风格及周围店面是否协调；装饰要简洁，宁可"不足"，不能"过分"，应免去任何过多的装饰，不要让消费者感到"太累"；店面的色彩要统一协调，不宜采用任何生硬的强烈的对比；招牌上字体大小要适宜，过分粗大会使招牌显得太挤，容易破坏整体布局，可通过底色来突出店名。

二、店外形象

旅行社门店的正面是由门店的外观及门店的出入口组合而成。旅行社门店的外部装潢可以说是门店的脸面，对旅游消费者入店消费意愿的影响很大。旅游消费者可以远远地就看见你的店，凭借的就是门店外观设计和广告看板，如图 4.1 所示。门面除了吸引客人的目光，另一个重要功能是直接告诉客人"我们卖的是什么"。

1．店头设计

店头区是视觉的第一触及区，担负着重要使命，是留住旅游消费者的关键。因此，店头设计一定要"抢眼"，因为它可以吸引各种类型的过往旅游消费者停下脚步，仔细观望，进店咨询或购买。在繁华的商业区里，旅游消费者往往首先浏览的是大大小小、各式各样的门店招牌，寻找自己的购买目标或值得进入的门店。

因此，具有高知名度和强烈吸引力的旅行社门店招牌对旅游消费者的视觉刺激和心理影响是很重要的。

1) 店名

店名就是一块招牌、一笔资产，无形中将给商家带来无限商机，尤其是具有知名度的企业商标更能带给旅游消费者信任。一般旅行社门店店面上都可设置一个条形门店招牌，醒目地显示企业及门店店名，如图 4.2 所示。

图 4.1 门店招牌一

图 4.2 门店招牌二

2) 装饰

为了让店头更加引人注目，可以应用很多装饰手法，如用 LED 显示屏、霓虹灯、射灯、彩灯、反光灯等来加强效果。总之，格调高雅、清新、时尚、动感等手法往往是成功的关键因素之一。

3) 文字设计

店头文字的设计越来越被重视，一些以标语口号、隶属关系和数字组合而成的艺术化、立体化和广告化的门店招牌不断涌现，如图 4.3、图 4.4 所示。店头文字设计应注意以下几点。

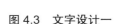

图 4.3　文字设计一　　　　　　　　　　图 4.4　文字设计二

(1) 店名的字形、大小、凸凹、色彩、位置上的考虑应与本企业的视觉形象一致。
(2) 文字内容必须与本店的内涵相吻合。
(3) 文字尽可能精简，内容立意要深，又要顺口，易记易认，使消费者一目了然。
(4) 美术字和书写字要注意大众化，中文和外文美术字的变形不要太花、太乱，书写字不要太潦草，否则不易辨认，又会在制作上造成麻烦。

2. 店门位置

店门的作用是诱导人们的视线并产生兴趣，激发想进去看一看的参与意识。怎么进去、从哪里进去，就需要正确的导入，使旅游消费者一目了然。在店面设计中，旅游消费者进出门的设计是重要环节。门店的店门要设在旅游消费者流量大、交通方便的一边。店门应当是开放性的，所以不要让旅游消费者产生"幽闭""阴暗"等不良心理，从而拒客于门外。店门的位置放在店中央还是左右两侧，要根据以下两点决定。

一是所处街道的地理位置。设计应考虑店门面前的路面是否平坦，是水平还是斜坡；前边是否有隔挡及影响店面形象的物体或建筑；采光条件、噪声影响及太阳光照射方位等。因为明快、通畅、具有呼应效果的店门才是最佳设计。

二是根据具体人流情况而定，一般大型旅行社门店大门可以安置在中央，小型门店因为店堂狭小，直接影响了店内实际使用面积和旅游消费者的自由流通。同时，还要根据店门的位置来设计门店通道，设计旅游消费者的流动方向。

三、橱窗设计

在现代商业活动中，橱窗既是一种重要的广告形式，也是装饰店面的重要手段，如图 4.5 所示。橱窗是旅行社门店的"眼睛"，店面这张脸是否迷人，这只"眼睛"具有举足轻重的作用。

一般来讲，橱窗设计应注意以下几个方面。

(1) 橱窗水平中心线最好与旅游消费者的视平线高度相等，整个橱窗内所展示的广告都在旅游消费者的视野内。

(2) 在橱窗设计中，要考虑防尘、防热、防淋、防晒、防风、防盗等，从而采取相关的措施。

(3) 不能影响店面外观造型，橱窗建筑设计规模应与门店整体规模相适应。
(4) 橱窗陈列的旅游产品必须是本门店热门的、适时的、畅销的产品。
(5) 橱窗陈列季节性旅游产品必须在季节到来之前 2～3 个月预先陈列出来向旅游消费者介绍，这样才能起到迎季宣传的作用。
(6) 陈列旅游产品时最好先确定主题，无论是多种多类或是同种不同类的旅游产品，均应系统地分别依主题陈列，使人一眼就看到所宣传介绍的产品内容，千万不可分散消费者视线。
(7) 橱窗应经常打扫，保持清洁，橱窗里面布满灰尘会给旅游消费者不好的印象。
(8) 橱窗陈列需勤更换，尤其是有时间季节性的广告宣传时应特别注意。每个橱窗在更换或布置时，一般必须在当天内完成。

图 4.5　橱窗设计

四、布局与规划

旅行社门店布局设置是为门店的日常经营服务的，所有的规划都应当遵循"进出方便"和"利于营业"的原则来进行安排。

1. 开放易入，进出方便

如何让旅游消费者很容易地进出旅行社门店是展开销售的第一步。因为一个门店虽然旅游产品丰富、价格低廉、服务亲切、店面干净，但如果因为出入通道不明显、不方便，客人不愿进来或不知道如何进来，那一切都等于白费。

【参考】

诱使旅游消费者进门的店铺

(1) 容易诱使旅游消费者进门的店铺：①店门口有块空地；②有可以让路人一目了然的明亮橱窗。
(2) 不容易诱使旅游消费者进门的店：①门店沿着道路边缘而立；②入口外没有可驻足的空地；③橱窗阴暗又狭小。

橱窗的位置由店前来往的人潮决定。从店内往外看，若自右向左的人潮较多，左侧橱窗就要做大一点；若自左向右经过的人潮较多，就把右边的橱窗做大些。如此一来，路过的人将更容易看到旅游产品，视线更能集中。

2. 最有效的空间利用

不管门店的形态怎样复杂，它们都是由以下 3 个空间构成的。

1) 产品空间

指旅游产品陈列的场所，包括橱柜、平台、架子等，如图 4.6 所示。

2) 店员空间

指店员用于接待旅游消费者或作业的场所。有的门店把店员空间和旅游消费者空间做明显的区隔，有的则把两者重叠在一起。

3) 旅游消费者空间

指旅游消费者观看、购买旅游产品的场所，如图 4.7 所示。

图 4.6　产品空间　　　　　　　　图 4.7　旅游消费者空间

要让旅游消费者享受消费的乐趣，消费之后还想再来，尽量有效地利用门店空间，可以增加营业额并降低成本。

第三节　门店产品陈列

合理地陈列可以起到展示产品、刺激销售、方便选择、节约空间、美化环境、增进信任等作用。所谓旅游产品陈列，就是以旅游线路产品为主体，运用一定的艺术方法和技巧，借助一定的道具，将旅游产品按销售者的经营思想和要求，有规律、有目的地摆设、展示，以方便旅游消费者选择购买，它是提高销售效率的重要的宣传手段，是店面旅游广告的主要形式。据统计，店面如能正确运用旅游产品的配置和陈列技术，销售额可以在原有基础上提高 10%。

一、旅游产品陈列的原则

旅游产品陈列的形式必须遵循显眼、丰富、科学、真实、艺术性等原则，具体来说有下列 4 项原则。

1. 显眼易选择原则

陈列摆放旅游产品时，将"最想卖的产品"设置于显眼的位置及高度，即在有效陈列范围中集中展示于最显眼的高度，以吸引旅游消费者的视线，使旅游产品容易售出。将畅销旅游线路及旅游产品宣传册适当地陈列在客人容易选择、易于拿取的有效陈列范围内展示，一般展示架离地面80～130厘米之间为最有效的陈列范围。

2. 分类明确原则

陈列摆放旅游产品要分门别类，便于消费者观看选购，一是可以按不同的区域或国别将旅游线路分类；二是可以按季节来分类；三是按照档次、价位进行分类；四是可以按照细分市场来分类；五是按照产品内容、类型来分类。尽可能将有连带性的产品摆放在一起。能让旅游消费者看到重点促销的旅游产品，又能联想到其他相关产品，这样既方便旅游消费者挑选，又能刺激旅游消费者的购买欲望。像这样将旅游产品明确地分类之后，再集合展示的陈列方法，不只便于消费者在不同的类型和价格之间进行比较挑选，对于门店本身更提高了管理产品的效率。

3. 陈列架放满原则

陈列架上要放满旅游产品，可以给旅游咨询者旅游产品和服务非常丰富的好印象，也可以提高门店空间的利用率。因为大多门店所在的地段都是寸土寸金，门店产品和服务丰富才能产生更大的经济效益，如图4.8所示。

图4.8 放满的陈列架

4. 集中陈列原则

把相关性产品陈列在一起既能方便旅游咨询者选择，又能刺激旅游咨询者的购买欲望，让旅游消费者感觉到：这么多的线路，总有一条适合我。

【参考】

日本旅行社门店的陈列

日本的旅行社门店物品陈列有序，一进入门店就可以看到展示资料架上分类有序地摆满了世界各地的线路宣传单，如同超市的货架一样。而且，陈列的旅游产品资料丰富、新颖、实用，包括旅游目的地的基本情况：气候、民俗、历史、宗教、餐饮、住宿等各种信息，使顾客了解起来非常方便，如图4.9所示。

日本旅行社门店有一个理念：当门店的旅游知识、旅游信息比旅游者希望了解的少的时候，门店就处于信息劣势，就不可能让旅游者对门店推荐或者介绍的产品产生兴趣。

图4.9 日本旅行社门店陈列

二、旅游产品陈列的类型

旅游产品陈列的主要类型因产品陈列的目的和所利用设备的不同有不同的划分方式。按旅游产品陈列的不同目的可划分为展示式陈列和推销陈列两种方式,按所用设备的不同可划分为以下 5 种陈列类型。

1. 纵向陈列和水平陈列

纵向陈列是指同类旅游产品从上到下地陈列在一个或一组看板内,旅游消费者一次性就能轻而易举地看清所有的旅游产品。水平陈列是把同类旅游产品按水平方向陈列,旅游消费者要看清全部旅游产品需要往返好几次。所以,应尽量采用纵向陈列。

2. 促销陈列和高档陈列

促销陈列的旅游产品要给旅游消费者一种便宜的感觉,能够刺激旅游消费者的购买欲望。但高档旅游产品有些场合需要给旅游消费者高档的感觉,可以用豪华的摆放看板和灯光处理的方法制造高档的感觉。

3. 分类陈列

它是根据旅游产品的内容、档次、特点、价位和对象进行分类展示的陈列方法。它可以方便旅游消费者在不同的档次、质量、价格、类型之间比较挑选。分类陈列的方式有多种,如按价格体系陈列、按产品形态陈列、以长短线分开陈列等。这样陈列既方便旅游咨询者选择,又便于管理,同时给人以专业的感觉。

4. 定位陈列

指某些旅游产品一经确定了位置陈列后,一般不再进行变动。需定位陈列的旅游产品是旅游消费者购买频率高、购买量大且知名度高的线路,所以需要对这些产品或服务给予固定的位置来陈列,以方便旅游消费者,尤其是老旅游消费者。

5. 辅助陈列

陈列的方式有很多种,要想在激烈的竞争中胜出,就要有独特而大胆的创意。

辅助陈列是指在基础陈列以后,能够帮助强化传递给客户的信息的陈列,主要包括旅游产品的促销物和二次陈列,如图 4.10 所示。

旅游产品的促销物也就是售点广告,用来补充信息,加强品牌形象的宣传。旅游产品的促销物主要包括海报、宣传单页、台卡、地贴、吊旗、气球、产品袋、促销人员制服等。

图 4.10　辅助陈列空间

【参考】

门店宣传海报

旅行社门店的宣传海报是"不说话"的广告，其具有鲜明的主题、精美的图片、新颖的文字和亮丽的色彩等特点，吸引着潜在旅游消费者进门欣赏、激发其购买需求，如图4.11所示。

门店宣传海报应注意以下几个方面。

(1) 符合所在城市或地区潜在旅游者的偏好。
(2) 主题突出、鲜明。
(3) 符合市场营销学、美学、广告学原理。
(4) 强调时令性。
(5) 与门店装潢设计风格协调。
(6) 注意不断更新。

图4.11 宣传海报

除了促销物以外，门店还可以运用二次陈列。二次陈列是指不同位置的陈列，二次陈列的方式包括台面、看板架、开放式展架、橱窗、灯箱、立地展架等。

三、旅游产品展示的技巧

旅行社门店的独特吸引力就在于创造人们想象的空间，因此按照一定的主题进行旅游产品展示是一项很重要的课题。所谓主题展示，即在门店内创造出一个国家(区域)或旅游景区点的场景，使旅游消费者产生一种身临其境的感觉。

由于旅游消费者的旅游动机和价值观念各不相同，因此应该设法去了解旅游消费者的需求，然后给予其最大限度的满足。如何满足呢？就旅游产品展示而言，就是要求突出展示主题，让旅游消费者进入他们心仪的陈列区域尽情地体验和挑选线路，而不是像在旧货市场淘宝似的，东翻翻，西找找……

一般来说，科学合理的旅游产品主题展示主要有以下几种技巧。

1. 季节展示

四季产品、夏季或冬季等季节性特征突出的旅游产品多采用这种方法展示。在制订季节性旅游产品销售计划的同时，将准备大力推销的旅游产品及时展示出来，使旅游消费者感觉到新的季节即将到来而产生购买旅游产品的欲望。

2. 特定展示

特定展示是指通过各种形式，采用烘托对比等手法，突出宣传一条旅游线路。特定展示法对于报道旅游产品信息、宣传介绍新产品、扩大销售等都有很好的效果。

3. 假日展示

以某一个假日为主题组成节假日旅游产品展示的内容，如中秋节、国庆节组合的展示；圣诞节和元旦组合的展示。

4. 场景展示

根据旅游产品的特点，把多种线路关联性的产品设置成特定场景，诱发旅游消费者的购买行为，比如浙江一家旅行社门店就是以澳洲游作为主打旅游产品进行主题场景展示的，进到这家门店后，就犹如来到了澳洲，在这里可以见到微型的悉尼歌剧院、黄金海岸、大堡礁、昆士兰热带雨林和"考拉"(Koala)等实景，在"畅游实景"中选择自己要去的线路和产品。

【参考】

陈列小秘诀

以下小秘诀可能会有所帮助。
(1) 不要让旅游消费者不容易看到产品，这会影响旅游消费者购买。
(2) 不要让海报或陈列被其他东西掩盖住，这会失去销售机会。
(3) 不要将不同类别的产品放在一起，那样会使旅游消费者看不明白。
(4) 让旅游消费者可以从外面看到你的宣传，这样才会吸引旅游消费者的注意力。
(5) 运用指示牌使旅游消费者知道产品线路的陈列位置。
(6) 试用一些小的"指示/提醒"式的看板或标志，贴放在少数旅游产品处。
(7) 季节性热点旅游产品尽量陈列在醒目的位置。

实 操 练 习

1．你所工作或实习的旅行社门店的形象是否理想？如果不够理想，请分析原因并提出改进的方案。

2．你认为你所工作或实习的旅行社的门店陈列需要做哪些调整？

第三篇

管 理 篇

第五章 门店管理

人的问题始终是必须优先解决的问题。店员管理是旅行社门店管理的一个重要部分，也具有企业员工管理的一些共通性。企业管理的共性就是要在企业的总目标下设立具体的管理目标，然后，运用各种资源来完成这一目标，这个过程要求店长有很好的运筹、指挥、组织和调度能力。同时门店管理也有自身的特点，合格的店长应该全方位地了解这些知识。

第一节 店员管理

一、现代管理

在现代管理中对人的管理已不能单靠过去那种被动的纯人情化的管理了，而是必须强调要激发员工的自觉性和责任感，实施系统化和规范化的管理。

1. 责任心与加班

作为一个店长，往往因强烈的责任心而不知不觉地延长工作时间。但对于一般工作人员来说，要强调在正常工作时间内工作的时效，不提倡经常超越工作时间进行加班。对于在正常工作时间内没有完成计划的情况要区别对待：如果大家都没有完成，说明管理者布置的任务不合理或这段时间的工作太多；如果只有少数人没能完成，那只能说明那些未完成计划的人有问题。也就是说，加班多并不是好事，加班多的人并不能表示他工作积极、卖力，在正常工作量的情况下，从某种意义上来讲，加班是无能的表现。当然对于某段时间或季节的特殊情况例外。

2. 绝对服从上司

在管理中不能没有"民主"，但民主也要有一个"度"。在做出决定之前应该充分发扬民主，全面听取大家的意见，群策群力；一旦形成决定，那就必须绝对服从，即使有不同的看法，可以保留，但必须按已定决策去执行。这里要贯彻"谁决策，谁负责"的原则，如果这个决策执行的结果是错的，由决策者负责，但绝不允许有人自作聪明、不按决定办事、自行一套，那么，一旦发生不良后果，则由自作主张的人负责，这是确保政令畅通的必要条件。

当然，店长所要做的是要听取员工的见解来为自己解决问题，而并非为了解决他们的问题而听取员工的所有要求。同时还必须遵循"逐级负责"的原则，不允许越级汇报；管理者也不要越级指挥，一级对一级负责。

3. 运用管理手段

管理所运用的手段主要有 3 种：思想沟通、奖惩措施、规章制度。

1) 沟通式管理

沟通式管理是指在工作过程中，管理者与员工之间敞开心灵真诚交流、互动分享、互相理解，内心产生共鸣，创造和谐友好的关系，从而使员工主动自觉、尽心尽力地去完成工作，实现企业目标的管理方式。

良好的沟通让员工感觉到企业对自己的尊重和信任，因而产生极大的责任感、认同感和归属感，促使员工以强烈的事业心报效企业。此外，沟通还能化解矛盾、澄清疑虑、消除误会。因此，企业内部都应该推行沟通式管理。

2) 奖惩式管理

所谓赏罚分明，就是部属做得好时有赏，失败时有罚，由此，可调动部属工作的干劲。工资定级的依据：岗位责任的大小、技术含量的高低。

一个同样的职称可以有不同的工资级别，如计调主管的技术含量就明显高于行政主管，他们两人的工资就应该有一个级差；销售经理的责任就明显比后勤经理大，所以，一个职称可以设定多个工资级别。

3) 制度式管理

必要的规章制度是量化考核的基础、必需、补充，离开量化考核指标的规章制度是没有生命力的，所需的岗位责任制的约束面是很小的，但是，没有规章制度的量化考核是洪水猛兽，会分化企业的向心力。规章制度不在于多而全，要追求一个"精"字，要有可操作性。更多的问题可以通过量化指标的考核和计算机程序的监控来实施。

二、有效管理

常有新任店长问怎样才能有效管理，怎样才能让员工快乐工作等问题。

1. 有效管理的前提

有效的管理是门店追求的目标。门店通过分层管理，把管理融入日常工作之中，对门店实施全方位管理。有效的管理能达到一呼百应、令行禁止的效果，使门店成为一个坚强有力的整体。管理要不断创新才更有效，根据门店发展特点，不断寻求适合门店的管理方式，把管理细化，通过有效的管理集中全体员工的聪明才智，调动一切可以调动的积极因素和力量，这是门店发展壮大的源泉。

1) 熟练精通

店长要有熟练而精通的业务知识，因为店长和员工们在一起的共同目的是做好工作，如果店长能很熟练地指导和指挥他(她)们，使工作完成得又快又好，获得公司的表扬，就会被员工所佩服。

2) 以身作则

店长要以身作则，做出表率，如果自己未曾做过或自己不会做的，是无法去影响他人的。假如说出"我不会做，所以由你做"这类无权威性的话，是无法带领部属的。若对部属说"为何迟到"而自己却迟到，当部属回以"店长为什么也迟到"时，店长却说："我是特别的。"此种解释是行不通的,所以店长在传达信息时,必须以身作则,才具有权威性。

　　3) 体贴关心

　　店长要体贴关心部属。当员工发生困难时,要适时、主动地伸出援助之手,切实帮助他们解决困难,哪怕只是一点点的慰问,一句微不足道的问候,他们就会加倍努力地工作来回报。

　　4) 随机调整

　　世上的事物不可能一成不变,所以店长必须随时做好随机应变调整的准备。尤其是在遇到突发事件时,店长必须镇定。店长要细心观察部属的工作,遇到偏差及时纠正,唯有具备科学精神的店长,才能随时在工作中进行调整。

2. 有效管理的内容

　　1) 时间管理

　　有效的经营者不从工作下手,而是从认识自己的时间运用开始,通过对时间的记录与分析,将无效、没有生产力的时间区别出来,然后设法减少或简化不必要的工作。店长要成为一个善于运用时间的经营者,不但自己要遵守时间管理原则,还要要求所有员工将行动记入自己的行事日历中,并亲自追踪工作执行的成果。

　　2) 成果导向

　　有效管理的店长不会只知埋头苦干,而是会不时地检验自己的工作是否和组织目标吻合,进而从较高的层次及顾客的角度来进行思考。留意自己的成果与贡献,可使店长从狭窄的观点中跳脱出来,将自己的工作和顾客价值产生联系起来,接着才能知道自己应采取何种行动。

　　3) 正确决策

　　有效管理的店长在下定决心之前,必定会针对特定的议题投入足够的时间进行思考,通过持续的沟通、讨论与争辩,使决策在整体性、战略性、有效性上都获得充分的考虑。有效的决策者不采用"头痛医头,脚痛医脚"式的个别问题解决方法,而是从根本的源头来解决问题,只做少数的重要决策。

　　决策的有效性需要时间,有效的决策不能是临时起意,但大多数的经营者总是推说自己没有时间,这使得他们的决策错误百出,反而耗费了更多的时间用于善后处理上。

　　4) 活用长处

　　每个人都有长处及弱点。有效管理的店长不把部属视为完美的人,而是留意每个人的优点,激发出其内在潜藏的能力。有效的经营者不是自己的能力比部属更强,而是让部属能够青出于蓝而胜于蓝。人天生就有许多的缺点,唯有活用长处才能降低缺点的影响力。组织的好处就是能够进行团队合作,当众人各得其所时,其缺点自然隐而不见。组织让个人有限的优点发挥到极致,活用能力大大地增强了组织的战斗力。

【参考】

美国派克街鱼市

　　美国的派克街鱼市看起来是普普通通的一个鱼市,喧闹混乱实则井井有条的场面使人们如同走进了国家级产品博览会。这里充溢着快乐情绪与充满活力的气氛。

> 一个叫罗尼尔的鱼贩讲述了这里的过去和现在，过去派克街鱼市也和其他市场一样，简单重复的工作、百无聊赖的时光，但一次讨论却改变了这一切，把一个最糟糕难管的部门变成了最具活力和效率的部门，让一群颓废的人发自内心地爱上他们的工作和生活，并使派克街成为世界著名的旅游胜地。
>
> 几条重要的经验如下。
>
> (1) 选择自己的态度：即使你无法选择工作本身，你可以选择采用什么方式工作。用玩的心情对待你的工作，快乐每一天。
>
> (2) 让别人快乐：带着阳光、带着幽默、带着愉快的心情对待每一个人。
>
> (3) 投入：把你的注意力集中在快乐工作上，就会产生一连串积极的情感交流。

三、绩效管理

绩效考评不是万能的，但没有考评却是万万不能的。因为人天生是机会主义者，只要有可能就千方百计偷懒或寻求"捷径"。

1. 绩效考评

绩效考评是指每过一段时间对下属的工作表现作一个评价，看看他们的工作成果有没有达到预期的目标。

1) 绩效考评的目标

绩效考评是一种正式的员工评估制度，通过系统的方法、原理来评定和测量员工在职务上的工作行为和工作效果。对员工来说，目标业绩应是店铺员工同心协力可以达成的。因此，绩效目标往往也具有挑战与激励的作用。

绩效考评是企业管理者与员工之间的一项管理沟通活动。绩效考评的结果可以直接影响到薪酬调整、奖金发放及职务升降、辞退等诸多员工的切身利益。

对员工进行绩效考评，全面评价店员的各项工作表现，使店员获得努力向上改进工作的动力，目的是为了正确地评价员工的工作。

(1) 从公司的角度出发。

① 获得确定工资、奖金的依据，重点在工作成绩(绩效)考评。例如，解决涨工资和发奖金的问题：谁该涨；谁不该涨；该涨多少；等等。

② 获得晋升、调配岗位的依据，重点在工作能力及发挥、工作表现考评。例如，解决员工的人事调整问题：谁该晋升；谁该调岗；谁该辞退；等等。

③ 获得潜能开发和培训教育的依据，重点在工作和能力适应性考评。例如，了解员工培训和教育的需要，谁需要什么样的培训等。

④ 使店员明白企业制定的目标，以确保其实现。

(2) 从员工的角度出发。

了解公司对自己工作的评价。知道自己改进工作的方向。了解其职责、职权范围以及与他人的工作关系。

【参考】

> **绩效目标**
> (1) 绩效目标是具体、可衡量的。
> (2) 绩效目标是在内部公布的。
> (3) 绩效目标是事先制定的。
> (4) 绩效目标是具有可达成性的。

2) 绩效考评的内容

工作一定要考评,考评最终要达到的效果是人人有事做,事事有人做,以确保绩效目标的管理,务求纵向到底、横向到边,不留死角地进行绩效指标的逐层分解,如图 5.1 所示。从突出实绩、引导能力和激活态度 3 个方面设置绩效考评的内容,并给予不等的分值,如图 5.2 所示。

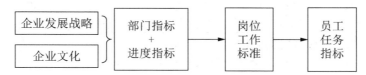

图 5.1 绩效指标的逐层分解图

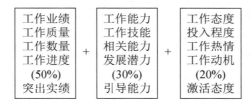

图 5.2 绩效考评内容图

3) 考评结果及效力

考评结果应作为评价员工工作能力的重要依据之一,考评结果记入《员工年度考评表》,存入员工考绩档案,作为续聘、晋升、降聘、解聘的依据。

在对员工进行考评时,可以将考评的项目和评价的标准等内容设计成专门的员工考评表,对所有的员工都实行统一的考评,考评表就相当于考试的载体,从 5 个大项 20 个小项对员工进行考评,各员工的考评成绩都可以简单清晰地呈现出来,见表 5-1。

表 5-1 员工考评表

姓名:　　　　　　部门:　　　　　　岗位:　　　　　　考评日期:

评价因素	评价要点	评价尺度			
		优	良	中	可	差
勤务态度	A. 严格遵守工作制度,有效利用工作时间	14	12	10	8	6
	B. 对新工作持积极态度	14	12	10	8	6

续表

评价因素	评价要点	评价尺度				
		优	良	中	可	差
勤务态度	C. 忠于职守，坚守岗位	14	12	10	8	6
	D. 以协作精神工作，协助上级，配合同事	14	12	10	8	6
受命准备	A. 正确理解工作内容，制订适当的工作计划	14	12	10	8	6
	B. 不需要上级进行详细的指示或指导	14	12	10	8	6
	C. 及时与同事或协作者取得联系，使工作顺利进行	14	12	10	8	6
	D. 迅速、适当地处理工作中的失败及临时追加任务	14	12	10	8	6
业务活动	A. 以主人公精神与同事同心协力努力工作	14	12	10	8	6
	B. 正确认识工作目的，正确处理业务	14	12	10	8	6
	C. 积极努力改善工作方法	14	12	10	8	6
	D. 不打乱工作秩序，不妨碍他人工作	14	12	10	8	6
工作效率	A. 工作速度快，不误工期	14	12	10	8	6
	B. 业务处理得当，经常保持良好的业绩	14	12	10	8	6
	C. 工作方法合理，时间和经费使用十分有效	14	12	10	8	6
	D. 工作中没有半途而废、不了了之和造成后遗症的现象	14	12	10	8	6
工作成果	A. 工作成果达到预期目标或计划要求	14	12	10	8	6
	B. 及时整理工作成果，为以后的工作创造条件	14	12	10	8	6
	C. 工作总结和汇报准确而真实	14	12	10	8	6
	D. 工作中熟练程度和技能提高较快	14	12	10	8	6

1. 通过以上各项的评分，该员工的综合得分是：_____ 分；
2. 你认为该员工应处于的等级是(选其一)[ ]A [ ]B [ ]C [ ]D
   A. 240 分以上   B. 240～200 分   C. 200～160 分   D. 160 分以下
3. 考评者意见：_____
   考评者签字：　　　　　　　　　　　　　　　　年　　月　　日

考评结果在一般情况下要向本人公开，并留存于店员档案。

考评结果为"优"的员工可优先推荐或破格推荐晋升职务，并按有关规定予以表彰和奖励；考评结果为"良"的员工具有续聘、申报晋升职务的资格；考评结果为"中"的员工视为"合格"，应指导其努力提高，但不能申报晋升职务；考评结果为"可"的员工视为"不太称职"，应限期改进，视改进情况决定是否续聘；考评结果为"差"的员工可以视情况解聘或调整工作。

考评结果具有的效力如下。

(1) 决定店员职位升降的主要依据。
(2) 与店员工资奖金挂钩。
(3) 与福利(培训、休假)等待遇相关。
(4) 决定对店员的奖励与惩罚。
(5) 决定对店员的辞聘。

【参考】

> **工作效率的意义**
>
> "工作效率"包含的意义如下。
> (1) 优：全年中所有工作提前完成。
> (2) 良：全年中所有工作按时完成。
> (3) 中：全年中大部分工作按时完成，一部分工作不能按时完成。
> (4) 可：全年中大部分工作不能按时完成，一部分工作按时完成。
> (5) 差：几乎所有工作都延迟完成或需要别人帮忙才能完成，或无法完成。

2. 绩效考评管理

店员在日常工作中的表现如何，需要有一个完善的绩效考评机制来进行评估，通过对员工的全面考评，店长才能够全面掌握店员的工作情况，才能够了解到他们的工作完成情况、业绩情况以及是否能够胜任目前的工作。

因此，绩效考评管理是门店日常人员管理中的一个重要环节。

1) 绩效目标设定

(1) 设定的时间。当绩效年度开始、工作职掌改变、绩效目标改变、调动、升迁时，均需进行目标设定或修订。

(2) 设定的内容。达成该职位设置目的、应完成的主要工作项目，此部分应与其职位说明书的功能职掌相符合，项目设定应由店长与员工共同设定，并将其书面化。

(3) 衡量标准。目标应设定为具体可衡量的，可达成的，且书面化的，如完成时间、完成目标等。

2) 绩效评核

(1) 评核时间。一般在一年中评核分为年中评核及年终评核两次，也可视需要调整评核次数。

(2) 评核项目。一般分为绩效评核及能力评核两部分。

① 绩效评核。根据旅行社门店经营目标与职位功能来决定个人目标，并进而评核期间内的作业成果。

② 能力评核。根据人格特质、工作态度、管理风格及其他非直接与绩效相关因素，来评核个人在此期间内的表现，作为绩效评核的辅助。

(3) 绩效面谈。绩效面谈的主要目的在于正确地评估考绩。事前可让下属店员先进行自我评估，店长应充分准备其与绩效相关的资料，作为面谈的辅助工具，事后双方要对面谈的结果进行确认。

3) 考评分等

一般常见的考评分等可分为分数分等及排序分等两种方式。

(1) 分数分等。以分数等级作为分等标准，又称为尺表分等，例如，优$^+$等：95～100 分；优等：90～94 分；良$^+$等：85～89 分；良等：80～84 分；中$^+$等：75～79 分；中等：70～74 分；及$^+$等：65～69 分；及等：60～64 分。或者，优：5；良：4；中：3，等等。传统的考评分等方式一般会限制各级等第的比例上限,以免主管过于主观地将分数集中某些等级。此方式经常由于调薪级距会随着考评等级做固定比例调整,虽然较易于管理,但易于形式化而丧失绩效管理的意义。

(2) 排序分等。以店内人员的考评分数进行排序,又称为序比法。分数本身只有相对意义,没有绝对意义,再将排序分数进行常态分配比例分等,然后依照可用预算进行调薪,此方式的调薪级距可固定也可不固定,较具弹性,且店长由于没有绝对分数,因而在分数上较无困扰。

3. 绩效考评的实施

1) 材料搜集与整理

在对员工进行绩效考评前,店长需安排相关人员先观察店员的行为表现或听取店面内其他人员对该员工行为表现的评价,并征求该员工所在部门的主管、同事对被考评店员的意见。收集意见是考评工作依照客观事实的依据,是考评的基础工作,需要认真地对待。

这方面资料的来源如下。

(1) 工作表现记录。例如工作中的努力程度、出勤情况以及旅游消费者、同事抱怨的次数、旅游消费者表扬情况等。

(2) 寻求与被考评者有来往的直接主管、同事或该店员服务的旅游消费者的评价,以尽量做到客观全面。

2) 书面考评

(1) 向被考评店员下发《店员自我鉴定表》,由店员自己填写,进行自我考评,即被考评店员写出对自己的主观认识。通过这种方式,店长可以了解被考评员工的真实想法,为考评沟通进行充分的准备。

(2) 向被考评店员下发《店员考评鉴定表》,由店员的直接上级负责填写,店员的直接上司最了解下属的工作和行为表现,在评估中最有发言权,因此,这也是评估活动中最重要的评估。

(3) 店员及各部门主管将填好的《店员自我鉴定表》《店员考评鉴定表》交到店长处,以备核查。

3) 考评面谈

当对员工的绩效考评结果出来以后,应该由店长、部门主管与被考评店员一起进行考评面谈。其内容主要是告诉店员考评的结果及工作岗位调整情况,并要指出该员工的优缺点和努力方向,指导被考评员工改善自己的工作。征询被考评员工对考评的意见和员工的奋斗目标,并要求被考评员工签署确认。

4. 绩效考评的原则

员工在门店工作,希望自己的工作成绩得到店铺的认可,得到应有的待遇;希望通过个人的努力取得事业上的进步;同时更希望得到上级对自己努力方向的指点。为了满足员工渴望公正评价的要求,在绩效考评中应确立以下基本原则。

1) 明确化、公开化原则

旅行社门店的人事考评标准、考评程序和考评责任都应当有明确的规定,而且在考评中应当遵守这些规定。同时，考评标准、程序和对考评责任者的规定在门店内部应当对全体员工公开，这样才能使员工对人事考评工作产生信任感，对考评结果也易持理解、接受的态度。

2) 客观考评的原则

人事考评应当根据明确规定的考评标准，针对客观考评资料进行评价，尽量避免掺入主观性和感情色彩。也就是说，首先，要做到"用事实说话"，考评一定要建立在客观事实的基础上；其次，要将被考评者与既定标准进行比较，而不是在人与人之间进行比较。

3) 单头考评的原则

对各级员工的考评都必须由被考评者的"直接上级"实施。直接上级相对来说最了解被考评者的实际工作表现(成绩、能力、适应性)，也最有可能反映真实情况。间接上级(即上级的上级)对直接上级做出的考评评语不应当擅自修改。

4) 反馈的原则

考评的结果(评语)一定要反馈给被考评者本人，否则就起不到考评的教育作用。在反馈考评结果的同时，应当向被考评者就评语进行说明解释，肯定其成绩和进步，说明不足之处，提供今后努力方向的参考意见等。

5) 差别的原则

考评的等级之间应当有鲜明的差别界限，针对不同的考评评语，在工资、晋升、使用等方面应体现明显差别，使考评带有刺激性，激励员工的上进心。

当然，对考评承担者进行充分培训，使其尽量排除主观因素，并能够对考评标准有准确的、统一的理解，也是非常重要的。

【思考】

这种做法会产生什么影响？

某旅行社门店打烊后，店长正在跟店员们开会。公司规定，各门店每月都要给店员打分，根据分数给予工资上的调整，这与奖金不同。

店长：我觉得大家工作都很出色，但公司规定不能打满分，我看咱们一共 8 个人，大家就尽量拿平均分吧，怎么样？

店员们：好。

店长：不过每个人分数都一样公司可能会有疑问。这样吧，小李，这个月你就比大家低 1 分，下个月我肯定帮你补回来。

你觉得这位店长的做法有什么问题吗？这种做法会产生什么影响？

四、激励管理

所谓激励，就是激发和鼓励人的积极性与朝向某一特定目标行动的倾向，激励的形式按人们的需要可分为物质激励和精神激励两方面。店长要通过调查了解店员的真实需要，建立满足各层次需要的激励制度，才能更好地调动店员的工作积极性。

1. 激励的机制

1) 薪酬激励机制

薪酬可体现员工的个人价值，保障和改善员工生活的基本条件。薪酬的设计与管理是否合理既直接关系到能否吸引人才，又直接关系到员工的工作积极性，应当充分重视。为了使薪酬起到应有的作用，门店薪酬的设计与管理必须坚持竞争性、激励性、公平性、有效性这4个准则。

(1) 竞争性。竞争性指在社会上和人力市场中，要使门店的薪酬政策有吸引力。门店薪酬政策的吸引力，一方面来自薪酬标准，即薪酬的绝对值，另一方面来自薪酬结构以及分配办法。所以，店长要充分重视薪酬的设计与管理及市场调整，必须根据人才市场的供求状况及同行业的薪酬水平，合理确定本门店的薪酬标准和分配办法，使适应性和竞争力增强。

(2) 激励性。激励性是指门店的薪酬政策要有利于增强员工的责任心和团队合作精神，要有利于员工刻苦钻研技术，不断提高业务水平；要有利于激发员工提高工作质量，使门店经济效益得到提高。所以，门店的薪酬政策：一是必须实施重点倾斜的差异化管理。对此，店长可采取的策略主要有采用特别的薪酬制度，如对管理层可采用年薪制的薪酬制度；对员工层则可采取经济责任制的分配办法。二是实行重点岗位倾斜制，即要拉开低职岗位和高职岗位的薪酬差距，薪酬政策应向关键岗位、关键人才、核心岗位、核心人才倾斜。三是门店的薪酬政策必须体现按效率、效益分配的原则。薪酬多少要按贡献大小确定。

(3) 公平性。公平性即门店薪酬政策的客观性和合理性。员工在工作取得成果并得到报酬之后，他不仅关心报酬的绝对量，而且还关心报酬的相对量。其公平性可用以下公式表示。

$$本人报酬所得/本人付出＝他人报酬所得/他人付出$$

为此店长在薪酬制度的设计和管理中必须注意以下几个方面。

① 明确的一致性原则很重要，并有统一的、可以说明的规范依据。

② 必须给员工创造机会均等、公平竞争的条件，使他们能各尽所能、人尽其才。

③ 必须建立科学的绩效考评制度，保证绩效考评制度的客观性、公正性、全面性、精确性、完整性。

④ 增强民主性和透明性，避免薪酬分配的"暗箱操作"。

(4) 有效性。有效性即薪酬制度的设计和管理作为一种投资决策，必须注意投入的可行性和效益性。

2) 竞争激励机制

门店引进竞争机制，首先必须注重员工职业生涯的设计，帮助员工确立职业发展的方向；其次是要建立科学的等级制度，为员工确立明确的追求目标；最后是打破"大锅饭"，破除"终身制"，实行能上能下、能进能出、岗位流动、职务流动的人事体制和"各尽所能、多劳多得、少劳少得"的分配制度。除此之外，还要利用各种形式开展以提高质量、提高管理、提高效益为中心的各种竞赛活动，如"服务明星""微笑大师"的评选，"操作技术比武"等，并注意竞争目标的可行性和奖励手段的科学性，即目标的设置要符合绝大多数员工的需要，使员工足以为之奋斗。

3) 文化激励机制

企业文化是企业中长期形成的共同思想和价值观念、作风和行为准则。企业无形的精神力量来源于优秀的企业文化,它能使企业内部充满生机并使企业获得巨大效益。实践证明,加强企业文化建设不仅有利于员工进行自我控制,使员工企业意识增强,改善人与人之间的关系,增强企业的凝聚力,而且使员工意识增强,还有利于精神文明建设,树立良好的形象,提高企业知名度。

以本企业文化为基础,建立旅行社门店的"共同愿景"。"共同愿景"是指组织中人们所共同持有的意象和景象,它创造出众人一体的感觉,并遍布到一个组织中所有的活动。旅行社门店在培训企业文化"共同愿景"时,要注意贯彻以下3个统一。

(1) 人本性和整体性的统一。要求以企业的整体性为前提,对员工的个性要充分尊重和发挥,注意通过各项"柔性调节手段"来激发人的使命感、自豪感和责任,从而实现企业的整体利益,达到企业的整体优势。

(2) 稳定性和动态性的统一。旅行社门店的企业文化必须形成一个相对稳定的体系,同时又要注意不断充实提高,保持最新的时代特色,体现先进的企业文化。

(3) 继承性和创新性的统一。既要博采众长,洋为中用,又要立足本店的实际,充分考虑本门店的性质、历史、风格等,以形成具有本门店个性的企业文化。

2. 激励的类型

激励可按激励的内容、性质和形式等不同的标准进行分类。

1) 按内容分类

按激励的内容可分为物质激励和精神激励。两者的最终目的是一致的,但作用对象有所不同。物质激励作用于人们的生理方面,是对人们物质需要的满足;精神激励作用于人们的心理方面,满足人们的精神需要。

2) 按性质分类

按激励的性质可分为正激励和负激励。所谓正激励,就是当一个人的行为表现符合社会需要或组织目标时,通过表彰和奖赏来保持和巩固这种行为,从而调动积极性。所谓负激励,就是当一个人的行为不符合社会需要或组织目标时,通过批评和惩罚的实施,使之减弱或消退来抑制这种行为。

3) 按形式分类

按激励的形式可分为内激励和外激励。所谓内激励是通过启发诱导的方式,激发人的主动精神,使他们的工作热情建立在高度自觉的基础上,内在潜力得到充分发挥。所谓外激励就是运用环境条件来制约人们的动机,以此来强化或削弱某种行为,进而提高工作意愿。内激励带有自觉的特点,外激励则表现出某种程度的强迫性。

3. 激励的方法与技巧

1) 充分了解下属员工

要做到恰当地激励员工,作为店长首先应该了解下属员工,了解的内容包括以下几个方面。

(1) 了解员工的出身、家庭情况、兴趣、专长、学历和经验等,这是对员工最基础的认识。

(2) 了解员工的思想及其干劲、诚意、正义感，特别是员工对待工作的意见和看法，这在门店的经营管理中是一个非常重要的方面，店长更应加强与员工在这方面的交流。

(3) 了解员工的困难，并及时地伸出援手。当下属员工遇到困难的时候，如来自家庭的、生活上的，只要能给予帮助的，都应该给予适当的帮助，让员工感受到店长的关心。

(4) 了解员工的潜能，知人善任。店长应该善于挖掘员工内部的潜能，并给予他们充满挑战性的工作。当员工在工作中面临困境的时候，要给予适当的引导和鼓励。

2) 激励店员的方法

要调动店员的积极性，就要针对其各自不同的要求，采取不同的激励手段。即：

$$积极性 = 需要 \times 激励$$

也就是说，必须从满足人的合理需要入手，采取多种激励方式，才能较大程度地发挥店员的工作积极性。

(1) 明文规定的物质奖励。事先设定好目标，当店员的表现达到标准时，门店便给予奖金或礼物等物质上的奖励。

(2) 弹性给予的物质奖励。根据店员的工作表现，店长给予额外的物质奖励。

(3) 给予店员正面的回馈。通过不同的方式，让店员了解他们的工作表现优异。

(4) 公开表彰店员的表现。例如，升迁、颁发最佳员工奖等。

(5) 私下表彰店员的表现。例如，请吃饭、给予额外休假等。

3) 激励实施的技巧

店长对员工的激励不能生硬地进行，应该掌握一些细节性的小技巧。

(1) 给予权力与责任。取得工作的责任与权力等于员工的能力受到肯定，让他们觉得自己"独挑大梁"，肩负着重要职责。而且有了权力后，比较容易发挥员工的想法，员工自由裁决的空间也就相应扩大，不仅自我尊重的欲望和自我实现的欲望得到满足，而且由于员工对工作具有主导性，会使员工觉得本职工作就是自己的事业，从而产生强烈的投入意愿。

(2) 通过工作提高能力。人都有提高自己能力的热忱。因此，交代下属工作时，应该尽量使他们的能力在工作中逐渐提升。例如，一面工作，一面让他们学习有关旅游产品的各种知识，或者让他们参与新产品的设计、出席新产品的说明会、参加销售技术的研习会，改变其所分担的工作，使其能够胜任各式各样的工作，做到全面发展。另外，在提升其能力时，如果能让他们意识到清楚的目标，了解提升能力的用意，效果会更好。

(3) 结合能力分配工作。随着高学历化的影响，从业人员的能力水准比以往大幅升高，最好是充实门店销售工作的内涵，可以要求他们提出对促进销售有帮助的点子。有时不仅要让他们提出意见，还要让他们按照自己的意思去做，才能真正达到目的。

(4) 公开赞美店员。在通常情况下，店员都期望自己做出的努力能得到店长的肯定。每个店员都有其优点和缺点、长处和短处，有些员工总是会抱怨说，店长只有在员工出错的时候，才会注意到他们的存在。店长要通过与店员的谈话、交往，实现店长与店员之间的沟通，了解店员的特点，要不断地发掘店员的优点和长处，经常积极评价自己的店员，店长要对店员的努力做出回报——真诚公开地赞美他，并以掌声加以赞扬和鼓励，使店员因为得到了店长的积极评价而干劲十足。这种赞美不是礼节性的客套，而是要有真心与诚恳的态度。至于负面批评可以私下提出。

(5) 让工作充满使命感。让员工了解他们工作的重要性，可以让从事最平常工作的员工也充满动力。缺乏工作的使命感，即使工资再高，也常常提不起干劲。

(6) 关心店员的工作生活。店长应体察民情，关心店员的生活、学习，让员工享有自主权，使店员感受到温暖，自然就会努力工作，如为店员开生日聚会，或者亲自去看望有病的店员。研究表明，即使店长只是让员工有权力整理自己的资料，这种小权力都会让他们更有工作动力。另外，店长应形成自己独特的管理风格，引导店员形成固定的预期，明白什么该做，什么不该做，这样店长开展工作就顺利多了。

(7) 鼓励员工参与管理。店长可以让那些有管理天赋的员工参与目标的制定、决策、管理、绩效考评和评估等。参与管理是激励员工士气的另一个好方法，通过参与管理，让员工感受到作为一个管理者的成就感，更把门店当成自己的事业，这就当然比一般人更用心，这种用心的结果，效率自然会高起来。

(8) 听员工诉苦。不要打断员工的汇报，不要急于下结论，要协助店员解决问题，提供信息和情绪上的支持，协助发掘他们的问题。

(9) 提供必要的培训。竞争越来越激烈，除了获取收入还要为未来准备资本。支持员工参加职业培训，如参加学习班或公司付费的各种研讨会等，不但可提升员工士气，也能提高员工的业务水平和能力。教育训练会有助于减轻自卑的情绪，降低员工的工作压力，提高员工的创造力。

4) 有效激励员工的内容

提高员工对达成目标的愿望，必须采用大目标、小步子，让员工跳一跳才能达到。

有效激励员工的基本内容包括以下几个方面。

(1) 认清个体差异，使人与职务相匹配。
(2) 确保个体认为目标是可以达成的。
(3) 尽量提供同行业中居于前列的固定工资。
(4) 保证薪水公平性，根据员工价值倡导适度竞争。
(5) 报酬与绩效挂钩，以员工业绩对应奖金。
(6) 设计综合完善的业绩提成制度。
(7) 尽量避免年度奖平均分配。

5) 不花钱或少花钱的激励方法

激励一个人有时只需一句话，每个人都有自我激励的本能，都希望自己的能力得以施展，工作富有意义，能力得到认可。一个聪明的店长可利用这一本能激励人才，甚至无须花费分文。实施方法如下。

(1) 请上级领导来感谢成绩突出的店员。
(2) 用优秀店员的名字命名一项奖励计划。
(3) 对店员提出的建议要给予适当的肯定。
(4) 在大会上公开表扬优秀店员。
(5) 给予做出成绩的店员休假奖励。
(6) 让优秀店员戴上"优秀员工"或"最佳员工"的徽章。
(7) 把表现突出的店员照片挂在宣传栏里。
(8) 让有突出贡献的店员与总经理合影。

(9) 让表现好的店员参加同行的研讨会和学习班。

(10) 把客户写来的表扬信陈列出来。

【参考】

一封升迁贺信

小张是某旅行社门店的营业员，一天晚上回家走进家门，他发现父母准备好了丰盛的晚餐，而且显得特别高兴。小张正感到纳闷时，父亲兴奋地揭开了谜底："你升迁了！恭喜你，儿子。"母亲把一封升迁贺信送到小张面前，信是这样写的："尊敬的家属：我们很高兴地通知你们，你们的儿子因为在店内表现突出而被提升为部门经理，在此我谨代表公司全体员工向你们全家表示祝贺，谢谢你们长期以来对我们工作的支持和理解！"下面是总经理的签名。

---

6) 奖惩的艺术

【参考】

加与减

在一家糖果商店，同样的商品，一位售货员的柜台前门庭若市，另一位售货员的柜台前却是门可罗雀。原来前者善于用加法，售货时总是先少放一些，然后再一点一点加到要卖的分量；而另一位则惯用减法，一下子在秤盘上放上过量的糖果，然后再去一点一点减到要卖的分量。虽然售出的商品都是足斤足两，但给顾客的心理却造成了两种截然不同的影响，加与减的区别最终产生了多与少的错觉。

用加法还是用减法的选项，这在管理中同样是一道难解的题目：是以奖励为主还是以惩处为主？事实上，在具体的操作中往往是二者并用，做到赏罚分明，奖励和惩罚并用。

惩罚是应该的。当员工犯错误时，不应只有惩罚，还可变惩罚为奖励，运用惩罚的手段达到激励的目的，甚至可以达到单纯奖励所不能达到的目的，这就是惩罚的艺术性、管理的艺术性、领导的艺术性，变惩罚为奖励，变惩罚为鼓励，让员工在接受惩罚时怀着感激之情，进而达到激励的目的，而不单单是规范和约束。

【参考】

惩罚的艺术

某门店发生了这样的事情：一位业绩一直第一的员工，认为一项具体的工作流程是应该改进的，她也和主管提出过，但没有受到重视，反而认为她多管闲事。一天，她私自违反工作流程，主管发现后就带着情绪批评了她，而她不但不改，反而认为主管有私心，于是就和主管吵翻了，并退出了工作岗位。

于是主管就决定严惩，认为应开除她或至少应扣 3 个月的奖金。这位员工拒不接受，于是主管就把问题报告到店长那里。

> 店长改变策略,变减法为加法,他没有去批评她,而是让她先叙述事情的经过,并通过和她交谈,交换意见和看法。他发现这位员工确实很有思路,她违犯的那项工作流程确实应该改进,而且还谈出了许多现行的工作流程和管理制度中存在的不完善之处。
>
> 店长能这样朋友似的平等和她交流,而且如此真诚地聆听她的意见,是一种精神上的奖励,使她感觉受到了重视和尊重,反抗情绪渐渐平息下来,从开始只认为主管有错,到最后承认自己做得也不对。
>
> 在店长试探性的询问下,她也说出了她的错误应该受到的处罚程度,最后高兴地离开了店长的办公室。

在管理中,既然员工违犯了规章制度,就必须处罚。不然,就等于有错不纠,赏罚不明。但如何罚,是简单地照章办事一罚了之,还是讲究点艺术,从管理对象的文化背景、社会阅历各个方面进行综合考虑,以适当的形式进行激励,这正是管理艺术的难度所在。

实施奖惩管理的注意事项如下。

1) 奖励比惩罚更有效

心理学家认为奖励比惩罚更有效,惩罚只能让人知道做哪些事是错误的,而奖励不仅可以让人知道做哪些事是错误的,而且还可以让人知道怎样做是正确的。

众所周知,世上没有尽善尽美的人。那些成长得快的人不是因为他们没有犯错误,而是因为他们犯错误后能够及时改正。所以作为管理者,应该明白员工犯错误是正常的,关键是如何采用恰当的方式使其改正。

现在的很多旅行社门店,很少会想到对于某项工作如果员工做得很好应该如何奖励,想得更多的是员工犯错误时如何去惩罚。奖励比惩罚更有效,因为奖励会增加员工的积极性,能起到尽其所长的作用。

2) 店长应掌握纠正错误的正确方法

某门店的早会正在进行,一位新来的店员迟到了,他试图悄悄从后面溜进队伍而躲过店长的视线,但还是被发现了。店长没有训斥或批评他,反而赞扬他知道为迟到而羞耻,这说明他对早会制度的尊重。这位店员接受了"奖励"后再也没有迟到过。

(1) 获悉犯错事件后,要调查研究,切忌凭自我想象和道听途说。
(2) 解决问题时应敏捷而冷静,切记不要把个人情感连在一起。
(3) 纠正错误时,避免公开指责,不要在店员犯错时展示自己的权威。
(4) 谁人无过,给予店员在错误中学习的机会,给予改正的机会。

【参考】

> ### "大棒加胡萝卜"
>
> 不同的人受到批评有不同反应,有人因此努力奋进,有人因此心灰意冷,有人因此恼羞成怒,因此店长必须既善于批评,又善于抚慰,充分把握"大棒加胡萝卜"政策。下属犯错误时,该挥舞大棒就绝不婆婆妈妈,但在"棒打"之后,还要用"胡萝卜"善后。大棒是以理服人,胡萝卜则是以情感人。

第二节　店员指导与培训

作为店长，你的任务是通过他人的能力和工作来完成的，所以，店长需要其员工比需要自己更多。店长是因为自己的员工的所为而受到公司的奖赏，而不是因为自己的所为受到奖赏。因此，在工作阶段，员工也必须学习职场上的知识及技能。这样职工不论在社会生活还是职业生活中都会更有乐趣。店长可以介绍自己职务上的知识、心得及技巧等，使接受指导的人也能尽早提高自己的能力。

一、店员指导的益处与障碍

指导是一门提升他人绩效的艺术。

1. 指导的益处

1）对员工的益处

指导对于员工来说有以下 3 个好处：一是可以提高员工的工作能力，发挥其潜能；二是可以使员工得到恰当的引导和咨询；三是可以培养员工积极工作的态度。

2）对店长的益处

指导对于店长来说有以下 3 个好处：一是可以及时发现工作中出现的问题，采取相应的对策；二是可以减少对工作的监督；三是可以为店长提供以对员工表示赞赏的机会。

3）对团队的益处

指导对于团队来说有以下 3 个好处：一是可以培养门店中员工融洽的工作关系；二是可以激发门店员工的士气；三是可以提高门店团队工作的整体绩效。

2. 实施指导的障碍

实施指导的障碍主要表现在下属员工的态度与店长的态度和能力两个方面。

1）下属员工的态度

实施指导的障碍在下属员工身上的表现有：一是员工习惯于服从；二是习惯老一套的思想；三是认为指导没有什么大作用；四是将指导与人际关系混为一谈。

2）店长的态度和能力

实施指导的障碍在店长身上的表现有：一是店长自身的管理和技术能力不高；二是店长有能力但没有时间指导；三是即使有时间也只是进行有限的、皮毛的或选择性的指导；四是有害怕下属超过自己的担心或顾虑。

【参考】

> **指导员工过程中易犯的 7 种错误**
>
> (1) 易语言表达错误。
> (2) 易夸大形势或行为。
> (3) 易谈论态度而不是行为。
> (4) 易想当然。

> (5) 易从不追问到底。
> (6) 易不及时回馈。
> (7) 易翻旧账。

3. 成功指导的方法

店长成功指导员工的首要方法就是言传身教,既用言语来教导,又用行动来示范;其次是要明确指导的目的,协助下属解决好特定的问题;三是要了解下属的指导需求;最后要对自己下属的水平了如指掌。具体可以采用以下方法。

说给他听,做给他看;让他做做看,让他说说看;给予反馈和意见,然后再回头看一看。

二、店员的指导

1. 在工作中认识

1) 使店员习惯于工作场所

指导与培训该学习的内容很多,想要一口气全盘实施并收到很好的效果是不现实的。首先必须使店员习惯工作环境,这是第一阶段最重要的课题。

2) 使店员了解门店的做法

必须让员工从了解自己门店的做法开始,首先从营运方面开始,即从开店的准备、清扫的做法,店内的整理等开始加以介绍和指导。但这些绝对不能靠强制的方式,而是采取因势利导的方式,使其慢慢地习惯简单的门店文化。

3) 使店员认识自己的位置

任何一件事情不论如何简单,自始至终必须通过不同的岗位与互相合作才能完成。在最初的指导和培训中,要使每一位工作人员都了解到门店是一个整体,每一位工作人员所从事的工作只是整个工作的一部分而已,因此,要充分认识到自己在这个整体中所处的位置,同时,要充分了解工作规则、营业目标、销售功能等,才能收到很好的效果。

2. 在工作中学习

1) 学习的重要

在做好道德品质的学习和培训的基础上,在门店良好的环境下,以知识的学习、门店制度的学习以及销售技术的学习为重。虽然在完全地学习到知识、制度、技术并加以运用之前,很难把业务成绩提高,但可以起到以下两个效果。

(1) 店员会了解到旅游产品是门店的重要资产,销售技巧是赢得业绩的主要手段,客户是门店的"衣食父母"。

(2) 在客户对产品及品质的选择都很挑剔的今天,店员良好的道德品质就成为门店生意兴隆之本。每一位客户都希望从一位既有道德品质又熟知旅游业务的销售员手中购买自己所想要的产品。如果门店的销售人员被客户评论为很好,会给客户心里留下美好的印象,那么该门店的产品品质也一定会获得好评。

2) 学习的时机

店内的沟通对店长而言是一大课题。若沟通好，店内的活动会很顺利，店员之间的合作关系也会很融洽，工作上的错误和纠纷也会比较少。相反，如果沟通不良，不但店内的协调工作无法顺利进行，连一些必要的活动也无法开展。

根据多位门店店长的经验可以总结如下。

学习最好的时机就是利用晨会进行沟通的学习。

(1) 沟通是门店非常重要的一环，一定要利用好每天的晨会进行学习和沟通。一旦中止晨会，就很难有时间同全体店员进行沟通。沟通一般在开店前大约 15 分钟进行。

(2) 利用晨会传达公司事项为主，让店员了解公司实施的方针及门店的方针，将组织的活动以及业务的相关信息传达给组织中的成员。

(3) 利用晨会统一店员的意识，指出店员该注意的事情，交换并互相了解彼此的思想。

(4) 利用晨会做业务汇报和店内的联络事项，同时也是对员工和门店的一次再检讨。

3) 学习的内容

学习不能只停留在学生时代，也必须学习职场上的知识及技能。店长可以将自己在职务上的知识、心得及技巧等传授给店员，但不要填鸭式地灌输给下属。

(1) 要根据环境的变化，与时俱进地学习有用的知识。在这个激烈变化的时代里，人类的价值观、行动的习惯、新产品的上市、销售的技巧等都在不断地改变，这就意味着所有学到的知识可能因时代和领域的不同而变得毫无用处。

(2) 环境的变化往往没有一定的模式，没有经历过的事也会发生，即使是没有经验的事情，如果有相关的资料、手册，也可以参考，所以，必须更广泛地学习。

(3) 提高人的品质就等于提高工作的品质。来店里购买产品的客人都有选择优良产品或服务的倾向。在旅游业，店员的水平、素质等都会左右工作的品质。要提高工作品质，提高店员的品质就必须不断地学习进取。

4) 店员自我学习

店长在让店员利用自由时间自我学习的时候，应该表示关心，店长要帮助部下积极地去自我学习。

(1) 店长要从店员有兴趣及关心的事情上去指导，要去研究部下关心及感兴趣的内容。

(2) 店长要帮助员工制定自己的职业生涯，设计发展的途径，尊重他的选择。

(3) 店员取得对工作有用的资格或文凭时，可以增加店员的自信。店长要激励店员朝这方面努力，并帮助他们成长。

3. 在工作中指导

即使店员了解打扫门店的方法、橱窗清理的方式、贴海报的方法、接待客人的方法、产品提示之道以及销售的方法等所有的技巧，也不一定能正确地去实行。因此，不管多么困难，店长自己心里要设定一个期限及目标，根据自己的计划来做才会事半功倍。

店长指导店员学习的内容如下所述。

(1) 基础事项如下。

公司概要、经营方针、营业规则、各种规章、门店业务、产品内涵、沟通用语、销售用语、规定着装、职场礼仪等。

(2) 销售业务的相关事项如下。
① 店员的工作方式：与旅游消费者的关系、与上司的关系、与店员间的合作等。
② 以旅游消费者为基础的销售：询问销售、接触销售。
(3) 有关处理业务方法的事项如下。
① 收集报告及表单方法：报告的方法、表单的书写方式及流程、数字的书写方法。
② 信息反馈的方法：信息的收集、信息的内容、反馈的形式及方法。
(4) 有关旅游产品的事项如下。
① 产品内容：产品的分类、主打产品、产品整理、产品的季节性、品牌种类等。
② 产品概况：产品名称、产品性质、产品盈利、市场占有率等。
③ 旅游消费者与产品：主要客户、客户档案、资源库等。
(5) 开店准备的相关事项如下。
① 店内的清扫：门店、店面、橱窗、仓库、洗手间、办公室等。
② 陈列的方法：POP 广告，广告牌子的确认，装饰、照明、海报、橱窗的摆设等。
③ 担当者：确认担任者，如有缺席者时的调配。
④ 准备品：零钱、票据、袋子、资料等准备品数量的确认及补充。
(6) 有关营业中的业务事项如下。
① 待客销售技巧：接近的方法、购买心理、产品提示的方法、标准应对语法、敬语的使用等。
② 产品说明：产品特征、产品内涵、产品品质(等级)、组合方法等。
③ 合同签署：合同的出示、签署的方法、注意事项。
④ 销售事项：客户入档、客户卡的整理。
(7) 打烊业务的相关事项如下。
① 打烊：器具物品的整理、店门的关锁。
② 计算业务：现金出纳的合计、现金的确认、当日营业的计算报表。
(8) 其他各类业务的关系如下。
① 与计调人员的业务关系。
② 与财务人员的业务关系。
③ 与导游人员的业务关系。

三、店员的培训

即使店员的能力相同，但对培训、训练的兴趣不同，那么其结果将会有很大的不同。人们经常可以听到有些店长说："一直给店员强调培训的重要性了，但店员却不能充分了解。"这种情形在于没有把"动机的赋予"做好。在一些培训里，会出现因任课老师的改变，学生的成绩也发生变化的事。这固然与老师授课努力的结果有相当大的关系，但也与老师巧妙地提高学生的学习兴趣有很大的关系。

1. 培训方法

在员工招聘工作完毕以后，由于招聘到的员工大多都是新手，而且即使他们有过类似的工作经验，也要面对不同门店经营特色差异的现实，再加上门店经营的专业性要求。所以，在新员工报到后，店长应该迅速组织对新员工进行相应的培训。

培训方法基本上可分为职前培训、在职培训、脱产培训和自我教育4种。职前培训主要针对新招聘的员工，使其具备能够上岗的基本素质和能力。因此在整个培训体系中，职前培训居于基础地位。在职培训、脱产培训、自我教育可以说是人事培训的几大支柱。

4种方法适用于不同的人员培训，各有各的优点和特点，但是它们之间不是完全独立的。更多时候，对于同一培训内容要同时采用几种方法，或交替使用。通过几种培训方法的叠加效应，学员吸收了新知识，4种方法的综合作用使员工的素质得到全面提高，同时，职前、在职、脱产、自我教育这几种培训方法又可以循环、交替采用。

职前、在职、脱产、自我教育这4种培训的方法主要是从大方向上来划分的。而每一种方法中又包含了众多的具体办法和措施。这些措施针对性十分强，许多是实际工作的经验结晶，有很好的培训效果。

1) 职前培训

(1) 职前培训主要是针对新员工进行的。在所谓教、考、训、用的人事管理体制中，培训是人事任用的前提。即使新员工学识丰富，见闻广博，也要充实特定的实际工作经验与认识，以配合未来工作。在培训过程中可准确考察新进人员的才能及专长，以便在任用时充分发挥潜力。

(2) 职前培训的重要性体现在以下几点：可以降低离职率；降低新人工作焦虑，增强工作适应度；提高生产力；提高员工士气与忠诚度；降低训练与招聘成本；促进日后在工作中的学习。

(3) 职前培训的内容主要包括两部分：一部分是基础教育，另一部分是行为培训。基础教育进行的主要内容包括：讲解门店的历史、规章制度、店面文化、知识、新技能与新观念。员工综合素质得到提高，培训也就达到了目的。

(4) 注解工作流程、门店发展目标、门店现状、工作手册等。以此培训员工对门店的归属感，帮助员工适应新的环境，融入企业文化。有些门店把此项内容看得过于简单，往往只分发一些手册或带新员工在门店中走马观花地走一圈，这样的培训是达不到应有的效果的。一个新员工从一种环境到另一种环境中，往往会受到各方面的冲击，加之人与人之间关系的协调，学识和经验与工作的不适，理想与现实的差距等，会感到较大的压力，这导致员工在实际工作中不能全身心地投入，既不利于门店的经营，也不利于员工自身发展，因此，基础教育不可忽视。对于基础教育的培训时间，可由各店长根据本店的具体情况灵活掌握。

2) 在职培训

(1) 在职培训往往由店长寻找出每个人需要加以培训的部分，有计划地进行指导。从时间上来说，在职培训可理解为边工作边接受培训，不脱离工作岗位，按照每个人的能力进行实践性教育并直到学会为止。

在职培训主要包括两个方面的培训内容：一是职务转换；二是随着时代的进步、环境的变迁需随时灌输新知识、新技术、新观念给员工。具体采用的培训办法根据培训需要的不同而各有侧重。

(2) 职务转换包括两个方面：一是员工在各个岗位每隔一段时间调动一次，进行横向交流。这样做的好处是一来可使员工对门店的经营管理活动有个全面了解，有利于各员工之间相互协调工作和培训员工之间的相互沟通；二来店长也可发现下属最为适合的发展方向，以便做到人尽其才。通常，这种职务转换可采用中国传统的培训方法：师带徒式培训。由岗位上的熟练员工给职务转换的员工进行指导，或者指定专人来做这项工作。其实，这种方法对于培训新员工也是十分有效的。师带徒式的传统方法具有很强的实用性，这样不会导致员工过多，人员成本过大。另一种职务转换是员工晋级前的培训。晋级是门店人事管理的必然过程。一个员工晋升到未曾担任过的新职位时，总是需要一个适应与学习的过程。因此组织必须对其加以培训，这种培训称为个别培训，可由店长派出一位管理人员专门对其进行指导。另外，可利用业余时间，送他到进修所进行培训，这也是在职培训的一种。当然，根据晋级员工的具体情况也可采用脱产培训的方法。

3) 脱产培训

(1) 脱产培训指门店的员工暂时离开现职，脱产到有关学术机构或学校以及别的企业参加为期较长的培训。脱产培训的主要对象是管理人员，他们是门店生存发展的中坚力量，必须不断充电。

(2) 校内深入学习一段时间。因为对于管理层来说，重要的是理论上的进一步深入学习，而不是实际的操作培训。

(3) 对于相互之间存在激烈竞争的门店实体来说，这种方法就不太适用。需要注意的是，派到外单位学习的目的是得到本门店较难获得的信息技术以及其他领域的专业知识，否则价值就体现不出来。

4) 自我教育

自我教育也称为自我启发式培训，指企业鼓励员工利用业余时间学习。一个优秀的店长应该创造一个明朗、开放的环境，替员工创造容易实现自我学习、自我启发的良好环境，这样做，员工的再培训和持续培训可以说成功了一半。鼓励员工求上进的积极性，不要施加个人压力，而要帮助他们顺利成长，这是员工教育组织者的成功经验。实行自我教育的最大特点就是在不知不觉之中已经在做训练员工的工作了，这正是自我教育在员工训练中的价值所在。

5) 实践学习

除了理论培训之外，店长还应让员工在日常的工作实践中体会学习，不断提高自己的知识能力和业务水平。实践学习是门店培训员工的最基本的途径之一，也是培训成本最低的一种方式。相对于课堂的纸上谈兵，在店面内，员工有着更好的实践机会和实践环境，实际操作性更强一些。一般来说，实践学习主要有以下几种方式。

(1) 提供助手职务，即安排一些重点培养对象担任部门或店长的助手，让受训者同有经验的主管人员共同配合工作，每天协助主管领导的工作。这是培养门店主管人员常用的一种方法，它能使该助手享受到主管领导的言传身教，从中汲取宝贵的实践经验，提高其在今后更高的工作管理岗位上全面接触和了解各项管理工作的能力。并且，通过这些接触，也让其参与了某些管理工作，有助于他们开阔视野，并获得与今后工作相关的一些能力。

(2) 职务调换，即通过职务调换让不同的员工分别依次担任同一层次的不同职务，或者是不同层次的职务，以使其全面了解整个组织的不同的工作内容，得到各种不同的经验，提高其从事各项主要工作或较高级别管理工作的能力，为今后在较高层次上任职打好基础。

(3) 计划性提升，即按照计划一步步从低到高使员工获得对应职位所需的各种锻炼，从而能胜任今后的岗位。

(4) 临时提升，即在由于某种原因(假如主管人员度假、生病或因长期出差等)而导致出现个别职务空缺时，可以临时指定某个有培养前途的下级主管人员代理相关的职务。临时提升是那些有潜力的一线员工获得的表现自己的最好机会，同时对组织来说也是一种方便。通过临时提升，员工也可以借此机会充分地锻炼自己，使自己获得经验积累、增长才干的契机，为今后的进一步发展奠定良好的基础。

2. 培训内容

培训的内容应该根据门店的总体培训计划及培训对象的具体情况来确定，这项工作应该由店长来完成。在通常情况下，门店内的每个员工都应该接受以下几个方面的培训。

1) 职前培训

职前培训包括以下基本内容。

(1) 道德规范教育。员工培训除了要学习国家有关的法律制度外，还要把商业道德、服务规范、服务纪律作为培训的重要内容，做到自觉维护企业形象，遵守企业宗旨。培训应从3方面着手：教育员工增强工作自觉性；教育员工熟悉产品知识；教育员工学会礼貌待客。

(2) 专业技能培训。包括旅游产品的销售专业知识，以及经营管理等基本专业知识。一般的服务内容大致可分销售前、销售时、销售后3个阶段。销售前包括营业现场准备，维护产品陈列状态，保持卖场清洁，必须掌握的产品知识等；销售时包括接待顾客的基本技巧，向消费者微笑问好，回答提出的问题，介绍产品等；销售后包括建立各种保障制度，解除消费者的后顾之忧；举办各种讲座、优惠销售等活动，建立良好的公众关系；迅速、合理、有效地处理顾客的不满和问题，这些都属于售后服务培训的内容。

2) 在职培训

员工的在职培训内容和目的有3种情况。

(1) 改善人际关系的培训。此类培训主要是使员工对下述人员关系有一个比较全面的认识：包括员工与员工之间的关系、感情、交往；员工自身的心理状况和社会关系；员工对部门、企业整体的认同感或疏离感，以及整个内部各部门之间的关系等。

(2) 新知识、新观念与新技术的培训。旅行社门店要发展、要跟上时代的步伐就必须随时注意环境的变迁，随时向员工灌输新知识、新技术和新观念，否则员工必然落伍。

(3) 晋级前的培训。晋级是旅行社门店人事管理的必然过程。由于编制的扩充、人员退休、免职等各种原因，需要相应补充各类人员。为让即将晋级的员工在晋级之前先有心理方面和能力方面的准备，并且获得相关的知识、技能和资料等，旅行社门店有必要对有前途的员工提前实施职务培训。

3) 岗位中培训

就是在工作现场，由上级通过对部下实施指导、帮助和教育等方式进行的培训。

岗位中培训包括两个方面：一方面是按照制度进行的业务活动、与员工承担的目标任务相联系的指导教育，以及与个人能力开发培养计划相联系的指导教育；另一方面是非制度规定的，主要是指激励、组织和指挥过程中所包含的指导教育内容。岗位中培训包括以下几个环节。

(1) 计划阶段，包括以下工作：在初期，对全体人员说明目标和方针；让每位部下提出各自的目标任务及自我开发目标；根据部下提出的目标，研究个别指导培训的内容，制订个别培训教育计划；在此基础上，上下级之间进行会谈和协商，确定每个人的目标。

(2) 实施阶段，包括以下几个步骤。

① 按实现目标的要求，通过日常工作进行具体的指导教育。

② 在指导过程中，上司必须把指导内容记录下来。

③ 每位部下每隔一个时期(比如一个月)对自己的工作状况和工作完成情况进行一次检查。

④ 上下级之间经常(定期或不定期)就目标完成情况协商和交换意见。

(3) 评价环节，包括以下几个步骤。

① 期末由部下对自己初期制定的目标任务和自我开发目标进行评价，进一步确定下一期的目标任务和自我开发目标。

② 由上司对整个指导教育期进行总结，并整理有关人事考核的材料。

③ 进行人事考核。

(4) 处理环节。在处理环节，肯定成绩，并将行之有效的教育培训工作成果巩固下来；把遗留的问题转入下一个循环之中。其包括如下步骤。

① 根据人事考核的结果以及部下提出的新的目标任务和自我开发目标，指定个别教育培训方式。

② 在此基础上进行上下级新一轮协商和交流，并确定下一期目标和计划。

3. 培训成功的关键

培训如果在想到的时候才来做，那么必定没什么效果。只有持续实行，才能使它充分发挥作用。

(1) 持续是力量所在。不管怎么样，培训、训练必须持续实行，才能表现出它的力量。此外，在培训、训练中，必须视实际情况需要，再辅以其他的课程。

(2) 别做不合理的计划。为了使培训、训练能持续地实行，在做计划时不要让参加培训的人员连休息的机会都没有。为了使培训、训练能在设定的计划内持续实施，应该合理控制时间，只有如此，才能很容易地提高培训成果。

(3) 反复地实行。即使认为是一件很简单的工作，只做一次培训、训练就想完全掌握其要点，也是一件不可能的事。如果有些店长认为这件事很简单，没有必要花很长的时间反复进行培训、训练，没有大的价值，这样往往会产生一些问题。

(4) 是否有成效与店长的做法有关，责任不在店员。与其感叹成效不大，不如改变做法来提高成效。

成效不大的原因大致有以下几种。

① 培训、训练的目的不明确。

② 没有根据个人能力来做。

③ 填鸭式的培训、训练。

④ 没有根据计划来持续执行。

⑤ 没有重复地执行。

⑥ 没有做好追踪。

⑦ 负责培训、训练的人学习得不够。

目前，把培训做得很好且有很大成效的门店往往业绩也很好。

【参考】

> **不要仅以一次的结果来做判断**
>
> 不要因为目前做得不好、不顺利而退缩。身为店长应有的想法是：目前做得不好，但从现在开始要做好。不管在任何一种情形下，店长如果有积极的态度来领导店员向前迈进，即使短时间内没有办法做好，但从长期来看，总会有很好的成果出现。
>
> 教导店员把"谢谢"这句话说出来似乎很简单，但是，如果要将这句话从内心真诚地说出来，必须再三地训练才行。对于相同的事情必须再三地重复才能发挥它的力量，这是一个秘诀。
>
> 所以要提高效果，必须根据当时的情况持续地训练，不要仅以一次的结果来做判断。

第三节　成本控制管理

一个门市要想决胜千里，在残酷的市场竞争中立于不败之地，最好的办法就是在提高收入的同时降低成本，也就是所谓的开源节流。开源固然重要，但往往要投入巨大的资金、人力，还要经过一段惊险的难于控制的过程。而成本对门市利润的贡献方式则完全不一样，特别是门市财务管理中的成本控制并不需要复杂的过程和价值转换，节约下来的成本直接进入门市利润。

一、成本费用的组成

一家旅行社门市的成本费用基本由以下 10 项费用组成：(1)人员工资，(2)房租，(3)设备费用，(4)水电费用，(5)旅游产品或服务设计费用，(6)应收账款，(7)广告宣传，(8)促销费用，(9)杂费，(10)损耗。

以上费用可以分为固定费用和可变费用，固定费用包括房租、设备费用等，其他都属于可变费用。有效控制成本费用就需要从这些可变费用着手。

二、成本控制的基本原则

1. 责权利相结合原则

成本控制必须严格按照经济责任制的要求，贯彻责权利相结合的原则，才能使成本控制真正发挥效益。成本控制必须明确经济责任，并赋予责任者相应的实施成本控制的权利。成本控制必须明确责权利三者的关系，调动各责任者在成本控制中的积极性和主动性。

2. 例外控制原则

所谓例外事项是指不符合常规的事项，一般有以下情况：一是成本差异额较大的事项，二是经常出现差异额的事项，三是可避免原因引起的性质严重的事项，四是可影响门市决策的事项。就是在成本控制中把主要精力放在脱离标准差异较大的"例外事项"上进行特殊控制，而不必事无巨细都一一查明原因。为提高成本控制的效率，门市管理人员必须抓住显著的、突出的事项进行控制。例外控制原则有利于门市管理人员从日常烦琐的事务中解脱出来，集中力量解决主要矛盾。

3. 节约性原则

节约性原则就是在门市成本控制中利用现代信息技术和现代的科学管理方法来提高劳动生产率，坚持精打细算、杜绝浪费、增收节支的原则，它是成本控制中的一项基本原则。

4. 全面原则

全面原则主要包括全员的成本控制和全过程的成本控制两个方面。全员成本控制是指上到企业最高领导，下到基层普通员工，都可以作为成本控制的主体进行成本控制、都可以通过一些手段和方法控制成本。全过程的成本控制是指门市成本控制应贯穿于门市成本形成的全过程，包括产品的采购成本、销售成本、售后维修成本以及门市的管理成本。

三、成本控制的基本方法

1. 采购中的成本控制

在预订与购买过程中，如何才能做到以尽量低的成本买进旅游产品或服务所需项目至关重要。首先，应该杜绝计调人员的暗箱操作，这对完善采购管理、提高效率、控制购买成本有较大的成效。为此，门市要制定严格的采购制度和程序，完善采购制度要注意以下几个方面。

(1) 会核价。不管采购旅游产品中任何一种项目，在采购前都要了解它的价格组成，了解自己的地接社的接待价格，为自己的准确核价打下基础。要由专门的负责人员来管理，经过多方渠道收集产品信息。

(2) 信息来源要广。现今社会是一个信息化的社会，作为计调人员要从不同的方面收集信息、地域差别等。

(3) 选择合适的地接社。一个好的地接社能跟随着自己共同发展，为自己的发展出谋划策，节约成本；不好的地接社则为自己的接待管理带来很多的麻烦。地接社的筛选要从地接社的星级资质、接待质量、能力、水平、付款方式、处理问题能力以及地接社的财务状况等多方面考虑。

(4) 计调人员的谈判技巧也是控制采购成本的一个重要环节(一个好的谈判高手至少会给公司的采购带来5%的利润空间)，这也要建立在计调员的职业技巧和职业道德上。

(5) 批量采购的重要性。任何人都懂得批量愈大，所摊销的费用愈低的道理。计调人员需把好此关，尽量采用集团连锁采购的方式，降低成本。如果是多品种小批量可使用中间供应商——地接社，争取以连续的不同的订单以形成对地接社的吸引力，利用中间供应商的信息优势从而提高采购效率，减少供应商的数量以降低管理成本。

(6) 建立门市的采购信誉。一经确定合作供应商，必须签订合同，条款必须按合同执行，失去诚信，别说控制不了成本，可能还会造成更大的影响。

2. 人力成本控制

人力成本是指为取得和开发人力资源而产生的费用支出，包括人力资源取得成本、使用成本、开发成本和离职成本。

在知识经济时代，旅行社门市在人力资源上的投资比例一定会越来越大，如何加强对人力资源成本的控制，成为旅行社门市财务管理的一个新课题。

(1) 人力资源取得的成本控制。人力资源的取得成本相当昂贵，一旦员工被雇用，即使勉强合格也很难辞退。所以，旅行社门市首先可以采取内部转岗、大学生实习岗、内部提升和内部借用等多种应急方式，当采取以上方式都不能满足需要时，门市应该采取向社会公开招聘的方式。

(2) 人力开发的成本控制。旅行社门市首先需要做好调查，确定必须做好哪些培训，哪些员工需要培训，哪些工作岗位需要培训，采用什么样的培训方式，不同的人力开发有不同的成本。门市经营管理者必须结合财务状况做好权衡分析与决策。

总之，人是第一资源，旅行社门市要增加效益必须控制住人力成本。控制住人力成本，门市就成功了一半。

四、降低广告宣传成本

有些广告促销用品要反复利用，或者亲手制作，以节约费用。例如一些促销海报，可以采用亲手绘制的方法节约费用。有些精明的店长会通过组织手绘海报大赛的活动来发现店员中的人才，并在以后安排重用。

在确定广告宣传计划时，要根据媒体的读者定位、发行量等因素来精心挑选合适的广告载体。社区内的小店如果做广告宣传，适宜采取的形式是由店员亲自去附近社区做直投。

实 操 练 习

1. 请你叙述一下团队精神的功能。
2. 请谈谈你所工作或实习的门店是如何实施管理的？主要采用哪些管理手段？
3. 绩效考评的内容有哪些？你所工作或实习的门店绩效考评的方法是什么？
4. 请回答成本控制的基本方法是什么？

第六章

安全管理

　　旅行社门店安全管理的工作对象为门店所控制范围内所有人员及所有财产。"所有人员"不仅包括本店的员工,而且也包括所有正在光顾本店的客人,以及合法地待在本店的其他人员。"所有财产"指的则是上述所有人员与本店的所有财产。

　　因此,店长必须要十分认真地开展并实施安全工作并对其进行科学管理,把门店的安全管理作为整个门店管理的有机组成部分。

第一节　异常情况处理

一、火灾时报警处理

　　为确保门店在发生火灾时能够得到迅速准确的处理,各部门和员工在紧急情况下应按照自己的职责有条不紊地做好灭火疏散抢险安全工作。当出现火灾报警时,可遵循以下程序处理。

1. 报警设备

　　(1) 旅行社门店各种探测器将火灾信号传到消防控制中心。

　　(2) 消防电话。拿起消防专用电话可直接接通消防控制中心,使用普通电话时应牢记消防控制中心及市消防局的报警电话。

　　(3) 手动报警器。启动手动报警器后,可使楼层响铃、火灾报警器的信号传到消防控制中心。

2. 报警方式

　　无论任何时候发生火星、燃烧异味、异响及不正常热感应,每个员工都有责任检查是否有险情,如有险情则立即报警,并尽可能采取处理措施,等待救援人员到来。

3. 报警内容

　　电话报警时,务必讲清下列几项内容。

　　(1) 报警人的姓名和身份。

　　(2) 火灾发生的具体地点。

　　(3) 燃烧物质、火势大小。

　　(4) 问清接报人的姓名。

二、停电应急处理

(1) 只能使用紧急照明、手电筒，不能使用火柴、蜡烛和打火机以及任何明火。
(2) 现金全部入金库锁好。
(3) 安抚消费者，店长要协助维持现场秩序，避免发生混乱和抢劫等。
(4) 所有人员坚守岗位。

三、人身事故应急处理

(1) 不管是旅游消费者还是员工，当发生意外时，要第一时间报告店长或主管，并办理工伤处理程序中的相关手续。
(2) 如旅游消费者有晕倒、突发病发生，应立刻通知相关人员进行必要的急救处理，尤其是老年人、残疾人、孕妇及儿童，应迅速拨打急救电话"120"，请派救护车，由店内人员送消费者到医院就医。
(3) 如属意外伤害、重大伤害时，员工应立即到医院就医，旅游消费者应在客服经理的陪同下立即到医院就医，将具体情况及时上报总部，以便更好处理善后赔偿事宜。

四、天气灾害应急处理

1. 恶劣天气的预报

店长必须每日关注天气情况，不仅是为了防范恶劣天气带来的灾害，更是提高旅游消费者服务、关注销售的一种体现。一般的恶劣天气由气象部门预报的预警信号来体现。

2. 台风和暴雨的处理程序

在接到台风和暴雨的预报后，做如下工作。
① 将天气预报的告示在门口或通道等明显位置贴出。
② 检查户外的广告牌、棚架是否牢固，广告旗帜、气球是否全部收起。
③ 检查斜坡附近的水渠是否通畅，有无堵塞。
④ 撤销户外的促销活动展位，收起供消费者休息的太阳伞。
⑤ 准备好雨伞袋和防滑垫，在暴雨来临时使用。

五、暴力及骚乱应急处理

(1) 如发现店内有人捣乱，拨打"110"报警，将捣乱人员带离现场，必要时送交公安机关处理。
(2) 对捣乱人员造成的损失进行清点，由警察签字后做汇报。如有重大损害要通知保险公司前来鉴定，作为索赔的依据。
(3) 不对消费者的是非进行评论，保持沉着、冷静，要求消费者立即离开门店。

六、可疑爆炸物应急处理

(1) 发现可疑物后，立即汇报店长。

(2) 经店长许可后，立即拨打"110"报警。
(3) 不可触及可疑物，划出警戒线，不许人员接近。
(4) 疏散店内人员和消费者，并停止营业。
(5) 静待警方处理直至危险解除，再恢复营业。

七、抢劫应急处理

(1) 保持冷静，不要做无谓的抵抗，尽量让匪徒感觉正在按他的要求去做。
(2) 尽量记住匪徒的容貌、年龄、衣着、口音、身高等特征。
(3) 尽量拖延给钱的时间，以等待其他人员的救助。
(4) 在匪徒离开后，第一时间拨打"110"报警。
(5) 保持好现场，待警察到达，填写"抢劫叙述登记表"。

第二节　突发事件管理

经验告诉我们，在目前通信技术和媒体高度发达的信息化社会，正确妥善地做好突发事件中的应对和引导工作，是能否缓解或化解危机的一个重要的因素。

一、店长在处理突发事件中的角色

首先，应广泛收集并获取可能导致突发事件的信息，之后对信息的真实性做出正确判断，评估所获得的信息将产生的影响，做到防患于未然。

其次，在处理突发事件过程中，应服从领导，明确事故处理的组织指挥体系和自己的工作职责；负责执行决策，推进和落实各项应急处置工作。

再次，应定期接受相关学习和培训，掌握新的行之有效的处理规定、处理办法和专业处置建议，逐步形成完善的工作法。

最后，应跟直接关系人(游客、合作旅行社等)和其他合作单位进行有效沟通、整体协调，做好突发事件处理中的各种公关工作。

现阶段旅行社行业中突发事件处理的管理架构和制度体系正处于建设完善的过程中，店长担当的职责和角色的分量显得更加重要。

二、对突发事件的预防

工作人员日常工作中的操作不当有可能是造成旅游团队发生意外事件的"定时炸弹"，所以在日常工作中，工作人员应当注意积累相关经验常识、积极准备，预防突发事件的发生。

1. 操作过程中对突发事件的预防措施和注意事项

(1) 前期设计行程和报价时，要以确保"安全第一"和"行程顺利"为原则。对于行程的安排不得过于紧张，以免造成旅游大巴车为赶行程而超速行驶的安全隐患。当道路交通条件较差时，避免安排夜间行车，尽量安排中小型巴士。行程结束前一天不安排乘旅游大巴车的远途旅游活动，因为一旦遇到大雾天气、交通堵塞或其他不可预见突发事件，将导致无法顺利返程。

(2) 选择接待能力强、信誉良好、操作规范的国内外地接旅行社进行合作。

(3) 对地接团费合理性进行摸底。抵制零团费和负团费的违规操作现象,避免因恶性竞争造成的地接压缩采购成本而导致的安全隐患。

(4) 根据季节和目的地地域特点,团队出发前,了解出发地和目的地天气情况,如大雾、暴风雪、台风等可能对行程造成的影响。

(5) 监督导游员不得擅自增加自费游览项目和购物店等。

(6) 非常规路线,线路首发团更要谨慎操作,充分了解目的地的接待能力及提供安全服务条件情况等。掌握不同的线路产品的操作特点,提高防范意识,做好准备工作。

2. 建议游客购买旅游意外保险和出境旅游救援险等

旅游意外保险,指在合同期内,在旅游活动中,遭遇外来的、突发的、非疾病导致的意外保险。保险期限一般是指旅游者踏上旅行社提供的交通工具开始,到行程结束后离开旅行社安排的交通工具止,自由行的是短期的旅游时间内。保的是游客不是旅行社,是由游客自愿购买的短期补偿性险种。

所谓紧急援助保险,是指保险公司与国际救援组织联手推出的旅游救助保险险种,将原先的旅游人身意外保险的服务扩大,使传统保险公司的一般事后理赔向前延伸,以便于事故发生时提供及时的有效救助。

【参考】

> **国际救援机构**
>
> 国际救援机构在向国内的保险公司收取一定的费用后(而保险公司则通过保费的形式向单个客户收费),都会向用户提供针对性的救护服务,包括紧急状况发生时,他们可以雇用军用飞机把病人火速运出事故发生地,也会将医护人员派往世界各地看护治疗患者,同时会与遍布世界各地的报警中心、医疗服务机构联手,向用户提供包括电话医疗咨询、行李遗失协同找寻、意外突发事件、酒店预订、安排住院、紧急医疗转送、住院费用垫付等在内的全球范围的旅行援助服务。目前,国内已有20多家保险公司与国际SOS救援中心建立了合作关系。

3. 建立健全规范操作程序

坚持学习相关法律法规及旅游业界对于突发事件的先进处理程序和办法,与相关行业携手,不断健全完善规范操作程序,从而预防突发事件的发生。

因此,在旅行社门店工作中,在我们可以预防的各个方面,旅行社的店长和员工都应该尽最大努力规避突发事件的发生。计调员给导游交代接待计划的时候,一定仔细、认真、周到、细致,导游员在带团过程中应尽心尽责,尽量在力所能及的范围内预防和避免不必要的突发事故的发生。

第三节 消 防 管 理

消防安全管理是指各级政府及其所属或所辖区域内各个单位(企业、事业单位和集体、个体、合资、独资、合作经营单位),为使本辖区、本单位免遭火灾危害而进行的各项防火和灭火的管理活动。它是政府及各个单位内部行政管理活动的主要内容之一。

一、设立应急小组

门店设立消防管理应急小组,隶属店长直接领导,负责对门店所有部门实施严格的消防监督,在消防工作上有一定权威。其主要任务如下。

(1) 负责对门店员工进行消防业务知识培训。

(2) 开展防火宣传教育。

(3) 制定各种防火安全制度,督促全员贯彻落实防火安全措施,负责调查了解违反消防规定的原因,并提出解决处理的意见,向店长报告情况。

(4) 负责检查店内各部位的防火安全情况以及各种消防设备、灭火器材,发现隐患时及时督促有关人员进行整改。

(5) 负责将店内的消防情况和附近的消防情况以书面报告的形式呈交店长。

(6) 负责调配补充消防灭火器材,并与有关人员定期进行消防设备检测、保养、维修,及时排除消防设备故障。

(7) 负责监视防火报警信号。发现火警、火灾及其他问题时,及时报告并提出处理方法。

(8) 管理好消防业务档案。

二、配置消防器材

为加强门店自身的消防自救能力,门店必须配备必要的消防器材,并应使用专柜安放,由专人管理。

(1) 手提式(或推车式)二氧化碳灭火器(图6.1)。

图6.1 消防器材

(2) 消防扳手、消防斧。

(3) 消防头盔、消防面具、口罩。

(4) 救生绳、备用水带、水枪。

(5) 铁锹、铁铲、消防桶、斗车、沙袋等。

三、制定消防灭火预案

(1) 要从实际出发,设想店内可能发生的火灾,设计应采取的对策。预案设计首先要以营业场所失火为重点,各种不同类型的火灾要有不同的预案。每一个预案又要分初起阶段、成灾阶段和蔓延发展阶段的不同灭火对策。

(2) 预案要以报警、扑救、疏散以及各种灭火、排烟设施的启动、灭火力量的投入时机等为重点内容,并与公安专业消防力量投入灭火相衔接,做好配合工作。

(3) 预案要逐个制定,急用先定,逐步完善。预案制定后要经店长审定,并通过消防演习的实践检验不断修订,使之完善、规范。在发生火灾时,不同火情采取不同预案,有条不紊地进行扑救。

四、灭火训练与消防演习(图 6.2)

1. 防火、灭火知识考核

一般每年举行一次防火、灭火知识考核或消防知识竞赛。事先规定需考核的知识范围、复习参考材料、考核日期,届时进行书面考核。对成绩优异者给予表彰或奖励,不及格者要进行补考,直到及格为止。

图 6.2　消防演习

2. 灭火训练

在手提式灭火器换液和固定消防设置维修检查时,有计划地分批培训义务消防队员,让每一个义务消防队员两年内能有一次灭火器材的实际操作训练的机会,提高操作的熟练程度。

3. 消防演习

也就是模拟门店发生火灾,并按预案进行扑救。通过消防演习检验门店防火、灭火的整体功能,如预案是否科学,指挥是否得当,义务消防队员是否能及时到位,员工心理承受能力,消防设施是否发挥作用等。通过演习,总结经验,发现不足,以便采取措施,改进工作,提高门店的防火、灭火、自救的能力。为了提高门店灭火的指挥组织能力,进行消防演习宜请公安消防部门来人指导,帮助门店做好评估和总结工作。

实　操　练　习

1. 异常情况处理都包含哪些方面?你认为哪种情况最常见?哪种情况比较难处理?
2. 请结合实际谈谈门店安全管理的重要性。

第四篇
营 销 篇

第七章 销售管理

销售管理从市场营销计划的制订开始,销售管理工作是市场营销战略计划中的一个组成部分,其目的是执行企业的市场营销战略计划,其工作的重点是制订和执行企业的销售策略,对销售活动进行管理。销售管理是指计划、执行及控制企业的销售活动,以达到企业的销售目标。

第一节 销售过程管理

一、销售管理的步骤

在明确了什么是销售管理之后,销售管理的步骤大致如下(图7.1)。

(1) 制订销售计划及相应的销售策略。
(2) 建立销售组织并对销售人员进行培训。
(3) 制定销售人员的个人销售指标,将销售计划转化为销售业绩。
(4) 对销售计划的成效及销售人员的工作表现进行评估。

图7.1 销售管理步骤

二、实现目标的关键

旅行社门店在制定了销售目标后,实现目标的关键就在于以下两方面。

(1) 店长要具体细致地将上述各项目标分解给销售业务员,再配合各项销售与推广计划来协助销售员完成月别、季别、年度别或产品别的销售目标。

(2) 店长要对销售过程进行追踪与控制,了解日常销售工作的动态、进度,及早发现销售活动中出现的异常现象及问题,立即解决。也就是说,销售过程管理的主要目的就是要重视目标与实绩之间的关系,通过对销售过程的追踪与监控,确保销售目标的实现。

销售过程管理的一大关键就是要把过程管理中的时间管理从过去的年度追踪细化到每月、每周甚至每日追踪。

三、销售过程管理

销售过程管理分为两个过程:第一,销售业务员要进行每日追踪(也可说自我管理);第二,主管要掌握每周进度,而店长则必须控制每月管理,至于经营者则只要看成果即可。

1. 第一个过程管理

销售员在了解公司分配的销售目标及销售政策后,应制订计划,包括计划拜访的客户及拜访的时间安排、计划拜访的项目或目的(开发新客户、市场调研、服务、客诉处理或其他),这些都应在"拜访计划表"上仔细填写,这张表须由主管签核。

销售员在工作结束后,要将出勤状况、拜访客户洽谈结果、客诉处理或目标达成的实绩与比率、竞争者的市场信息、客户反映的意见、客户的最新动态、拜访心得等资料,都填写在"销售报表"上,并经主管签核、批示意见。销售经理可以通过"拜访计划表"知道业务员每天要做什么;通过"销售报告表"知道业务员今天做得怎样。

2. 第二个过程管理

也是最重要的管理内容。在了解业务员销售报告后,店长应就各种目标值累计达成的进度加以追踪,同时对实绩进行成果评估。如有必要,应召集业务员进行个别面谈,以便掌握深度、广度的市场信息。

销售员在拜访客户过程中会掌握许多有用的信息,如消费者对旅游产品或服务提出的意见、竞争对手进行的新的促销活动或推出的新旅游产品或服务是否有抱怨等,除了立即填写在"销售报表"中之外,若情况严重并影响公司产品的销售,应立即编写"市场状况反映"文件并迅速向上级报告。

3. 销售过程管理的重要手段

销售过程管理的一个重要手段就是销售会议,包括早会、晚会及周会。

由于业务主管需随时掌握最新的市场信息,所以早会跟晚会是每天不可忽视的重点。在了解各个门店的销售业务员的工作情况后,店长应对业绩差的业务员和新业务员的工作态度及效率随时给予指导、纠正和帮助。

总之,店长要能掌握好人(业务员)、事(报表及会议)、地(现象和问题)、物(旅游产品和费用),销售过程管理也就做好了。

第二节 销售计划制订

古人说"凡事预则立,不预则废",强调无论做什么事都要预先谋划,事前做好准备。

这里的销售计划是指门店根据历史销售记录和已有的销售合同,综合考虑门店的发展和现实的市场情况,为实现门店的销售业绩,想办法吸引消费者上门购买而制订的销售计划,绝不是简单的数字分解与分配,而是体现团队发展、增强团队凝聚力、激发团队工作热情的一个过程。

一、销售计划制订的内容

销售计划必须包括销售人员的工作任务安排。每一个销售工作都必须安排具体的人员负责。销售计划必须要做到具体和量化,要能够明确制定出每一个小组或者每一个销售人员需要完成的销售指标。

1. 产品计划

销售什么旅游产品或服务？以哪些产品或服务为主？主打旅游产品和服务是什么？促销的利用产品或服务是哪些？等等。根据旅游产品和服务计划进行销售值预估及销售管理。

2. 成本计划

成本计划属于成本的事前管理，是门店经营管理的重要组成部分，通过对成本的计划与控制，分析实际成本与计划成本之间的差异，指出有待加强控制和改进的领域。如成本费用多少钱，促销费用是多少，等等。

3. 销售计划

销售计划是指企业根据历史销售记录和已有的销售合同，综合考虑门店的发展和现实的市场情况制定的针对部门、人员的关于任何时间范围的销售指标(数量或金额)，门店以此为龙头来指导相应的安排和实施每个人/组的销售目标各是多少，比重多少。

二、销售计划制订的依据

销售计划的制订必须有所依据，也就是要根据实际情况制订相关的销售计划。凭空想象、闭门造车、不切实际的销售计划不但于销售无益，还会对销售活动和生产活动带来负面影响。制订销售计划必须要有理有据、有的放矢。

(1) 结合本公司的情况。
(2) 结合市场的需求情况。
(3) 结合市场的竞争情况。
(4) 结合上一销售计划的实现情况。
(5) 结合销售队伍的建设情况。
(6) 结合竞争对手的销售情况。

三、销售计划制订的原则

制订出周密的销售计划是销售活动成功的第一步，店长在制订门店的销售计划时，应遵循以下原则。

1. 具体化原则

把每日应做事项列成一览表，依工作或事件的重要程度决定顺序，逐日填写。

2. 顺序优先原则

将当日的行动依序先后排列。顺序取决于事项的重要性，即把必须先做的事放在前面，而不是以难易程度做决定。此外也要考虑事项的类似性，将类似的事项一起处理。

3. 安排单纯化原则

掌握销售的秘诀，避免不必要的浪费。

4. 不拘泥于工作日程原则

工作一览表只是大致的准则，并非绝对性的规定。尤其是以人为工作对象时，随时会有突发状况，如果不留意这种现象，可能会在不经意间冒犯客户，所以必须格外警惕。

【思考】

> **谁更可能实现他的目标？**
>
> 有这样一个笑话，在巴黎一条商业街上住着3个裁缝。有一天，他们聚在一起谈论自己的理想，看看谁最优秀。
>
> 第一位裁缝说，他要成为法国最优秀的裁缝；另一位说他要成为世界上最优秀的裁缝；第三位说要成为这条商业街上最好的裁缝。
>
> 我们从另外一个角度来看这个笑话，其实是3个人设定目标的方法不一样。那么，哪个人更可能实现他的目标呢？

第三节 工作表现评估

销售人员的工作表现评估是一项重要的工作，旅行社门店必须确保既定的工作计划及销售目标能够完成，需要有系统的监督和评估计划及目标的完成情况。店长对销售人员的销售业绩的管理及评估必须定期进行，对评估的事项必须订立明确的准则，使销售人员能够有规可循。而评估的结果必须对销售人员进行反馈，以使他们知道自己做得不够的地方，从而对工作中的问题进行改善。

一、工作表现评估的重要性

工作表现评估最重要的不仅在于检查销售人员工作指标的完成情况和销售业绩，更重要的是要检讨销售策略和计划的成效，从中总结出成功或失败的经验。成功的经验和事例应该向其他销售人员进行推广，找出的失败原因也应该让其他人作为借鉴。对于销售业绩好的销售人员应当给予适当奖励，以促使他们更加努力地做好工作，对于销售业绩差的销售人员应当向他们指出应该改善的地方，并限时予以改善。

店长或主管人员与员工每年最不想却不得不面对的是工作评估。评估下属的日常工作表现是管理人员必不可少的工作，定期审核员工的表现以了解他们是否符合公司的要求，假若员工表现差劲，也间接阻碍管理人的工作，影响双方表现。而工作评估除了针对员工的表现外，也是管理人对自己个人工作的评核，也是一项自省。然而，对不少管理人来说，评估下属的工作并不容易。有的主管会以个人的意见作为准则，结果出现不少怨怼，直接影响工作士气；有的则马虎了事，对门店、对下属皆无好处。

二、工作表现评估的目的

(1) 对工作表现得如何进行评估。
(2) 挖掘每位员工培训和发展的需求。

(3) 评测每位员工的潜质。
(4) 制订员工培训和发展的计划。
(5) 确定适合提升及内部调动的员工对象。
(6) 为薪酬福利计划提供客观、可行的依据。

三、工作评估的方法

1. 全方位评估法

为避免评估出现偏差或不公平，门店应有一套既定的评估准则，若出现不肯定的情况，店长或主管人员可参考其他资料，例如向其他同事查询或听取多方面的意见，用全方位的评估方法(或称为 360 度评估方法)，由上司、同事及下属以不同的角度对当事人做出中肯的评价。

一般店长或主管人员在审核员工表现时，会按照事先既定的评估准则进行评估。可是，由于每个人的观点都不尽相同，或对某些人或事会有偏见，因而会被先入为主的感觉误导，在管理学上这称为"晕轮效果"。

2. 自我测验法

请选择自己常运用的评估员工方法：程度分为①"从没"；②"有时"；③"较多"；④"经常"4 级。

(1) 为自己和下属订立工作表现指标。　　　　　□□□□
(2) 当下属有出色的表现时会予以表扬。　　　　□□□□
(3) 以公正持平的态度评估下属的工作表现。　　□□□□
(4) 工作出现偏差时，会调整个中方法和程序。　□□□□
(5) 评估工作表现时，会以事实为根据。　　　　□□□□
(6) 在评估前已界定工作表现的标准。　　　　　□□□□
(7) 认真检讨下属的处事方式及加以改善。　　　□□□□
(8) 鼓励下属表达意见及建立预期目标。　　　　□□□□
(9) 没有使用限制性问题，如只回答一及二，或判断性语句，如"你不该……"。
　　　　　　　　　　　　　　　　　　　　　　□□□□
(10) 评估前已做资料收集，并让员工有所准备及选择合适的讨论时间和地点。
　　　　　　　　　　　　　　　　　　　　　　□□□□

结果分析如下。

若答案偏向③至④，表示你的评估技巧已照顾到员工的切身需要，并力求在评估的过程中不偏不倚地反映员工表现。若答案分布在①②或③，代表需要调整现在的工作评估方式，包括避免工作目标模糊，让下属了解工作的期望，给予员工客观的意见等。

【参考】

工作表现评估没有用处?

王杰是门店销售部经理,有8位同事协助他。在日常工作中,虽然他不满下属的工作表现,但他不但没有告诉他们,而且也没有给予他们任何改善建议,只表现出一脸不悦,期望下属明白他的意思。

事实上,作为主管,王杰害怕和下属直接谈论工作表现,他觉得指出下属的缺点会令双方窘迫,所以很多时候他只给予中间评分便交差了事。王杰和他的下属都认为,表现评估是没有用处和吃力不讨好的苦差。他觉得被评估的员工可能会生气,而员工觉得表现评估只不过是用来管束他们的工具。

除此之外,王杰经常只留意员工的近期表现,往往忽视以前及整体的工作表现。因此下属即使工作表现不理想,他也未能及早改善,因而影响到整个部门的运作。

【思考】

有效的表现评估如何增进管理效能?

(1) 王杰对工作表现评估的处理及看法恰当吗?
(2) 对管理人员来说,有效的表现评估如何增进他们的管理效能呢?

四、工作评估的技巧

工作表现评估是一个有系统、定期检讨和审核下属工作表现的过程。通过员工参与,多方双向的沟通,了解员工需要和做出适当奖赏等,都能激发员工尽心改善工作的表现。有以下几点意见可供参考。

1. 确立目标

评估表现的目的是评估员工的工作表现,然后对比门店对该员工的要求及所订立的目标。明确合理的目标能使员工提高生产力。

2. 衡量培训需要

评估结果可以显示员工的优点或缺点,公司据此来给予员工适当的培训,以改善不足之处,发展其优点。对表现良好、潜力优厚的员工再加以栽培;对表现欠佳的,则借此探求问题所在,继而帮助他改善。

3. 协助制定政策

工作表现评估可协助店长做出一些管理上的决策,诸如政策制定、薪酬调整、晋升或调职安排等。

4. 增进沟通

通过工作表现评估,员工可以知道有关自己工作上的表现,有哪些地方需要改善和可以做得更好。店长应保持公正，使员工有信心，以此增进双方的了解和设法改善工作表现。

5. 回应员工

事实上，有效的工作表现评估是店长的例行管理工作之一，除了每隔半年或一年进行正式的表现评估工作外，也需要不断做出非正式的表现评估，紧贴着员工日常的工作表现，以其协助他们改善不足之处。

不论员工的工作表现好坏，店长都应给予回应。发现下属有困难，应马上协助他解决。如果员工表现良好，也不要吝于称赞。明确而适当的称赞是可以激励员工更加卖力地工作的。

表 7-1　《员工工作表现评估表》

(管理人员用)

被评价者个人资料：

姓名：	性别：	年龄：	部门：
评估日期：	任职时间：		职位：

评价标准和操作说明：

请在适当的栏内填写等级对应的字母。

　　A. (10 分)　出色，绩效特别优秀，并始终超越本职位常规标准要求。
　　B. (8 分)　优良，工作绩效经常超出本职位常规标准要求。
　　C. (6 分)　可接受，工作绩效经常维持或偶尔超出本职位常规标准要求。
　　D. (4 分)　需改进，工作绩效基本维持或偶尔未达到本职位常规标准要求。
　　E. (2 分)　不良，工作绩效显著低于本职位常规标准要求。
　　N.　此项目不适用于此人。

评价表：

工作相关标准	评价因素描述	评分等级	
		自我评价	主管评价
工作责任感	1. 表现出维护组织利益与形象的具体行为		
	2. 乐意接纳额外的任务和必要的加班		
	3. 肯为工作结果承担责任		
	4. 保持良好的出勤记录，没有不合理缺席		
客户(包括组织内部的服务对象)服务意识	1. 倾听客户问题，努力发现、理解客户需求		
	2. 合乎组织规则满足客户需求，提供清晰、完整的答案		
	3. 提供额外的帮助		
	4. 以愉悦和友善的态度提供服务		
工作品质	1. 服从上级指示		
	2. 遵守规章制度和业务规程		
	3. 为后续的工作提供最大的便利		
	4. 在无监督情况下保持工作质量的稳定		
工作效率	1. 准时完成工作任务		
	2. 根据需要主动调整和加快进度		
	3. 能在规则允许范围内改进方法以提高效率		

续表

工作相关标准	评价因素描述	评分等级 自我评价	评分等级 主管评价
工作技能	1. 具备良好的理解能力，能很好地理解工作任务需求		
	2. 具备良好的发现和解决问题能力，及时发现问题，找出问题的原因，采取有效的措施解决问题		
	3. 能根据当前工作的特点，对现有的方法和技术做出灵活的运用，并创造性地提出新的方法		
	4. 具备必要的业务工作知识、技能和方法，能独立完成本岗位的工作		
团队合作	1. 愿意与他人分享经验和观点		
	2. 采用合适的方式表达不同意见		
	3. 与同事和协作部门保持良好的合作关系		
	4. 参与和支持团队工作，推进团队目标的达成		
	5. 能为团队利益做出个人的牺牲		
个人发展	1. 对自己能力和判断有信心，愿意尝试有挑战性的工作任务		
	2. 经常对自己提出新的要求和目标，愿意承担更大的责任		
	3. 有清晰的个人发展计划和培训需求		
	4. 以积极态度接受与工作有关的培训		
	5. 安排利用个人时间以提高专业技能		
决策与授权	1. 在决策过程中积极与下属和相关人员协商，鼓励他人参与		
	2. 在责权范围内，独立做出决策，不把问题上交，并对决策的结果负责		
	3. 将决策权和工作职责适当下放，鼓励下属独立做出决定，并建立适当的控制措施		
计划与组织	1. 按目标和指示，将部门目标进行任务分解和时间安排，制订实施方案		
	2. 与下属沟通以达成与下属目标和任务的共识		
	3. 分析组织和客户需要，自主提出可行的项目和计划		
	4. 当环境条件发生变化时，能对计划进行适应性的调整		
指挥与监控	1. 下达任务时陈述清晰，详细解释目标、要求和标准		
	2. 在工作中设立适当的检查点，追踪工作进度和质量		
	3. 要求工作严格按照规则和要求进行		
	4. 进行工作指导时，不但指出问题，而且提供解决问题的具体建议		
人员与团队管理	1. 积极促使下属对组织目标的认同，并及时向下属传递有关信息		
	2. 公平对待每一位下属		
	3. 积极与员工沟通，了解员工的工作现状和需要，反馈下属的工作结果		
	4. 接纳他人的建议，并鼓励他人提出建议		
	5. 努力发现员工对团队工作的贡献和进步，及时给予激励		
	6. 注意培养和提高下属的工作能力		

建议表：

主要工作改善建议(个人填写)

总评价表：

工作相关标准	该分项平均得分	等级
工作责任感		
客户服务意识		
工作品质		
工作效率		
工作技能		
团队合作		
个人发展		
决策与授权		
计划与组织		
指挥与监控		
人员与团队管理		
工作绩效整体评估		

五、工作评估的误解

1. 绩效考评是对人进行考核

企业管理中的绩效考评应该是对工作表现的考核。传统的考核是对人的德、能、勤、绩的考核，这是从政府的行政部门的考核中延伸过来的一种考核，它实际上考核的是人，而不是人的工作表现。而现代的绩效考评则强调：对一个人来说，组织并不是他生活的全部。组织对一个人进行考核并不应该考核他的全部，只需考核这个人与组织目标达成相关的部分。

过去在搞考评的时候经常会听到这样一种评价，如某人表现勤勤恳恳、任劳任怨。按照现在绩效考评的要求来讲，这话几乎等于废话。现在的绩效考评只考核他和组织目标相关的部分，至于勤勤恳恳、任劳任怨，那首先要看是否跟组织目标有关系。

2. 绩效等于业绩

既然绩效考评是对工作表现的考核，很多店长和 HR 又产生了另外一个误解，就是把绩效等同于业绩，把绩效考评简化为对某几个财务指标的考核，这也是不正确的。对一个员工的绩效考评并不是简简单单地评价一两个财务指标的完成情况，它包括很多内容，至少要有来自客户的指标、来自管理方面的指标、来自学习发展的指标。只有这样，才能比较全面、正确地评价一个人对组织的贡献和价值。

3. 绩效考评就是为了发奖金

为什么要考核？这是企业经常会忽略的问题，而且越到中下层，越说不清楚，他们回答最多的就是："为了年底发奖金嘛！"大家所理解的考评目的与公司手册中的文字往往并不一致。从国际企业通行的情况来看，绩效考评有两大目的：一是绩效发展。即绩效考评要帮助员工在绩效方面的发展，促进员工在绩效方面不断提升和改变。二是为人事决策提供依据。也就是说，绩效考评的结果是用来和奖金、薪酬、人员任用、晋升等人事决策挂钩的。而现在在门店的管理中，最普遍又特别致命的问题是绩效考评的结果和人事决策挂钩不紧。很多门店的管理者抱怨说，门店的考核大家不太重视，绩效考评就是走过场。其原因就在于没有把绩效考评与门店人事决策真正挂起钩来，并且作为最重要的依据。时间长了，员工对考核就会有一种懈怠。

4. 考核者是人力资源部

谁是考核者？对这个问题的回答是五花八门的。有人说是老总，有人说是人力资源部，有人说是门店自己，还有些人说是公司考核小组等。正确答案其实很简单，谁离员工最近？谁平时给他布置工作？谁对他的工作进行监督考核？毫无疑问，就是员工的直接上司。

实 操 练 习

1．实现销售目标的关键因素有哪些？
2．制订销售计划的主要步骤包含哪些？
3．结合实际看《员工工作表现评估表》是否适合你所工作或实习的门店？

第八章
销售沟通

销售沟通是门店销售员通过与游客进行双向的信息交流，建立共识而达成价值交换的过程。就本质而言，销售与沟通是不可分割的：销售就是沟通，沟通就是销售。

第一节　沟　　通

沟通是人与人之间、人与群体之间思想与感情的传递和反馈的过程，以求思想达成一致和感情的通畅。沟通能力从来没有像现在这样成为人类成功的必要条件。尤其是在经营活动中，如何不依赖加大资本的投入，通过提升销售沟通的技巧来谋求发展，已成为一种可令企业效率与利润剧增的上佳选择。

一、传统沟通与现代沟通

传统的销售是"吆喝"。也就是以销售者为主导的"告知和说服"的单向诉求，即俗话说的"王婆卖瓜，自卖自夸"。但这一套只适合传统经济、计划经济，不适合现代的旅游市场经济。

现代销售是为求买卖成功。首先要在买方与卖方之间通过沟通双向传递信息，建立起某种"关系"。通俗地说，销售首先销售的是"人"，故而出现了卖瓜的王婆先"卖王婆"的现象。王婆又怎么来"卖王婆"呢，那就要通过沟通和消费者进行信息交换，使消费者在沟通中获得"王婆选的瓜一定是好瓜"的信息，得出"卖瓜的王婆是个诚实可信的良好的经营者"的结论。那样，王婆就一定是销售精英，就一定能做好卖瓜的生意。

从交际学的角度来说，成功销售就是在买方与卖方之间建立起某种"关系"；从沟通学的角度来分析，可以说，销售过程中买卖双方往往是通过沟通，认可对方的"为人"，从而在欲望的基础上形成动机，采取行动，进行"等价交换"，促成买卖成功。一个人成功的因素75%靠沟通，25%靠天才和能力。

可见，现代销售与传统销售的根本区别在于沟通。沟通作为人类最基本、最重要的活动方式相交往过程之一，不仅在管理中占据首屈一指的地位，而且在其他的人类行为中，尤其在人类最常见的经济活动——销售中，也扮演着不可或缺的、越来越关键的角色。

二、"有效沟通"与"无效沟通"

沟通是人们分享信息、思想和情感的过程。沟通包含口头语言沟通、书面语言沟通和肢体语言沟通以及其他非语言沟通。

销售是什么？说得浅显一点，就是一种买卖行为。销售是指为了劝说潜在游客购买某种能够满足个人需要的产品、服务观念或其他的东西，而在销售员与游客、游客与游客之间沟通的过程。就是销售方要主动捕捉游客的信息，研究游客的需求，有针对性地发布相关信息，促使游客产生购买的欲望，促成销售的成功。

然而，沟通不是一沟就通的，所以就有"有效沟通"与"无效沟通"之分。

"有效沟通"是将有意义的信息，通过适当的方式和必要的沟通渠道，由一个主体传递至另一个主体，并为对方所接受的过程。非真实的信息自然不能进行有效沟通。有了真实的信息也需要沟通，也有选择渠道、选择方法的问题。信息的真实性，并不能就保证沟通的有效性，以至沟通中出现"一只耳朵进，一只耳朵出"，甚至"充耳不闻"的现象，这就是"无效沟通"。其原因是不同的信息对于传递信息的方式、传递渠道的选择有要求。真实的信息，选择了不恰当的传递方式、不恰当的传递渠道进行传送，就会产生信息误解或扭曲，导致沟通受挫或受阻，有时甚至产生沟通障碍，产生"对牛弹琴"，现象或形成"顶牛"状态。

而且销售中的沟通，不是一成不变的，更没有固定的模式可以遵循。销售中的沟通必须根据不同消费者的不同需求，根据市场变化乃至细分市场的变化，创新不同的销售沟通方法。可以说，销售沟通蕴含高度技巧，是一种艺术。

第二节　沟通式销售

在销售流程中，每个环节都需要用到沟通，可以这样说：销售就是一个不断和游客沟通的过程。沟通的品质决定了销售的品质，沟通的品质决定了业绩的高度。

沟通有很多种，不是每种沟通都适合于销售，我们认为在销售中，"沟通式销售"是最好的、最有效的沟通方式和最有效的销售方式。要以沟通式销售代替任何形式的强迫式销售。

一、沟通的原则和标准

1. 不在立场上讨价还价

在销售过程中，每个人都有自己的立场，立场又是一个人说话行事的基础，所以，立场不同，说话方式、做事风格也会不同。优秀的谈判者不会刻意要求对方改变自己的立场。

2. 销售的基点是双方的利益

在沟通式销售中，"双赢"原则是非常重要的。要达到双赢，首先要发现并找出双方利益的差异点，只有利益存在差异才能双赢，利益重合或是雷同，那就无法双赢。

目标相同——分歧大。你想要的东西正是我所渴望的，你志在必得的，我也非要不可。

目标有差异——容易双赢。你要的东西，我可要可不要，只要你可以满足我的要求，你要的东西我可以心甘情愿地给你。

比如，在销售过程中，一个强调质优价廉，价格便宜；一个希望物有所值，价格适当。一个出价低，一个要价高，双方分歧就大。若消费者注重的是旅游产品的价值，旅行社注重在旅游产品价格上，两个人目标存在差异性，这样就容易实现双赢。

3. 沟通销售的标准是双赢

销售的意义在于成交，没有成交的销售没有任何意义。所以，任何妨碍成交的因素都要消除，甚至于需要放弃小利益。

销售的结果不是"你赢我输"或"我赢你输"，而是双赢。不是我要把东西卖给你，赚到你的钱，就算我赢了。双方首先要树立"双赢"的概念。一场销售的结果应该使双方都要有"赢"的感觉。

销售人员与游客的双赢是指你找出了对方的真正需求，并给双方提供了满足需求的好方法，同时，你也得到了你想要的东西。以往的销售技巧，许多都集中在介绍销售人员想方设法采取一些手段来对付客户，把客户放在对立面，片面追求一方取胜的所谓"技巧"。

【思考】

沟通式销售的主题是合作

中国著名经济学家厉以宁重新解释了《龟兔赛跑——最终双赢》的故事。

乌龟与兔子在赛跑的路途中，兔子走到一条河边，河岸没有桥过不去，急得直跺脚。一会儿，乌龟来了，只一会儿工夫就到了对岸。乌龟远远地把兔子甩在河的另一边。兔子输了，要求再来比赛一次。这次兔子跟乌龟说，既然寸有所长，尺有所短，为何不利用各自的优势，合作一次呢？陆地上我驮着你跑，到了河里，你驮着我游，最后两个同时到达目的地，岂不皆大欢喜。两个竞争者变成了合作者，因为合作，结果双赢。在同样的时间里，他们走的路更远了，看到的风景也更多了。

---

4. 沟通式销售要先人后己

如果我们能够站在对方的立场上看问题，你便会了解到对方想要什么，为什么想要这些，这时你对对方的情绪和态度就会改变。销售也就有了新的进展。如果你始终眼中只有自己的利益，那么，你便容易走进思维的死胡同，更加不愿意有丝毫的妥协、让步。

世界上最难的两件事情，一是把自己的想法放进别人的头脑，然后让对方按你的意愿行事；二是让别人把自己口袋里的钱主动放进你的口袋里，还说句谢谢。这两件事情难归难，但如果你处处从对方的利益考虑，我想还是有可能实现。

二、观念沟通

1. 卖产品先卖观念

在实际工作中，很多销售人员沉迷于描绘旅游产品的价格和内容，但当转到谈论旅游产品的优点和品质时，却总是一概而过。还有些人甚至都不提产品的优点或品质，他们完全忘记了宣传产品的优点对于销售成功是至关重要的。游客购买旅游产品，要的不仅是产品的价格，还有它的价值和给游客带来的感受。

【参考】

三个小贩销售的结果完全不一样

一天一位老太太拎着篮子去楼下的菜市场买水果。她来到第一个小贩的水果摊前问道:"这李子怎么样?"

"我的李子又大又甜,特别好吃。"小贩回答。

老太太摇了摇头没有买。她向另外一个小贩走去问道:"你的李子好吃吗?"

"我这里是李子专卖,各种各样的李子都有。您要什么样的李子?"

"我要买酸一点儿的。"

"我这篮李子酸得咬一口就流口水,您要多少?"

"来一斤吧。"老太太买完李子继续在市场中逛,又看到一个小贩的摊上也有李子,又大又圆非常抢眼,便问水果摊后的小贩:"你的李子多少钱一斤?"

"您好,您问哪种李子?"

"我要酸一点儿的。我儿媳妇要生孩子了,想吃酸的。"

"老太太,您对儿媳妇真体贴,她想吃酸的,说明她一定能给您生个大胖孙子。您要多少?"

"我再来一斤吧。"老太太被小贩说得很高兴,便又买了一斤。

小贩一边称李子一边继续问:"您知道孕妇最需要什么营养吗?"

"不知道。"

"孕妇特别需要补充维生素。您知道哪种水果含维生素最多吗?"

"不清楚。"

"猕猴桃含有多种维生素,特别适合孕妇。您要给您儿媳妇天天吃猕猴桃,她一高兴,说不定能一下给您生出一对双胞胎。"

"是吗?好啊,那我就再来一斤猕猴桃。"

"您人真好,谁摊上您这样的婆婆,一定有福气。"小贩开始给老太太称猕猴桃,嘴里也不闲着:"我每天都在这儿摆摊,水果都是当天从批发市场找新鲜的批发来的,您媳妇要是吃好了,您再来。"

"行。"老太太被小贩说得高兴,提了水果边付账边应承着。

【思考】

了解客户动机的重要性

第一个小贩没有掌握客户真正的需求,第三个小贩善于提问,所以三个小贩了解需求的深度不一样,第一个小贩只掌握了表面的需求,没有了解深层次的需求。需求有表面和深层之分,那么这个老太太归根结底最深层次的需求是什么呢?

从表面上来看是给儿媳妇吃,不过也说不准婆媳矛盾很尖锐。也许老太太买李子不是为了儿媳妇而是为了抱孙子,这是客户购买产品的目标和愿望,也是产生购买需求的根源。李子要酸的,这是采购指标,后来第三个小贩又帮助老太太加了一个采购指标,就是维生素含量高。客户要买的产品和采购指标是表面需求,客户遇到的问题才是深层次的潜在需求,如果问题不严重或者不急迫,客户是不会花钱的,因此潜在需求就是客户的燃眉之急,任何采购背后都有客户的燃眉之急,这是销售的核心的出发点。

2. 卖特色不卖大众化

做销售首先要是一位销售心理学家。大众化的东西吸引不了别人的兴趣,这是一种"物以稀为贵"的心理。做行销讲究独特卖点,也就是常说的独一无二之处。做销售也一样,也要讲究独特卖点,先找出这个独特卖点,然后把它合理地放大,再讲给游客听,你要卖给游客的是产品的特色而不是大众化。

3. 卖产品先卖信赖感

销售先卖的是信赖感。游客购买旅游产品时,首先购买的是销售人员带给他的感觉。同样的产品、同样的质量、同样的价格,你一定会向自己认识的人买,不会向陌生人去买,因为你认识这位销售员,你对他有一定的信赖感。

你卖的不是产品而是你这个人,你这个人是你最重要的产品。卖自己之前先要卖信赖感,当别人完全信赖你的时候,你卖什么就不重要了,游客愿意相信你。对于销售人员而言,信赖感、诚信度是最值钱的东西,因为这是基础。一位销售人员,如果没有了诚信,没有了信赖感,便没有了顾客。所以,销售产品之前,请先为自己的产品和个人建立了良好的信赖感,然后把这个信赖感卖给对方。

三、倾听沟通

1. 要打动人心先倾听人说

卡耐基说:"倾听是我们对任何人的一种至高的恭维。"研究表明,多数公司的优秀雇员都把60%的时间花在倾听上,而优秀的经理们平均把57%的时间花在倾听上,因此,在良好的倾听技巧与工作效率之间存在着直接的关系。但事实是,我们大部分的销售人员是个好的说话者,但不是一个好的倾听者。

以下几点影响我们的倾听。

(1) 内心的焦虑。有时我们不能倾听是因为我们处于一种极度焦虑的状态中。这个时候,你的情绪不会太稳定,你没有办法静下心来倾听。

(2) 没有对倾听形成正确的观念,没有给予足够的重视。倾听是一种态度,这种态度是心里装着对方。倾听是一种姿态,一种与人为善、谦虚谨慎、海纳百川的包容姿态。

(3) 对对方讲的内容不了解,没有兴趣。怀有这种心态的人是无法静下心来倾听的。对于销售人员来说,这种心态是不应该。

2. 听出游客的弦外之音

成功的销售人员都是倾听者。他们不仅要听懂游客话里的内容,还要听出话外之意。不仅要听懂显而易见的意思,而且还要搜寻他们可以销售的线索。

有时候,客户会说:"这条线路听起来很好,但那不是我现在所需要的。"这句话的表面意思是:我现在并不需要。但潜台词是:这条线路暂时不需要,还有别的吗?他不买是因为你的线路没有办法满足他的需求。暗示你要问他真正的问题是什么。你也许可以向他提供可以真正解决问题的产品或服务。

四、话术沟通

1. 四种不同的讲话方式

一般把人的表达方式简单地分为四大类：攻击式、退让式、消极进攻式和自信式。

(1) 攻击式讲话。讲话带有攻击性，甚至是侵略性。这种讲话太硬太冲，容易伤害人，它容易让人产生受控制或被支配的感觉，容易引发人的对抗情绪。如：

"你必须……"

"因为我已经说过了！"

"你总是……"

(2) 退让式讲话。是四种讲话方式里最平和的一种。以这种方式讲话的人一般来说是平和型的人，讲话和风细雨，处事温文尔雅。退让式讲话往往是被动的，并且允许其他人控制谈话内容。下面是退让式讲话时常用到的一些句子：

"不知道我是否可以那样做……"

"抱歉，问你一下……"

"也许那是个好办法……"

这种说话方式虽然让人听起来很舒服，但用这种说话方式说话的人有时会办事不力。

(3) 消极进攻式。以消极进攻式讲话的人给人的感觉是敏感且间接，有如打太极拳。他们说话时感觉很柔和，但他们的潜台词却是想要操纵人。这种方式讲话的人常用的句子：

"我知道这样做不会起作用的……"

"如果你想要那样做的话……"

"你怎么能那样想呢？"

消极进攻式讲话者一个共同的行为特征就是听起来好像他同意某个观点，并遵循它去做，而实际上他的后续行为并没有表现出他支持那个决议。这种讲话方式的销售人员虽然不容易得罪游客，却也很难带给游客良好的信赖感。

(4) 自信式讲话。自信式讲话方式需要更多的技巧和努力，与其他三种方式不同，它要求你说话之前先思考，要言之有物，有的放矢。

以下是自信式讲话的方式：

"是的，那是我的错误。"

"我对你的观点是这样理解的，请让我解释一下为什么我不同意那个观点。"

自信式讲话的人勇于承担责任。他们接受既成事实，并将注意力集中于下一步需要做的事情上。自信式讲话的人最适合做销售，因为他们能带给人信赖感，能积极地解决问题。

2. 说细节不说大概

细节是指细小的环节或情节。在销售沟通中，细节往往最容易打动人，而且最让人记忆犹新，很大程度上决定了整件事成功与否。

你在介绍旅游产品或服务时，要介绍其优点在哪里、独特卖点在哪里，更要介绍某些细节。就算游客对你的介绍什么也没记住，他一定会记住你所说的这条线路或服务的细节优点。

3. 讲肯定的话不讲模糊的话

在销售中，讲肯定的话不讲模糊不清的话非常重要。客户时间有限，要忙的事情太多，他没有时间去听你说那么多，没有心思去琢磨你那令人费思量的模糊不清的话，也许你还没讲完，游客已不见踪影了。

4. 讲易懂的话不讲难懂的话

沟通最大的意义是来自对方的反应。你要讲游客易懂的话，不要讲游客难懂的话。这样做游客会很喜欢你。如何才能做到讲易懂的话不讲难懂的话呢？

(1) 要把复杂的语言简单化。因为复杂的语言会增加对方的理解难度。

(2) 要使用游客熟悉的语言。游客熟悉的语言才能让他们更容易理解你的信息。

(3) 少讲或者不讲专业术语。如果必须讲一些专业术语的话，也不能照本宣科地把它读出来，而要把它通俗化、简单化、形象化。除此之外，还有硬邦邦的数字，如果必须用到数字，最好把它形象化，给数字一些灵性和生气。

5. 性别不同，沟通各异

男人和女人拥有几乎完全不同的说话风格。女人交谈时，她们使用的是联系式交谈。用这种语言来促成与别人的亲密关系、交流经验并建立相互关系。然而，男人使用报告式交谈。

男人比女人更有可能从解决问题的角度来看待问题。当男人和女人在一起交谈时，男人更有可能打断交谈，他们会在你谈兴正浓时突然插一句"咱们进入下一个话题吧"，并且不会觉得拦腰打断别人的话有什么不对或不礼貌。女人比男人更能读懂字里行间的含义和分析他人非语言暗示的能力。女人会进行更多的提问和辩解，女人天生是问问题高手。

知道了男人与女人的诸多不同，包括价值观、说话方式等，我们就知道了如何对男性客户沟通，如何与女性客户沟通。就不会发生以同样的方式去面对男性客户、女性客户而引起的尴尬和无效。

五、肢体沟通

沟通分为语言沟通和非语言沟通。在面对面沟通交流中，语言沟通和非语言沟通是同时存在的。语言沟通、非语言沟通互为补充，缺一不可。有时候非语言传递的信息比语言传递的信息还要准确，还要传神。

据研究，在人与人的沟通中，通过语言传达 7% 的信息，通过语调传达 38% 的信息，通过非语言信号传达 55% 的信息。非语言沟通占了沟通的绝大部分，所以，非语言沟通非常重要。

1. 读懂游客的肢体语言

在沟通中，如果你的客户表现得坐立不安或打哈欠，表明客户开始厌倦，有点不耐烦了。

如果当你向前移时客户把身子向后仰或移开，这表明他可能对你及你所讲的内容没有兴趣。

如果客户频频打断你的介绍或很容易转移注意力，这表明他已经没有兴趣听你讲了。

如果客户认真地听着你的介绍，并且频频点头，这是游客准备购买的信号。

如果游客仔细询问产品的价格，还问到了品质，这位游客可能在心里已决定要购买了。

如果你不能有效解读游客的肢体动作，你的销售行为可能会背道而驰。

2. 解读肢体语言的原则

(1) 不孤立地看一种肢体动作或是姿势。肢体语言包括单词、词组、句子和标点符号。每个肢体动作，每个姿势本身就是一个单词或是词组，这些"单词"或"词组"可能有多种不同的意义。比如，挠头可以表示头痒、出汗，也可以表示不安、健忘等。要获得游客挠头的准确意义，最好的方式是把挠头这一动作放在这位游客的所有姿势或动作中去理解。

(2) 注意场合环境。场合或环境不同，肢体动作或姿势所代表的意义也不一样。比如，冬天在一间温度低的房间里，游客双手交叉，双肩紧缩，他可能感到有点冷，并非表示他在抵御或是抗拒。如果游客在一间温度正常甚至有点热的房子里，这种姿势表示的意思就不再是冷了，他可能是真的在防御或抵制。

(3) 注意文化差异、性别差异。不同的文化背景，不同的性别同样的肢体动作或姿势所代表的意义也有差别。

3. 肢体语言

(1) 眼睛。在所有的面部表情中，眼神是最生动、最复杂、最微妙，也最富有表现力的一种。眼睛有一种独有语言，叫做目光语，这种语言没有声音，却比声音更动听。实验证明，人们视线相互接触的时间，通常占整个交往时间的 30%～60%。如果视线交往的时间超过 60%，则表示彼此对对方本身的兴趣可能大于交谈的话题；如果视线交往的时间低于 30%，则表明一方对另一方的谈话根本不感兴趣。除关系十分密切的人外，一般连续注视对方的时间不超过 3 秒，过长时间的视线接触会让对方感到不适，同时也表现出无礼和冒犯。

无论在什么场合，眼神和目光所传递的信息都会比动作更微妙也更复杂。在销售过程中，游客瞬息万变的眼神和目光，会不自觉地流露出丰富的思想和蕴含于内心深处的情感，如果我们能够敏锐地捕捉到对我们有利的信息或者灵活地传递出我们的思想，那么整个谈判局面就会被我们很好地控制，从而在销售中取胜。

(2) 眉毛。虽然我们的眉毛本身并不讲话，但它却可以通过屈皱、舒展、高扬、倒竖等种种形态的变化，表现出我们各种内心感情和心理活动，从而向人们传达出内心的情感信息。

当糊涂、茫然、不知所措、焦虑或者伤心失望的时候，眉毛通常呈里端向上外侧向下的歪斜状；而冷静、情绪稳定的人眉毛一般都会比较平直；当感到烦恼、忧心忡忡或心理负担过重时，皱眉肌就会把两道眉毛牵拉到一起，呈现出"眉头紧锁"的样子。

扬眉所表示的信息是兴奋、愉悦；而皱眉表示的则是讨厌、为难；竖眉表示的是气愤、恼怒；舒眉表示的是愉快、欣慰；锁眉表示的是忧伤、哀愁；低眉表示的是腼腆、羞涩；垂眉表示的是生气、不悦；挤眉表示的是挑逗、戏弄等。

(3) 手势。手势主要是指包括人的手指、手掌、手臂及双手发出的各种动作。人际交往中，手势是语言的最好辅助工具。一般来说，手势在很多场合是与语言互为补充的，因此,手势宜少不宜多,而且要简洁、明确。

第三节 沟通销售技巧

良好的沟通将会贯穿销售工作的整个过程,而沟通能力的强弱,也将在每一个环节上对销售工作的成败产生决定性的影响。著名营销专家胡一夫表示,销售不懂沟通学,就犹如在茫茫的黑夜里行走,永远只能误打误撞。事实上,销售高手往往都是沟通专家。

一、与人沟通前先自我沟通

自我沟通即自己与自己沟通,包括思想、情感和看待自己的方式。

一个人的沟通能力分为两种:一种是自我沟通,另一种是他人沟通。自我沟通是向自己的心灵和潜意识要力量,他人沟通是向外界和他人要力量。

自我沟通是基础,是力量的源泉,要做好外界沟通首先要学会如何跟自己沟通。一个无法与自己沟通的人无法和别人沟通。

在与游客或他人沟通之前,先要相信自己的沟通能力,坚信自己是个善于沟通的人。自我沟通是一种价值观的梳理、信念的净化和加强,是一种心理建设和心理维护。自我沟通的质量决定了外在沟通的质量。

二、让你的介绍吸引人

口才是一种非常好的销售工具,是一种非常好的沟通才能。那么,如何才能让你的产品介绍引人入胜,让游客产生急切购买的欲望呢?

(1) 花时间整理产品介绍草稿。草稿不是越长越好,而是合适的长短。产品介绍草稿需要保证组织好所有的事实和推销要点。

(2) 演练,再演练。把纸上的东西变成脑海中的东西。世界销售训练大师金克拉说,如果你没有把你的陈述用磁带录下来并反复播放,你就没有真正置身于推销的境界中。

(3) 定期更新。你的销售陈述需要定期更新以保持其新鲜感,甚至可以在产品介绍稿中穿插一些调节气氛的趣事。

三、报价的艺术

价格是价值的交换,价格是价值的一种现实反映。价格反映了产品的质量和供求关系。价格与价值有时是有出入的,有时价格远高于价值,有时价格反而会低于价值。在销售中,作为销售人员,价格高于价值,合适;价格低于价值,不合适,不合适你自然不卖。

报价对于销售非常重要。经过谈判多赚的或是省下来的都是纯利润,而报价是最能赢得利润的方式和途径。在销售谈判实践中,常用的报价方式有两种:欧式报价和日式报价。就我国而言,采用日式报价较多。

欧式报价根据实际情况,提出一个留有余地的价格,然后根据双方的意向、双方的需求以及某种游戏规则,进行磨合,最后达成一个共识,双方都认可并能够接受的价格。比如,我们报一个价格,在某方面有点问题,没关系,我会在其他方面给你提供补偿,比如在支付条件方面可适当放宽。欧式报价的重点,不在价格本身里谈,而是在价格之外的其他方面让步。

日式报价则习惯于价格内部谈。你加一点我让一点最后达成共识，比如在一场销售中，如果在支付方式上让步的话，价格就得涨，也就是说在价格之外让步的话，在价格本身就得"进步"。

了解欧式报价和日式报价的不同形式和方法，有助于我们面对不同的人选择不同的报价方式。

四、沟通需要保持一定的弹性

在销售、谈判过程中，有时需要沉默寡言，有时需要据理力争，重要的不是沉默寡言或是据理力争，而是拿捏适度，恰到好处。沉默寡言时，对问题避而不答，一方面为你争取了时间，另一方面让你有机会仔细思考对策。虽然在交谈中，我们应该尽量避免冷场，但是，高明的销售人员也不会为了填满所有的时间而喋喋不休。有时候回避一下问题，比方说沉默一下，说一句"我明白"，要不就若有所思地"哦"一声，这些举动都能为你赢得时间。

当你遇到沟通不良时，请不要自暴自弃或者情绪激动，甚至激怒别人，你最好的方式是迅速调整沟通方式。当出现尴尬局面或是冷场的时候，你适时调整自己的沟通方式和沟通语言，你要静静思考以下几个问题。

(1) 我现在愿不愿意做一些改变来使沟通变得更好？
(2) 我现在的立场有没有问题，角度有没有问题？
(3) 我需要改变现在的沟通方式吗？

五、最好的沟通就是做好服务

销售即服务游客，为游客服务即销售，这两个动作其实不分彼此，是相辅相成的，好的游客服务是好的销售的组成部分，做好了游客服务，自然就能做好销售。如果一个销售人员，只在前做销售，不在后做服务，那么他的销售业绩不会太好，即使好也不会长久。

你对你的客户服务愈周到，他们与你的合作关系就会愈长久。不管你销售的是什么，这个法则都不会改变。在旅游市场里，有许多业务员跟你一样在冲锋陷阵。他们的产品线路的品质和价格以及服务与你大同小异，唯一可以让你与其他销售员拉开距离的方法，就是为游客提供更好的服务。尤其现代旅游产品同质化越来越严重的今天，在产品品质上取胜不太容易，在服务品质上取胜就显得越来越重要。

优质的人性化、差异化的服务会帮助游客排除常有的后悔感觉，大部分的游客喜欢在买过东西后，希望得到正面的回应，以确定他们买了最正确的产品。

【参考】

> **业绩好的销售人员都是服务做得好的**
>
> 在美国保险界有个常被人提到的名字叫甘道夫，当客户向他购买了一张保单之后，他会在接下来的一两天内为客户写一张感谢卡，感谢客户的信赖与合作。他说：即使是最富有的客户，比如企业家、社会名流等成功人士，他们收到这些卡片也会很高兴。此外，他每年至少会拜访客户一次，

> 并赠送客户一些小礼品,这些小礼品未必有多珍贵,但一定很精致,而且是自己精心挑选的。他要把他的用心和真诚让客户看到。

在我们的身边经常看到或遇到这样的情形,个人业务量少时,服务热情周到,个人业务量做得更多时,你慢慢会发现,他们的服务品质却每况愈下,本来很热情的不再那么热情,本来很周到服务的不再那么周到。

当你的客户量已经增长到上百名甚至上千名时,你真的还能为你的客户提供优质服务吗?你真的愿意花那么多时间服务你的客户吗?如果你真能做到,你的业绩自然不差,即使暂时不太好,可以肯定的是,以后一定会好起来。客户服务上付出的时间多,付出的精力多,做出的牺牲多,这都是有回报的,这就像你把钱存在银行,只会越存越多。

实 操 练 习

1. 有效沟通的具体内涵是什么?
2. 沟通有几种基本模式?
3. 话术沟通的技巧有哪些?
4. 为什么说最好的沟通就是做好服务?

第九章

顾客关系管理

关系营销是把营销活动看成是一个企业与消费者、供应商、分销商、竞争者、政府机构及其他公众发生互动作用的过程,其核心是建立和发展与这些公众的良好关系。其中顾客关系是关系营销中的重要组成部分,为了提高顾客关系需要进行顾客关系管理。

第一节 相关概念

顾客关系管理(Customer Relationship Management,CRM)的主要含义就是通过对客户详细资料的深入分析,来提高客户满意程度,从而提高企业的竞争力的一种手段。客户关系是指围绕客户生命周期发生、发展的信息归集。客户关系管理的核心是客户价值管理,通过"一对一"营销原则,满足不同价值客户的个性化需求,提高客户忠诚度和保有率,实现客户价值持续贡献,从而全面提升企业盈利能力。

【参考】

> **客户关怀的目的是增强客户满意度与忠诚度**
>
> 国际上一些非常有权威的研究机构经过深入的调查研究以后分别得出了这样一些结论,"把客户的满意度提高5个百分点,其结果是企业的利润增加一倍""一个非常满意的客户其购买意愿比一个满意客户高出 6 倍""三分之二的客户离开供应商是因为供应商对他们的关怀不够""93%的企业CEO 认为客户关系管理是企业成功和更有竞争能力的最重要的因素"。

如同企业的产品有生命周期一样,客户同样也是有生命周期的。客户的保持周期越长久,企业的相对投资回报就越高,从而给企业带来的利润就会越大。由此可见保留客户非常重要。保留什么样的客户,如何保留客户是对旅行社门店提出的重要课题。

一、顾客关系管理重要性

顾客关系管理的重要性主要体现在以下三方面。

一是随着市场环境的改变,现在强调的是旅游产品的差异性和个人化;在当今的旅游市场中,顾客的感受越来越受到重视;企业渐渐了解到顾客才是能为企业带来成功的关键。

二是因为有了个人化、差异化的产品出现,企业更应该要与顾客保持良好的互动关系,以有效掌握不同顾客的需求,且能够与顾客建立良好的互动关系。

三是企业要思考顾客会重复购买为企业所带来商业利益有多少，开始对顾客的需求进行深入的了解，以设计出一套适合顾客需求的旅游产品，有别于过去大量复制及大众营销产品的时代。

二、关系营销

"关系营销"一词是1985年巴巴拉·杰克逊在产业市场营销领域提出的概念。关系营销是识别、建立、维护和巩固企业与顾客及其他利益相关人的关系的活动。其实质是在买卖关系的基础上建立非交易关系，以保证交易关系能够持续不断地确立和发生。科特勒认为：企业营销应成为买卖双方之间创造更亲密的工作关系和相互依赖关系的艺术。

关系营销的核心是建立和发展同相关个人和组织的兼顾双方利益的长期联系。企业作为一个开放的系统从事活动，不仅要关注顾客，还应注意大环境的各种关系：企业与客户的关系、与上游企业的关系、企业内部关系以及与竞争者、社会组织和政府之间的关系。其中顾客关系营销是关系营销的核心和归宿。

作为营销活动的重要组成部分，顾客即消费者不仅仅是营销关系中的最终客体，而且往往是销售计划的终极目标，销售业绩的最终成果。因此，在关系营销中，顾客关系显得尤为重要。他们不仅能促使整个销售的成功，而且能为将来带来更多的"熟客""回头客"，给企业带来更多长久的经济效益。而要更好地发展顾客关系，就要进行顾客关系管理。

三、顾客关系管理的阶段

根据顾客关系管理理论的架构，顾客关系管理是以顾客生命周期(获取、增进、维持)为依据，配合不同阶段下各异的功能性解决方案，而产生的顾客关系管理的整合性应用，如图9.1所示。

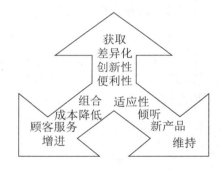

图9.1 顾客关系管理三阶段图

1. 获取接待——可能购买的顾客

对旅游门店而言，吸引顾客的第一步，是基于具备差异化、便利性和创新性的旅游产品与服务，作为促销及获取新顾客的方式。同时门店必须能通过优越的旅游产品与服务提供给顾客较高的价值。

2. 增进接待——从现有顾客中获利

在有效运用交叉销售与向上销售的服务组合下，门店将更能稳固与顾客的关系，进而创造更多利润，同时对于顾客而言，销售交易的便利性服务，营业收入的上升与成本减少，都是销售价值的增进。

3. 维持接待——具有价值顾客的保留

对顾客来说，价值的创造来自于企业提供给消费者感兴趣的新的旅游产品和服务，门店可通过顾客关系的建立，倾听顾客的心声，有效察觉顾客需求并加以满足，进而长久维持较具获利性的顾客。顾客维持就是服务的适当性，也就是企业应以顾客需求而非市场需求为导向提供服务。

【参考】

各阶段不同的关键理念

(1) 顾客获取阶段：差异化是主要的核心挑战，首重创新性与便利性。
(2) 顾客增进阶段：着重产品组合，借以降低顾客成本并提供更佳的服务。
(3) 顾客维持阶段：着重适合性的实践，亦即企业需要持续地倾听顾客需求，同时致力于产品创新与服务的发展。

四、顾客满意

顾客满意首先必须以顾客需求为中心，但这并不是说顾客永远是对的。必须理解以下观念和思想。

1．"顾客第一"的观念

顾客满意就是经营者真正做到从思想到行动都把顾客当作"上帝"，在生产经营活动的每一个环节都必须眼里有顾客，心中有顾客，全心全意地为顾客服务，最大限度地让顾客满意。

2．"顾客总是对的"的意识

CS 战略要求员工必须遵守 3 条原则：一是应该站在顾客的角度考虑问题，使顾客满意并成为可靠的回头客；二是不应把对产品或服务有意见的顾客看成是故意挑剔的客人，应设法消除他们的不满，获得他们的好感；三是应该牢记，同顾客发生任何争吵或争论，门店绝对不会是胜利者，即使一时胜利了，最终也会失去顾客。

3．"员工也是上帝"的思想

员工也是上帝，只有善待你的员工，员工才会善待你的顾客。

4．顾客导向经济

顾客关系管理是指企业有效地管理其与顾客之间的长期良好互动关系。在旧经济中企业是根据企业的产品为中心，以产品为导向；在新经济中企业变为根据顾客需求为中心，以顾客需求为导向，如图 9.2 所示。

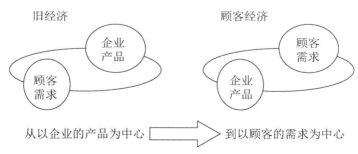

图 9.2　顾客导向经济

第二节　企业与顾客关系

企业和顾客之间存在共同的利益，顾客支付价值获得使用价值，企业让渡产品实现价值，获得利润。因此，企业与顾客之间是一种合作和依赖的关系，二者应该长期合作、互动，实现双赢。

一、顾客关系管理的方法

1. 以品牌优势树立企业形象

随着市场经济的发展，顾客的需求层次有了很大的提高，开始倾向于产品的品牌选择。品牌已成为 21 世纪的入场券、区域和企业综合实力的象征。企业创建自己的品牌形象，一是要考虑企业优势、消费者特点；二是要内外结合，广泛征询品牌专家、消费者等的意见，凝聚多方智慧；三是要奉行"永远的变化是不变的真理"，不断进行创新。

2. 依靠信息和网络技术实现全面互动

从以顾客为导向的顾客关系管理来说，收集、处理和传递信息的高效性至为重要。信息技术和网络技术的发展为此提供了良好的技术支持。

目前可用于顾客关系管理的技术支持系统有很多，如：电话、传真、电脑电话集成系统及呼叫中心等。互联网不仅是信息技术革命，更带来了无限的商机，移动网络营销已成为 21 世纪营销的主流。

3. 顾客关系管理是一个动态管理的过程

企业的顾客关系管理可以说从企业一诞生开始，就在自觉不自觉地做着。企业之间的差别就在于对顾客信息利用的深度和广度。由于社会是一个非常复杂的系统，顾客的需求不断随着各种环境的变化而变化，从这种意义上来说，顾客关系管理必须与时俱进，必须是一个动态的结构，紧跟顾客需求的变化才能够提供用户满意的产品或者服务。

二、顾客关系管理的程度

1. 客观资料的搜集

即顾客的个性特征，如性别、年龄、文化背景等客观资料。此时可以与顾客保持联系，拥有"回头客"的机会。

2. 主观特点的认知

即顾客的爱好喜恶、文化背景、民族宗教、风俗习惯等。此时可以加强顾客之间的关系，了解顾客的需要，有针对性地策划营销策略。

3. 顾客关怀

不仅对顾客的主客观资料有了解，并深入体会顾客所具有的心理感情变化。客户关怀贯穿了市场营销的所有环节。客户关怀包括以下的几个方面。

(1) 客户服务(包括向客户提供产品信息和服务建议等)。

(2) 产品质量(应符合有关标准、适合客户使用、保证安全可靠)。
(3) 服务质量(指与企业接触的过程中客户的体验)。
(4) 售后服务(包括售后的查询和投诉以及回访)。

此时销售者对顾客的关系不仅停留在搜集和认知上，还可以更主动地加入顾客的情感中去。因此成为顾客关系管理的最高目标。

4. 回访客户

随着旅游业的迅速发展，旅行社的利润到了"微微利"时代。在客源竞争如此激烈的环境中，客户尤其是忠诚客户是旅行社门店生存与发展的源泉和保障。如何开展有效的客户管理，如何跟旅游散客或者单位建立持久长远的双赢关系，都是旅行社门店的首要工作。

旅游活动结束后，门店销售人员根据《团队质量反馈表》，了解游客对旅游活动的整体评价，然后在适当的时间进行客户回访。旅行社门店对客户的回访要有专人负责，一般客户特别是散客的回访工作基本是由销售人员进行，对于重要的或者特殊的客户主要领导要亲自回访甚至登门拜访，不仅体现出旅行社门店的工作诚意和重视，更多的是体现出对客户的高度尊重。

5. 建立客户管理档案

建立客户档案是客户管理的基础。目前，客户管理档案的建立主要有两种方式：一是通过电脑办公软件进行，另一种是通过引进大的客户管理系统如 CRM、Call Center 等进行。

通过电脑办公软件进行客户档案管理的管理成本很低，适合中小型旅行社；通过引进大的客户管理系统进行的客户档案管理投入成本较大，一般适合大型的旅行社。

1) 散客客户档案管理

① 客户的姓名、性别、生日、工作单位名称、职务、通讯方式(电话、传真、电子邮箱、QQ 等)、通信地址、个人喜好等。

② 客户对旅行社门店的选择标准和条件。

③ 客户在本门店的参团记录。

④ 通过日常沟通，了解客户未来的出游计划和意向。

⑤ 设计能够吸引客户的旅行社产品，通过各种渠道跟客户交流，看客户的购买情况，并记录成功率。

2) 单位大客户档案管理

① 单位大客户的单位名称、单位性质、单位地址。

② 单位大客户的联系人("旅游洽谈专员")资料。单位出游一般有专门的部门负责跟旅行社联系，如单位的办公室、工会等部门。因此，要掌握相关联系部门负责人的信息，如负责人姓名、手机号码、座机电话、个人喜好等，都要记录在档案中。

③ 对单位大客户分管旅游的上层领导的信息资料，如姓名、性别、联系电话、生日、喜好等做好管理。

④ 日常沟通次数和沟通方式，所了解到的大客户的出游信息来源和未来出游计划和意向。

⑤ 对大客户提出相对长远的出游计划，设计出特色的旅行社产品，通过各种渠道跟客

户交流，看客户的购买情况，并记录成功率。

⑥ 日常维护大客户的方式和方法。

6. 评估客户忠诚度

衡量客户忠诚度的标准一般包括以下 6 个方面。

(1) 客户重复购买的次数。

(2) 客户购买的挑选时间。

(3) 客户对价格的敏感程度。

(4) 客户对竞争产品的态度。

(5) 客户对产品质量的承受能力。

(6) 客户购买周期。

【参考】

巩固客户关系的重要手段

出色的销售人员会记住客户的生日、其家庭成员的生日以及他们的住址、电话等。应像建立大客户资料一样，对重点单位关键人的各方面资料做统计、研究，分析其喜好。在客户生日或者公共传统节日之际，邮寄生日贺卡或者节日祝贺卡，客户会感激销售人员的重视。

---

7. 客户维护

旅行社进行客户回访、归档、评估，最终目的是为了留住客户。怎样维护客户留住客户是旅行社一项重要而艰巨的任务。为此，应努力做好以下几个方面。

(1) 尊重客户，真诚待人。

(2) 抓住关键大客户。

(3) 业务以质量取胜。

(4) 加强沟通，做好售后服务。

【参考】

售后服务工作重要性

在客人返回后的第二天就向客人打问候电话，或在网上对客人致以问候，给客人寄送意见征询单、明信片，举行游客招待会等，外国旅行社的这些做法十分值得国内旅行社借鉴。这次旅游的结束意味着下次旅游的开始，做好熟客的服务工作就可以使他们下次旅游时再与本旅行社联系。因此，做好售后服务工作是保持游客和市场并不断扩大的好措施，有方向，有基础，成本低，效果好。我国旅行社行业竞争日益激烈，保持和争取客源迫在眉睫，旅行社只有搞好售后服务，才能巩固与扩大客源。旅行社可利用计算机管理来建立客户档案，还可利用网络加强与客户的联系，进行售后跟踪服务，了解他们的新需求，以便于推出更符合潮流的旅游产品。

三、顾客关系管理的手段及成效

1. 满足顾客的需求

保持老顾客的关键是使顾客满意。一个对企业及其产品满意的顾客会再次光顾,将更多的钱花在该企业产品上,购买企业的其他产品,对企业产品的价格变动不敏感,会忽视竞争企业的其他产品和促销,会主动向企业提出改进建议。一个满意的顾客会带给企业巨大的好处。顾客的满意程度是企业未来盈利的指示器。只有想顾客之所想,急顾客之所急,才能更好地满足顾客要求,从而成就自己的事业。

2. 提供优质的产品和服务

由于低价竞争、不当经营,为旅游企业的发展造成极坏的影响。我们要搞市场经济,急需加快提升市场主体的自身素质,要按游戏规则办事,要讲诚信,为顾客提供最优质的产品和服务。诚信是经济社会中的生命和灵魂,任何人都应当像爱护眼睛那样维护自己的信用。

3. 研究顾客的心理

只有研究顾客的心理,才能满足顾客的需要。在产品销售中,宣传的是企业的产品,但是在关系营销中,企业宣传的却是自己的形象。要真心实意地把顾客奉为上帝,为顾客提供最优质的产品和服务,满足顾客的心理和精神需求。同时还要形成自己的企业文化,保持自己产品的特色。因为顾客的水平不一定完全相同,对不同的顾客采取不同的办法,要分门别类、抓住重点,做到心中有数。通过不同的策略,赢得顾客的信赖,抓住顾客的心。从而在顾客中树立好的企业形象,不断地占领市场、拓展市场。

第三节 顾客消费需求

旅行社门店经营是直接面对终端顾客的一种经营方式,其经营本质说到底就是通过各种合法途径说服旅游消费者购买本店的旅游产品和服务,这是一个经商的过程,更是一个人际关系处理的过程。对于旅行社门店来说,旅游消费者关系管理也就成了其日常工作中的一项至关重要的内容,要处理好与旅游消费者的关系,首先需要了解本店的目标旅游消费者。

一、消费者生活方式

消费者的生活方式受到社会因素和心理因素的影响。

1. 社会因素

社会因素是影响消费者生活方式的关键要素。从社会因素角度,它又可细分出文化、社会阶层、时间分配等因素。

1) 文化

是由社会中的一部分人或一群人共有的一种特定传统，它影响到家庭、工作、教育和其他由一系列信仰、规范和习俗形成的观念。在中国目前社会中，文化表现为多样化、易转移、无长久的基础理念行为。

2) 社会阶层

是对人们一种非正式的划分，这种划分基于他们的收入、职业、教育、居所和其他因素，在同一社会阶层中的人们有着类似的价值观和生活方式。同样的价值观和生活方式又决定了几乎同样的消费观念和消费倾向，因而不同的社会阶层表现出消费市场上泾渭分明的界限。

3) 时间分配

时间分配是指一个人自然参与社会和私人的活动类型和分配给他们的时间数量。时间分配有工作、交通、进餐、娱乐、交际、抚养子女、睡眠和购物等。如今，随着社会进步和生活水平的提高，在经济发达的地区，消费者花在旅游上的时间越来越多，特别是收入高、年轻、受过一定教育的消费者，明显地旅游消费次数多于其他人。

2. 心理因素

心理因素是区分消费者生活方式的关键组成部分，包括消费者的个性、态度、认定的风险和等级意识。和前述的社会因素不同的是，消费者受外界的影响不亚于受自身心理状况的影响，比如受教育程度及所在社会中的地位的影响。

1) 消费者的个性

是个人品质的反映，它使个性消费者表现出独一无二的消费特征。个性品质包括一个人的自信程度、创新精神、自主性、社交能力、感情稳定性等。在零售业界，表现最为突出的个人消费特性与受教育程度密切相关。文化程度越高，消费者的个性特征越明显，其中标新立异的也不在少数；受教育程度低的，在消费上较少个性而更多的是从众。研究消费者个性，是因为这些因素对消费者的生活方式有极大的影响。

2) 消费者的态度

是指消费者对具体旅行社门店的感觉，包括对它所处位置、人员、所提供的旅游产品和服务、索要的价格及产品线路展示和广告运用等的感觉。消费态度表明消费者对市场上各旅行社门店的认知和接受程度，是门店长期经营，并在消费者心目中的认同度的表现。从此角度出发，可引申出旅行社门店的重要命题，即门店的命脉所在：消费者消费过程中的满意度，可以折射出其对旅游产品品牌的忠诚度。

3) 消费者认定的风险

是指消费者在购买旅游产品和服务时，认定存在的风险程度，而无论这种认识事实上是否正确，它仅代表消费者个人的看法，这种看法具体影响着消费者现在的消费行为及今后的消费行为。被消费者认定的风险可以有：资金方面、心理方面、形式方面、内容方面。

4) 消费者的等级意识

是消费者个人期望和追求社会地位的程度。它有助于决定消费者对参照群体的运用和声望购买的重要性，以及在旅游产品和服务选择上的倾向性。在消费者心目中，存在与生俱来和历史沉淀下来的攀比心态。

二、符合消费者的需求

店长在深入了解消费者目标市场特征的同时，还应了解消费者最主要的休闲旅游需求；因为旅行社门店所能做到的仅仅是去适应所在区域中消费者的旅游消费习惯，短期内旅行社门店是无法改变消费者的传统观念的。因此，对那些有个性的消费者，找出他们的消费共同点是第一步。

(1) 消费者离旅行社门店要走多远的路？乘车和骑自行车、自驾车的比例是多少？

(2) 在购买消费过程中，方便的重要性有多大？有合适的停车位吗？有上门服务吗？

(3) 人们希望什么样的营业时间，要求晚上和周末营业吗？营业时间是否和消费者的购物时间一致？

(4) 旅游消费者希望得到什么水平的服务？低水平、高水平抑或无服务？

(5) 需要什么档次的旅游产品和服务？品种范围是精而深的旅游产品和服务组合，还是广而浅的旅游产品和服务组合？

(6) 价格有多重要？消费者对涨价或降价促销的反应如何？

(7) 门店需采取什么措施减少可察觉的购买风险？严密的告知制度、合理的旅游产品和服务性价比，还是用高质量的服务来让消费者觉得物超所值？

当旅行社门店以满足消费者需要作为战略导向时，它将刺激消费者的购买动机，推动他们采取购买行动。在迎合目标市场需要方面做得越好，对旅游消费者购买的推动也越大。因而就对满足目标市场需求提出了具体的要求。

第四节 顾客消费心理

不同类型的旅游消费者具有不同的购买动机与消费心理，店长要掌握旅游消费者消费心理方面的知识，以做到充分了解并把握旅游消费者的消费心理，适时向他们推荐本店的产品或服务。

一、消费者购买动机的基本类型

购买动机是指能够引起旅游消费者的购买活动，推动旅游消费者去满足某种需要的念头和欲望。店员必须要了解旅游消费者的购买动机，也就是说，要知道旅游消费者是在什么思想支配下做出购买选择，是由于人们认识、感情和意志等心理过程而引起的行为动机。这里把顾客的购买动机分为感情动机、理智动机和惠顾动机等几种类型。

1. 感情动机

感情动机是由于人的情绪(喜、怒、哀、乐等)和情感(道德、情操、群体、观念等)引起的购买动机。由于感情动机的引发原因不同，所以，感情动机又可以分为情绪动机和情感动机两种。

情绪动机是由外界环境因素的突然刺激而产生的好奇、兴奋、模仿等感情反应而激发出的购买动机。影响产生情绪动荡的外部因素有很多，如广告、展销、表演、促销、降价等。情感动机大多因为对旅游产品精彩的内容、引人入胜的景点和令人向往的目的地而激发购买动机，其表现为对产品价格不求便宜，而要求适中或偏高。

2. 理智动机

理智动机是对所购对象经过认真考虑，在理智的约束和控制下而产生的购买动机。它是基于对所购旅游产品的了解、认识，经过一定比较和选择产生的。

理智动机的形成有一个比较复杂的从感情到理性的心理活动过程，一般要经过喜好—认知—评价—选择这样几个阶段，从喜好到认知是属于感性认识阶段，从评价到选择是属于理性认识的阶段。同时，在理智动机驱使下的购买比较注重产品的质量，讲求新奇、实惠、价格合理或便宜、设计合理等。

3. 惠顾动机

惠顾动机是指旅游消费者由于某些企业推销产品产生信任和偏好，进而产生的购买动机。这种动机也叫信任动机。在这种动机支配下，旅游消费者重复地、习惯地向某一企业或旅行社门店购买。旅游消费者之所以产生这样的动机，是基于销售员礼貌周到、信誉良好、提供信用及优质服务。

二、消费者购买动机的特征

旅游消费者的购买动机受到经济、社会、文化、个性心理等多方面的影响，个体表现极不相同，最常见的有以下几种特征。

1. 追求便宜

这种动机以追求旅游产品和服务的价格低廉为主要特征。具有这种动机的旅游消费者选购旅游产品和服务时，特别注重广度、数量和价格，对旅游产品和服务的深度和精度等不会过分挑剔，并对降价、减价、折价旅游产品和服务非常感兴趣。

具有这种购买动机的多为经济收入较低的，而且旅游次数不多的旅游消费者，也包括部分经济收入较高、但节俭成习的旅游消费者。他们多注重旅游产品和服务的价格，而轻视旅游产品和服务的内涵，属于不太成熟的旅游消费者。这类旅游消费者是低档旅游产品、促销旅游产品的主要推销对象。

2. 追求美感

这种动机以追求旅游产品的审美价值和感观效果为主要特征。具有这种动机的旅游消费者在选购旅游产品时特别重视旅游产品的自然景观、季节影响等，以及该产品所体现出来的特殊景致和风格，而对旅游产品本身的价格和价值则不太在意。

具有这种购买动机的多为经济收入较好、文化层次一般、而且旅游次数不太多的人士，他们是沙滩、海边、山水等自然旅游产品的主要购买者。随着人们的生活水平的提高和旅游成熟度的提高，追求自然美与人文美的动机在旅游消费者购买活动中越来越占支配地位。

3. 追求品牌

这种动机以追求品牌为主要特征。在这种动机的驱使下，旅游消费者购买时几乎不考虑旅游产品和服务的价格，只要是没有去过的，具有豪华奢侈性质的或还只是极少有人问津的旅游产品和服务，通过购买、使用品牌来显示自己的身份和地位，从中得到一种心理上和生理上的满足。

具有这种购买动机的旅游消费者一般都具有相当的经济实力和一定的社会地位，这些人士是表现欲和炫耀心理较强的消费者。

4. 爱好需求

这种动机以满足个人兴趣爱好或兴趣为主要特征。在这种购物心理支配下的旅游消费者由于兴趣爱好、生活习惯或职业需要等原因，往往对某些旅游产品和服务表现出特别的兴趣，成为这类旅游产品和服务的购买者。

具有这种购买行为取决于个人的休闲旅游嗜好。这类旅游消费者对旅游产品和服务具有较高的欣赏水平和挑选能力，一般不受广告宣传的影响，其购买行为具有目标性、稳定性的特点。

5. 攀比心理

具有这种动机特征的旅游消费者在购买旅游产品和服务时不是出于对旅游产品和服务的实际需要，而是为了与别人比较，向别人炫耀。

这类旅游消费者的购买行为很大程度上取决于其归属的社会群体，具有较大的盲目性。

三、消费者购买动机的影响因素

1. 质量与价格因素

1) 质量

旅游产品或服务的生命是质量，它是产品或服务的最基本要求，旅游产品或服务质量好就畅销，反之，则会滞销。

那么，产品或服务的质量优劣程度该如何评价呢？这是销售员首先要搞清楚的一个问题。旅游产品或服务是以消费者的需求和爱好为中心的，应该是技术性与经济性两者的相应结合。有些产品或服务的质量并不很高，仅仅由于品牌、内涵、流行性等与品质无关的差异正好符合人们或某一类消费者的喜好和需要。那么这种心理上的"软质量"也可以算作质量好的产品或服务。所以评价旅游产品或服务质量好不好应以满足消费者的心理和生理需求为中心，并且能随着消费需求和消费潮流的变化而转移，从而使经营的旅游产品或服务适应于买方市场，扩大产品或服务流通，更好地满足旅游消费者的需求。

2) 价格

旅游产品或服务价格高会抑制消费者的购买欲望，相反，价格低则能激起消费者的购买欲望。比如，近几年来，由于竞争的日趋激烈，很多旅游产品或服务以各种促销手段或方法，吸引众多经济收入不高的大众消费者。这使得降价后旅游产品或服务售出率比以前有很大的提高，说明了产品或服务价格对顾客购买行为的影响。从消费者的角度说，产品或服务价格上每一细小差别的变化都会牵动他们的心。

顾客既求物美(品牌、质量、内涵、类型、流行性)，又求廉价(产品或服务本身的廉价、打折、赠礼等)，质价需相称，两者缺一，都会对顾客失去吸引力。

2. 媒介因素

媒介是指从商业角度介绍或引导买卖双方发生关系的人或物。通过人或物等各种形式的广告把有关旅游产品或服务的知识和信息传递给广大消费者，以吸引更多的注意力，使其对产品或服务产生兴趣，刺激其购买欲。

1) 广告介绍

广告是经营活动中传播信息的重要手段，在旅游企业和消费者之间起着重要的沟通作用。企业为了招揽生意，往往通过广告宣传，如电视、报刊、广播、路牌、海报、POP等向广大消费者进行旅游企业(门店)形象和产品的宣传以刺激消费者的购买动机。

2) 陈列与展示介绍

门店经营者都十分重视本店产品或服务的陈列与销售员的门店工作，因为这些对消费者购买动机具有强大的影响力，直接刺激消费者的感官，如视觉、听觉、触觉等感觉，起到了诱导的作用。通过陈列与展示能充分地显示出旅游产品或服务的具体形态、类型、品质、内涵，使消费者受到影响，从而产生需求意念和购买行为。

【参考】

> **口头介绍**
>
> 因为消费者选购产品或服务时不一定都是行家，他们往往有一种信赖门店销售员就是行家的心理，所以旅行社门店销售员的口头介绍起着左右顾客购买动机的作用。
>
> 同时，旅游消费者在亲戚、朋友、邻居、同事等周围社会关系方面口头介绍后，受影响而购买某种旅游产品或服务的，称为口碑传播，口碑传播是要靠产品或服务以及旅行社门店的长期良好信誉建立起来的。

3. 经营因素

经营因素又称服务因素，是指经营上或服务上能引起消费者产生特殊的感情、偏好与信任，使之习惯于前往该门店购买，或吸引一些消费者慕名前来购买的一种因素，即惠顾动机，这种行为的驱使来源于以下几点。

1) 门店

一是旅行社门店经营地段适合消费者购买地点的选择，处于闹市或交通便利的地方，这有利于购买，同时也影响消费者的购买心理。二是经营有特色的产品或服务，而且品种齐全，使顾客有充分选择的余地。三是经营环境与产品或服务陈列十分整洁、明亮，使顾客感受清新、悦目而舒适。四是门店的服务项目多，处处为消费者着想，事事方便顾客。五是遵守职业道德，讲究商业信誉，售后服务完善，使消费者充分信任。

2) 服务

正确的礼仪规范，如服务主动，态度热情，耐心周到，能使消费者感觉到非常的舒心、愉快。销售员具有专业的旅游产品或服务知识和良好的服务技巧，使消费者真正了解到产品或服务的价值，让消费者觉得买得舒心，买得放心。

总之，经营因素的诸多方面都能适应消费者心理活动的特点，满足他们的要求，从而在消费者中创立良好的旅行社门店形象。

4. 社会因素(顾客类型的划分)

不同的消费者，由于受年龄、性别、城乡、群体、职业、民族等类型的不同以及生活习惯、兴趣、爱好和个人性格因素的影响，在对同一旅游产品或服务的选购过程中往往会表现出不同的心理差异。因此，销售员为了向消费者提供优质高效的服务，除了必须掌握顾客在购买旅游产品或服务时的购买动机外，还必须了解这些个性不一、气质不一、形形色色的顾客在购买过程中的心理特征，从而使自己的销售服务更能迎合消费者的需求心理。

1) 年龄

(1) 老年顾客。

① 对新产品常持怀疑态度，很多情况下是在亲戚朋友推荐下才去购买旅游产品和服务。

② 购买心理稳定，不易受广告宣传的影响。

③ 希望购买质量好、价格公道、内容丰富、售后服务有保障的旅游产品和服务。

④ 购买时动作缓慢，挑选仔细，喜欢问长问短。

⑤ 对销售员的态度敏感。

(2) 中年顾客。

① 多属于理智购买，购买时比较自信。

② 喜欢购买已被他人证明其价值的新旅游产品和服务。

③ 作为中年人，由于他们已经成家立业，生儿育女，并承担着家庭责任，因此，他们具有家庭负担和其他方面的负担，或是经济条件较好或头脑价值观念较强，所以这类消费者讲究物美价廉的心理较为普遍。销售员一定要以亲切、诚恳、专业的态度对待这类消费者，才能被接受。

(3) 青年顾客。

① 具有强烈的生活美感，由于年龄因素，没有过多的经济负担，所以对旅游产品和服务价值观念较为淡薄，只要是见到自己喜欢的产品和服务，就会产生购买欲望和行动。

② 求新、求奇、求美、求时尚的心理较为普遍，消费时反应敏感，喜欢购买新颖流行的旅游产品和服务，往往是新旅游产品和服务的第一批购买者。

③ 很多消费者购买能力强，不过多注重旅游产品和服务的价格和时尚价值。

④ 销售员要迎合此类消费者的求新、求奇、求美的心理进行介绍，尽量向他们推介目前较为流行的旅游产品和服务。

2) 性别

(1) 男顾客。

① 大多数是有目的购买和理智型购买，比较自信，不喜欢销售员过分热情或喋喋不休

的介绍。

② 购买动机常具有被动性(虽然在购买前选择好了要购买的旅游产品和服务,但面对简短的、自信的、专业的介绍,他们往往会很快改变主意,听从销售员的意见)。

③ 选择旅游产品和服务以其类型、质量、内容和目的地为主,价格因素作用相对较小。

④ 希望迅速成交,对排队等候缺乏耐性。

(2) 女顾客。

① 购买动机具有主动性、灵活性和冲动性。

② 购买心理不稳定,易受外界因素的影响,购买行为受情绪影响较大。

③ 乐于接受销售员的建议。

④ 挑选旅游产品和服务十分细致,首先注重的是旅游产品和服务的流行性、类型、内容、品牌和价格,其次是旅游产品和服务的价格以及售后服务。

⑤ 女性天生有强烈、持久的爱美心理,使她们在目的地选择方面的需求格外突出,女性的热心程度和决心购买程度的决策权要远远大于男性。所以要研究女性的消费心理,因为这是非常具有实际意义的。

3) 性格

(1) 理智型。购买前非常注重收集有关旅游产品和服务的品牌、价格、质量、内容、类型、档次、服务等方面的各种信息,购买决定以对旅游产品和服务的知识和客观判断为依据。

① 购买过程较长(重复浏览多家门店,并善于在同类旅游产品和服务中比较挑选),且烦琐,从不急于做出购买决定,在购买中经常不动声色。

② 购买时喜欢独立思考,不喜欢销售员的过多介绍。

(2) 冲动型。

① 购买决定易受外部刺激影响。

② 购买目的不明显,常常是随机购买。

③ 常凭个人直觉、对旅游产品和服务的印象以及销售员的热情推介来迅速做出购买决定,行动果断,事后易后悔。

④ 喜欢购买流行的和新的旅游产品和服务。

(3) 情感型。

① 购买行为受个人的情绪和情感支配,往往没有明确的购买目的。

② 比较愿意接受销售员的建议。

③ 想象力和联想力较为丰富,购买中情绪易波动。

(4) 疑虑型。

① 性格内向、行动谨慎、观察细微、决策迟缓。

② 购买时缺乏自信,同时对销售员也缺乏信任,疑虑重重。

③ 选购旅游产品和服务时行动迟缓,反复在同类旅游产品和服务中询问、挑选和比较,费时较多。购买中犹豫不决,事后易后悔。

(5) 随意型。

① 缺乏购买经验。在购买中常不知所措,所以乐于听取销售员的意见,希望从中得到帮助。

② 对旅游产品和服务不会过多挑剔。

(6) 习惯型。凭以往的习惯和经验购买旅游产品和服务，不易受广告宣传和销售员的影响。通常有目的地购买，购买过程迅速。对流行的、新形式的旅游产品和服务反应冷淡。

(7) 专家型。认为销售员与消费者之间是对立的利益关系。自我意识很强，购买过程中常自信为自己的观念绝对正确，经常会考验销售员的知识能力。脾气较暴躁，易于发火。当销售员遇到或察觉到这类刺头类型的消费者时最好随他选择，待对方发问时再上前为其说明旅游产品和服务的特征即可。

四、常见旅游消费心理

1. 相信权威

旅游消费者相信权威的心理在消费形态上多表现为决策的情感成分远远超过理智的成分。这种对权威的推崇往往导致旅游消费者对权威所消费的旅游产品和服务无理由地选用，并且进而把消费对象人格化，从而达成旅游产品和服务的畅销。

现实中，旅行社门店营销对旅游消费者推崇权威心理的利用也比较多见。比如，利用人们对名人或者意见领袖的推崇，大量的商家在找明星代言、做广告。

2. 贪图便宜

中国人经常讲"物美价廉"，其实真正的物美价廉几乎是不存在的，都是心理感觉的物美价廉。为了贪图一点点的利益，却遭受到重大损失的案例比比皆是。

3. 从众心理

从众指个人的观念与行为由于受群体的引导或压力而趋向于与大多数人相一致的现象。旅游消费者在很多购买决策上会表现出从众倾向，比如，购物时喜欢到人多的旅行社门店，在旅游企业品牌选择时偏向那些市场占有率高的品牌，在选择旅游点时偏向于热点国家、热点城市和热点线路。

五、不同类型的旅游消费心理

店员在营销的过程中，不仅要针对旅游消费者的需求，同时还要针对旅游消费者的心理特征来进行销售。如何掌握旅游消费者的消费心理特征对销售员来说是销售成败的关键因素之一。

1. 不同性别旅游消费群体的消费心理

不同性别的旅游消费者在消费时，其心理活动的表现是不尽相同的。

1) 女性旅游消费者的消费心理特征

女性旅游消费者一般具有以下消费心理特征。

(1) 追求时髦，喜欢美观。她们在购买某种旅游产品和服务时，首先想到的就是旅游产品和服务是否具有时尚感，旅游目的地是否是受大众青睐的时尚旅游景区点，在旅游观光时能否展现自己的美丽，能否留下自己的形象美，在景区点中显示自己的年轻和魅力。

(2) 感情强烈，喜欢从众。这种心理特征表现在旅游产品和服务消费中，女性旅游消费者主要是用情感支配购买行为。同时，她们容易受到同伴的影响，喜欢购买和别人一样的东西。

(3) 喜欢炫耀，自尊强烈。在这种心理的驱使下，女性消费者会追求相对高档、时尚的旅游产品和服务，而不注重实用性，只要能显示自己的身份和地位，她们就会乐意购买。

2) 男性旅游消费者的消费心理特征

通常情况下，男性的经济收入较高，但购买能力与女性相比，其中直接用于个人消费的部分却低于女性的消费。他们的消费心理概括起来有以下几点。

(1) 注重旅游产品和服务的内涵。男性旅游消费者购买旅游产品和服务多为理性购买，而且不易受现场气氛的影响。

(2) 决定果断。男性旅游消费者一旦决定购买某种旅游产品和服务，便不愿在柜台前长时间挑选。一般态度比较随和，不爱多啰唆，对店员的介绍也比较相信。

(3) 购买独立。与女性旅游消费者不同，男性旅游消费者在购买旅游产品和服务时不喜欢有同伴陪同。在购买时也不大需要别人的意见，较少受他人以及外界信息的影响。

(4) 不太注重价格。由于男性本身的攻击性和成就欲较强，所以男性旅游消费者购买时喜欢选购高档有内涵的旅游产品和服务，相对不愿讨价还价，忌讳别人说自己小气或所购旅游产品和服务"不上档次"。

2. 不同年龄旅游消费者群体的消费心理

1) 少年旅游消费者的消费心理特征

少年旅游消费者是指年龄在 11～14 岁的旅游消费者，其出游主要是随家庭成员一起或有组织的出游。少年旅游消费者具有以下消费心理特征。

(1) 介于儿童与成年人之间，好奇心强烈。

(2) 处于由不成熟向成熟的转变阶段。

(3) 喜欢和成年人相比。

(4) 购买行为开始显现出一定的购买倾向性。

(5) 逐渐由受家庭影响转变为受社会影响，并乐于接受社会影响。

2) 青年旅游消费者的消费心理特征

一般来说，青年旅游消费者的消费心理特征具有以下几点。

(1) 追求时尚和新颖。青年人消费者内心丰富，感觉敏锐、勇于创新，易于接受新鲜事物，追随时代潮流。因此，投放市场的新旅游产品和服务、社会流行的某一旅游产品和服务，都会引起他们极大的兴趣和购买欲望，购买动机也会随之形成。

(2) 表现自我和体现个性。青年人喜欢购买一些具有特色的旅游产品和服务，而且这些旅游产品和服务最好是能体现自己的个性特征，对那些一般化、不能满足自我个性的旅游产品和服务，他们一般都不屑一顾。

(3) 购买行为易受社会因素的影响。旅游产品和服务的社会流行性直接决定了青年人的购买行为，形成旋风式的购买热潮。

3) 中老年旅游消费者的消费心理特征

中老年旅游消费者的心理特征主要表现在以下几个方面。

(1) 富于理智，很少感情冲动。他们在购买旅游产品和服务时会比较仔细，全面评价、综合分析旅游产品和服务的各种利弊因素，再做出购买决策，不会像年轻人那样产生冲动的购买行为。

(2) 精打细算。中老年旅游消费者一般都比较节俭，对旅游产品和服务的质量、价格、用途、品种等都会做详细了解，很少盲目购买。

(3) 坚持主见，不受外界影响。中老年旅游消费者在购买旅游产品和服务时大多十分相信自己的经验和智慧。他们喜欢凭过去的经验、体会来评价旅游产品和服务的优劣。因此，销售员在进行销售时应该尊重和听取他们的意见。

(4) 品牌忠诚度较高。中老年旅游消费者购买旅游产品和服务时一般有怀旧和保守心理。他们对于曾经使用过的旅游产品和服务及其品牌印象比较深刻，而且非常信任，是这类旅游产品和服务品牌的忠诚旅游消费者。

第五节 影响消费者满意因素

满意是对需求是否满足的一种界定尺度。当消费者需求被满足时，顾客便体验到一种积极的情绪反映，这称为满意，否则即体验到一种消极的情绪反映，这称为不满意甚至投诉。

一、产品本身

产品要素包括有形产品要素和无形产品(服务)要素，旅行社门店必须对预定和购买的旅游产品或服务所需项目严格把关，必须要有精品意识，只要有一丝瑕疵，就不能拿出来销售。同时还要讲究旅游产品或服务的新颖性、时尚性，必须满足消费者不同的需求。

二、销售活动

销售活动包括售前活动和售中活动。消费者在准备消费前，获取旅行社门店通过各种途径传递的信息，然后对该旅游产品或服务形成自己的想法，包括他们的需求，旅游产品或服务所能带来的好处，他们所愿意接受的价格。这是人们常说的"消费者期望"，它与销售中的所有活动共同影响消费者满意度。

1. 信息

旅行社门店通过各种渠道把信息传递给旅游消费者以影响消费者的期望和实际感受，影响消费者的满意度。这些信息可分为显露信息和隐藏信息。

显露信息由旅行社门店明确、详细地传递给消费者，包括广告、推广活动、销售说明、具体的报价和邮件等。隐藏信息通过潜意识的信号传递给消费者，包括销售地点的布置、销售人员的衣着、店堂设计、旅游产品或服务的组合与陈列等。

2. 态度

在消费者购买过程中，旅行社门店销售人员的态度及其与消费者的沟通，销售努力的着眼点，对消费者的承诺及如何保证这一承诺的实现都会对消费者的购买经历产生影响，因此，对门店销售人员的培训，无论是在旅游产品或服务特征及应用方面还是在与消费者沟通方面都是很重要的。

3. 行为

门店销售人员的行为在销售活动中对消费者满意度的影响至关重要。

这些行为主要包括在对待消费者需要及出现问题时要有友好的表现；具有丰富的销售经验；销售中关注于满足消费者的需求等。旅行社门店在这方面的努力可以通过培训和奖励两种方式完成。

三、售后服务

所谓旅行社售后服务就是旅行社在组织游客完成某个旅游线路之后，继续向游客提供的一系列服务，向游客询问这条线路的运行情况所进行的调查了解，以及征求意见，以主动解决客人遇到的问题和投诉，加强同客人的关系。

旅游产品售后服务非常重要，了解游客的满意程度，或征得游客的意见，以便在今后改进工作，争取设计出让游客更加满意的旅游产品。售后服务对于旅行社经济效益、服务信誉以及企业形象等有着直接关系，因此，大多数旅行社都非常重视这项工作。因为，良好的售后服务是优质接待工作的延续，向旅游者提供新的信息，并从游客那里得到意见反馈不仅可以维持和扩大原有的客源，还可以更新产品内容，提高接待服务水平，让旅行社在激烈的市场竞争中立于不败之地，巩固和扩大市场的手段。

可在采取方法上有所不同，例如向旅游团队成员发放调查表；向游客口头征求意见；向游客打电话等，通过这些方式了解产品的合理性、实用性以及完美性，以便找出缺陷，加强改进，进一步提高服务质量。

【参考】

服务的本质是销售

在德国大众汽车流传着这样一句话：对于一个家庭而言，第一辆车是销售员销售的，而第二、第三辆乃至更多的车都是服务人员销售的。服务的本质是销售。

四、售后服务的诀窍

为什么近年来旅游投诉的人在增加？是投诉的游客不可理喻了吗？不是的，目前国内各旅游企业在做好"游前""游中"服务时，对于旅游的"游后"即售后服务极少过问是造成投诉的主要原因。某旅游局领导说：节假日过后处理投诉成了旅游企业的规律！

虽然旅游活动的结束意味着旅游服务、经历、过程的终止，但游客对旅游服务的认同或抱怨仍然存在，游客的出游计划没有终止。另外，随着旅游业的发展，旅行社企业之间的竞争日趋激烈，游客在旅行社门店的选择上也更加理性，"有景便游"的盲目出游现象将会淡出旅游市场。加强旅游的售后服务营销将成为必然的趋势，也将是旅行社门店营销的一大方向。

顾客就是上帝，想必旅行社没有人不赞同这个观点。旅行社卖给游客的是什么？体验和服务！服务不仅包括售前、售中服务，还包括售后服务，如果连这样浅显的意思都不明了，希望有回头客那就是一种奢望了。游客们的抱怨可以当作提高、改善旅行社门店今后服务的一个参考，拒绝游客的宝贵意见意味着关上了与消费者沟通的大门。

【参考】

希尔顿饭店的经营诀窍

希尔顿饭店是全球著名的跨国旅游集团，希尔顿本人也被誉为美国"旅馆大王"。有人询问希尔顿的经营诀窍，希尔顿的回答是："请你在离开我的希尔顿饭店时留下改进意见，当你再次光临我的饭店时就不再会有相同的意见——这就是我的经营诀窍。"

【思考】

如果诀窍掌握得当你能成为"旅行社门店大王"吗？

那么，你的旅行社门店如果注重服务营销、售后服务营销，是不是会称为"旅行社大王""旅行社门店大王"呢？

一位旅行社门店店长几年如一日每次有旅游团来的时候，他都亲自去探望、看团。这是一个很了不起的细节。通过把握售后服务细节，赢得了旅游者的青睐，同时也大大地降低了广告宣传的支出。

1. 开发游客信息系统

很多旅行社以往对售后服务不够重视，应该对每个游客都进行电话回访，并把游客的反馈信息进行汇总、归类并存入电脑数据库中。认真处理顾客投诉，并派人上门处理和道歉。通过电话沟通和上门服务，把游客的家庭情况、经济情况、兴趣爱好、旅游规律、下次出游意愿等信息详细地记录下来，并存入公司的数据库。

2. 利用多种途径加强沟通

在游客完成旅游活动后的一段时间内，门店销售人员可以通过电话、短信、邮件等方式予以问候；针对游客的投诉以最快的速度解决和协调，并及时反馈；在重大节日和游客的重要纪念日(如生日、结婚纪念日等)寄送精美的卡片、小礼物以表祝福；把最新开发的旅游线路、旅游服务、旅游商品和将举办的大型活动等相关信息第一时间传送给"老游客"，并盛情邀请故地重游；利用旅行社网站和电子留言板与游客交流。

通过以上各种方式，让游客真正感到受重视、受尊重，感觉自己就是旅行社门店的友人、家人，这也是很温馨的营销氛围。

3. 门店文化

旅行社门店的价值观是企业的信仰、准则、思路和战略。企业关于生存与竞争的文化是门店产品、销售活动和售后服务背后的有力推动者。信奉"消费者满意度能保证长期成功"的企业在其经营管理各环节中保持这种思想。门店文化的核心便是彻底的完美主义精神，门店的管理者和员工都应该有把一切都做得完美的信念。将门店日常的经营活动都体现在对这种彻底的完美主义精神不懈的追求之上。

五、顾客满意是旅行社门店未来的利润

顾客满意是一种心理活动，是顾客的需求被满足后的愉悦感。美国著名的市场营销学专家菲利普·科特勒指出："满意是指一个人通过对一个产品和服务的可感知的效果与他的期望值相比较后所形成的感觉状态。"因此，满意水平是可感知效果和期望值之间的差异函数。顾客可以经历 3 种不同的满意度中的一种：如果效果低于期望，顾客就会不满意；如果可感知效果与期望所匹配，顾客就满意；如果可感知效果超过期望，顾客就会高度满意、高兴或欣喜。顾客满意对企业来讲至关重要。顾客满意是企业战胜竞争对手的最好手段，是企业取得长期成功的必要条件。可以说，没有什么其他的方法能像令顾客满意一样在激烈的竞争中提供长期的、起决定作用的优势。

【参考】

各知名公司的"满意"

在今天大多数成功的公司中，有一些是将期望和可感知效果相对应的，例如以下几个例子。

施乐公司保证"全面满意"，它保证在顾客购后 3 年内，如有任何不满意，公司将为其更换相同或类似产品，一切费用由公司承担。

西那公司的广告称："在你也满意之前，我们将永远不会达到 100%的满意。"

本田公司的广告称："我们顾客之所以这样满意的理由之一是我们不满意。""我们公司的目标是超越满足顾客。我们的目标是使顾客愉悦。"

这是更高级的探索和成功营销者的秘密。取悦顾客比在媒介上做广告更有广告效果。

因此，旅行社门店精明之举是经常地测试顾客的满意程度。门店可以通过电话向最近的消费者询问他们的满意度是多少，测试要求分为：高度满意、一般满意、无意见、有些不满意、极不满意。这也是发现顾客满意与不满意的主要方法。门店将利用这些信息来改进它下一阶段的工作。顾客满意是旅行社门店未来利润的最好指标。

21 世纪将是以服务取胜的年代，这个时代企业活动的基本准则应是使顾客感到满意。不能使顾客感到满意的旅行社门店必无立足之地。因为在信息社会，旅行社门店要保持旅游产品线路上的优势已越来越不容易，必须把工作重心转移到顾客身上，从某种意义上说，使顾客感到满意的企业，将是成功的企业。

第六节　消费者满意管理

旅游消费者满意管理是以旅游消费者满意为核心的管理和经营方式，在当今的经济情况和社会环境下，市场竞争的范围和激烈程度是前所未有的，在销售商和购买方的博弈中，主导权开始转移到旅游消费者的手中。不从旅游消费者的角度出发考虑问题，不能使消费者满意的门店，注定要被淘汰出局。

一、消费者满意的层次

消费者满意的三个递进层次包括：一是物质满意层，即消费者对旅游产品的核心层，如产品的功能、质量和设计等所产生的满意；二是精神满意层，即消费者对旅游产品的形式层和外延层，如产品的形式、种类、品位和服务等所产生的满意；三是社会满意层，即消费者在对旅游产品和服务的消费过程中所体验到的社会利益维护程序，主要指顾客整体(全体公众)的社会满意程序。它要求在对旅游产品和服务的消费过程中，要具有维护社会整体利益的首先价值、政治价值和生态价值。

二、探求消费者的期望

首先，店长必须站在消费者的立场上，使用最直接深入消费者内心的方法，找出消费者对旅游产品或服务及员工的期望。尽可能地把顾客的"不满意"从旅游产品体本身(包括设计、研发和供应过程)去除，并顺应顾客的需求趋势，预先在旅游产品体本身上创造顾客的满意。不断完善服务系统，包括提高服务速度、质量等方面。重视顾客的意见，对顾客的需求和意见具有快速的反应机制，养成鼓励创新的组织氛围，组织内部保持上下沟通的顺畅。

有效的探求要靠 3 个因素。

(1) 焦点放在最重要的消费者身上。
(2) 找出和消费者对服务定义的差异。
(3) 利用重质胜于重量的研究方法，找出消费者真正的期望。

实践表明这种探求结果都会使管理者为之一惊。因为依据长期经验判断消费者心目中的优良服务，是与事实相悖的。

其次，要消除旅行社门店——消费者之间信息的不对称性。有许多经营者总是抱怨，消费者越来越挑剔，但从消费者角度看，消费者觉得自己得不到旅行社门店的尊重，这种企业——消费者之间信息不对称，一个重要的根源在于企业者是站在它自身的立场来看问题，而缺乏一种"换位"思考。

三、开发令顾客满意的产品和服务

顾客满意战略要求旅行社门店的全部经营活动都要以满足顾客的需要为出发点，把顾客需求作为门店开发产品的源头。所以门店必须熟悉顾客、了解用户，即要调查他们现实和潜在的要求，分析他们购买的动机和行为、能力、水平，研究他们的消费传统和习惯、兴趣和爱好。只有这样，门店才能科学地顺应顾客的需求走向，确定产品的开发方向和生产数量，准确地选择服务的具体内容和重点对象。

热情、真诚为顾客着想的服务能带来顾客的满意，所以旅行社门店要从不断完善服务系统，以便利顾客为原则，用产品具有的魅力和一切为顾客着想的体贴去感动顾客。谁能提供令消费者满意的服务，谁就会加快销售步伐。

【思考】

> 100−1=0？
>
> 有一位成功的企业家曾写下过这样一个颇具哲理的等式：100−1=0，其寓意是：职员一次劣质服务带来的坏影响可以抵消100次优质服务产生的好影响。

四、科学地倾听顾客意见

现代企业要实施顾客满意战略则必须建立一套顾客满意分析处理系统，用科学的方法和手段检测顾客对企业产品和服务的满意程度。要想维护顾客利益，旅行社门店必须正确处理顾客的意见。有时即使你的产品和服务非常好，也会受到爱挑剔的顾客的抱怨。粗暴地拒绝或对待顾客的意见，将会使顾客远离门店而去。根据美国学者的调查，一个企业失去的顾客中，有68%转向竞争对手，其原因是由于销售人员态度冷漠，使顾客没有受到礼貌的接待。

五、完善售后服务体系

售后服务是一个很宽泛的概念，它包括对用户的指导培训、对旅游产品和服务的跟踪监测、对投诉的排除、对旅游产品和服务的设计和质量问题的信息反馈等，涵盖了旅游产品和服务售后的各个方面。购买旅游产品和服务不仅是购买旅游产品和服务本身，而且也包括售出旅游产品前后与此有关的所有的服务，旅行社门店有义务和责任对其售出的旅游产品向用户提供优质的服务。

完备的客户服务体系包括售前、售中、售后各个环节的服务实施和衔接，对可能分布在本地、异地、多地区的客户服务请求及时响应，旅行社门店内服务规范及文档库的建立、服务过程的记录、服务监督与投诉系统的建立、服务的改进提高机制等。

第七节　消费者投诉管理

门店在日常经营的过程中，往往会由于自身产品或服务质量的原因而引起消费者的投诉或不满。对于旅游消费者的投诉或不满，门店一定要给予充分的理解与重视，并及时加以处理，以免影响门店在旅游消费者心目中的形象。门店销售人员可以通过一定的步骤来消除顾客的不满，如图9.3所示。

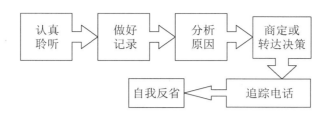

图 9.3　消除顾客投诉或不满的步骤

一、投诉处理的基本原则

受理及处理旅游消费者投诉并非愉快之事，但对待投诉应持重视的态度，并将其看作改进门店对旅游消费者服务的有利机会。为此，处理旅游消费者投诉时应遵循以下原则。

1. 真心诚意帮助旅游消费者

设法理解投诉旅游消费者当时的心情，同情其所面临的困境，并给予应有的帮助。接待好旅游消费者，首先应表明自己的身份，让旅游消费者产生一种信赖感，愿意并相信自己能帮助他解决问题。

2. 绝不与旅游消费者争辩

无论前来投诉的旅游消费者情绪如何激动、态度如何不恭、言语如何粗鲁、举止如何无礼，接待人员都应冷静、耐心，而绝对不可急于辩解或反驳。即使是不合理的投诉，也应做到有礼、有理、有节的回应。既要尊重他们，不失旅游消费者面子，又应做出恰如其分的处理。

3. 迅速进行处理

在处理旅游消费者投诉的问题上，与通常的规律相反，时间拖得越长，旅游消费者的投诉不但不会渐渐消减，反而会越积越大，处理起来也更加棘手。因此，在处理旅游消费者投诉时，要预作"速战速决"的准备，投诉处理着手得越早，就越可能妥善地化解投诉。

4. 拿出诚意

诚意是打动旅游消费者的法宝。以诚待人的旅行社门店通常都能在旅游消费者投诉处理中取得良好的效果。诚意是处理旅游消费者投诉时的必备条件，它绝对是根本中的根本。

5. 不要希望问题会自动消失

有时，旅行社门店无视旅游消费者的投诉，希望问题可以自动解决，将旅游消费者的不满抛到脑后，这样将会极大的损害门店在消费者心目中的形象。当该店对他们的意见未予重视甚至不理不睬时，旅游消费者的不满会更加积聚并最终离其而去。

6. 维护门店应有的利益

处理投诉也不可损害门店的利益，尤其是对于一些复杂问题，切忌在真相不明之前急于表态或当面贬低本门店及其员工。退款或减少收费等方法是解决问题的有效方法，但并不是处理投诉、解决问题的最佳方法。应弄清事实，通过相关渠道了解事情的来龙去脉，在真相清楚后，再诚恳道歉并给予恰当处理。

二、处理投诉的要点

1. 接近旅游消费者

与旅游消费者接近时，要注意适当的衣着。其次，别忘了表现一定的亲和力。面对旅游消费者时，一定要微笑，表现出自己的亲和力，使旅游消费者感觉到门店是为自己诚心诚意服务的。最后，在面对旅游消费者时，一定要注视对方，使旅游消费者产生信赖感。

2. 倾听旅游消费者的不满

(1) 倾听旅游消费者投诉主要是指让旅游消费者说，自己听——使用"放风筝原理"。(风筝飞多远，飞到什么高度，这些都是由放风筝的人控制的，而这种控制并不影响风筝的飞翔)。

(2) 倾听可以表现出员工对旅游消费者的尊重以及店员的善解人意。使旅游消费者对其产生信赖感而倾诉自己的不满，店员应尽可能让旅游消费者倾诉、发泄，从而了解旅游消费者的问题，以便改进自己的服务，从而有利于自身的发展。

(3) 倾听可以弄清楚旅游消费者所要表达的内容，这是处理投诉的前提。其实旅游消费者也是普通的人，在产生不满时总会不可避免地夹杂个人感情，在激动时还会有过分的态度或举动，门店的员工则不能以同样"感性"的方式去思考和行动。这里首先需要的是理性的倾听，要先冷静地听完对方的陈述，尽力去了解其中原委，这样做不但能够避免冲突，还为最终达成妥善的解决办法奠定了良好的基础。

【参考】

有哪些隐含之意？

"先生，您能不能冷静一点！"——暗含指责。
"你不用对我吼……"——含有威胁之意。
"这是公司的规定……"——含有无法帮助之意。
"我懂、我了解……"——容易平复。

---

3. 真诚地与旅游消费者进行沟通

(1) 旅行社门店要想与旅游消费者维持良好的关系，一定要诚心诚意地与旅游消费者沟通，不要怕麻烦和花时间。在现实生活中，旅游消费者之所以产生投诉，通常是由于觉得服务不够好或所买的旅游产品或服务不够理想而引起的。

(2) 要想化解旅游消费者的投诉，就必须站在旅游消费者的立场来思考。当然有一些旅游消费者可能会是那种故意小题大做的人，这时旅行社门店千万不要太明白地指出他们的错误，而应仔细、温和地向他们解释。如果店员在解释或交谈中没有笑容或失去耐心的话，则旅游消费者的投诉不仅不会化解，反而可能会更加厉害，因为他们又找到了新的投诉目标。

(3) 因此，就要求店长或店员在处理旅游消费者投诉时，首先，要冷静地接受投诉，把握住投诉的重点，弄清楚旅游消费者的要求是什么。其次，通过交谈探究其原因，把握消费者的心理，诚恳地向旅游消费者道歉，找出令旅游消费者满意的解决方法，并采取措施防止同样的错误再次发生。最后，根据旅游消费者的投诉来发现门店的问题，改善门店经营方式。恢复门店在旅游消费者心目中的信赖和期望水平，除了补偿旅游消费者精神上和物质上的一切损失外，还要做好一切的善后工作，以树立门店在旅游消费者心目中的完美形象。

(4) 所以说，处理旅游消费者投诉的重点在于找到问题的症结，然后按照旅游消费者可以接受的方式加以弥补，来恢复旅游消费者对门店的信赖感。旅游消费者产生投诉的原因是旅行社门店经营存在问题，因此当旅游消费者投诉时，不仅要针对投诉给予解决，还应该改善经营，争取不再发生类似的问题。

4. 诚恳对待旅游消费者

当旅游消费者抱怨时，服务人员应态度诚恳并表示关心，尽可能站在旅游消费者的立场上寻求解决问题的方法。如果旅游消费者大发牢骚，要有耐心，尽量让其去发泄，不要表露出厌烦情绪，否则可能会引起旅游消费者更大的不满。听完旅游消费者意见之后平静地向消费者做出解释，拿出可行的解决方案，旅游消费者才会消除心中的抱怨。

5. 为旅游消费者着想

在处理旅游消费者抱怨时，要为旅游消费者着想。在处理抱怨的时候，相关人员一定要把想法转变为"如果自己是旅游消费者的话……"，这样才更便于问题的解决。另外，在表达自己的意见时要说："如果我是您的话，大概也会这么生气，这件事真的给您造成很大的困扰了。"想反驳时可以说："如果我是您，一定也会这么想，您生气是理所当然的，我们对此感到非常抱歉。但是，我们在向您道歉的同时，也希望您能听听我们的意见。"店员在告诉旅游消费者已经接受他们的意见之后，再将自己的意见陈述出来，从而找到有效的方法来解决问题。

6. 处理投诉时的禁忌

在化解旅游消费者的愤怒时，店长或店员应切记以下事项，以便顺利地平息旅游消费者的不满。

(1) 不要立刻与旅游消费者讲道理。
(2) 不要急于得出结论。
(3) 不要盲目地一味道歉。
(4) 不要与旅游消费者说"这是常有的事""少见多怪"等。
(5) 不要言行不一致。
(6) 不要鸡蛋里挑骨头、无中生有，责难旅游消费者。
(7) 不要转移视线，推卸责任。

三、处理投诉的基本方法

1. 承认错误法

如果旅游产品有瑕疵或服务质量不能令旅游消费者满意，就应当承认错误，并争取旅游消费者谅解,而不能推卸责任,或者寻找借口,因为理在旅游消费者,任何推诿都会使矛盾激化。承认错误是第一步,接着应当在明确承诺的基础上迅速解决问题,不能拖延时间,在事发的第一时间解决问题成本会最低,旅游消费者会认可。一旦时间长了就会滋生事端。

2. 转移话题法

转移话题法是指对旅游消费者的投诉可以不予理睬而将话题转入其他方面。有时消费者提出投诉本身就是无事生非或无端生事,或者比较荒谬,这时最好不予理睬,而应当迅速转移话题,使旅游消费者感到门店不想与之加剧矛盾。

应用转移话题法时,服务人员应注意以下几点。

(1) 只有营销人员认为旅游消费者的投诉是无事生非、无端生事,或者是荒谬的投诉时,才能使用这种方法。

(2) 营销人员虽然认为旅游消费者的投诉无关紧要,可以不予理睬,但外表应显得郑重其事,不要让旅游消费者看出破绽,以免使旅游消费者产生被冷落的想法。同时当销售人员认为旅游消费者投诉已经不存在时,应适时自然地转入另一个话题。

(3) 旅游消费者再度提起时不可不理会。如果旅游消费者再度提起投诉,销售人员就不能不理会了,因为既然再度投诉,表明旅游消费者已经把该投诉当真,也就是这个意见对他很重要,此时营销人员绝不能不理不睬了,应运用其他方法以转化和消除旅游消费者的投诉。

3. 平息怒气法

通常旅游消费者会带着怒气投诉,这是十分正常的现象,此时服务人员首先应当态度谦让地接受旅游消费者的投诉,引导旅游消费者讲出原因,然后针对问题解释和解决。这种方法适用于所有投诉处理,运用这种方法应把握 3 个要点:一听、二表态、三承诺,直到旅游消费者感到满意为止。

4. 问题转化法

转化问题法适用于误解所导致的投诉,因此处理这种投诉时应当首先让旅游消费者明白问题所在,当旅游消费者明白是因为误解导致争议时,问题也就解决了,转化方式要轻松自然。这种方法若运用恰当,旅游消费者会理解;若转化不当,则会弄巧成拙,使旅游消费者生气,反而会增加阻力。因此,服务人员在用此法时应心平气和,即使旅游消费者的投诉明显缺乏事实根据,也不能当面驳斥,而应旁敲侧击、启发和暗示。

5. 婉转否认法

婉转否认法就是当旅游消费者提出自己的投诉后,服务人员先肯定对方的投诉,然后再陈述自己的观点。这种方法特别适用于澄清旅游消费者的错误想法、鼓励旅游消费者进一步提出自己的想法等方面,常常起到出人意料的显著效果。这种方法特别适用于主观自负且自以为是的旅游消费者。

四、不同形式投诉的处理规范

1. 现场投诉处理规范

现场处理投诉时要掌握以下要点。

(1) 创造亲切、轻松的气氛,以缓解对方内心通常会有的紧张心情。

(2) 注意听取旅游消费者的怨言。

(3) 态度诚恳,表现出真心为旅游消费者着想的态度。但同时要让对方了解自己独立处理的授权范围,不使对方抱过高的期望。

(4) 把旅游消费者投诉中的重要信息详细记录下来。

(5) 中途有其他事情时,尽量调整到以后去办,不要随意中止谈话。

(6) 在提出问题解决方案时,应让旅游消费者能有选择,不要让旅游消费者有"别无选择"之感。

(7) 当不能马上解决问题时,应向旅游消费者说明解决问题的具体方案和时间。

(8) 面谈结束时,确认自己向旅游消费者明确交代了门店方面的重要信息以及旅游消费者需再次联络时的联络方法、部门或个人的地址与姓名。

2. 电话投诉处理规范

旅游消费者以电话方式提出投诉的情形越来越多见,使电话处理投诉的方式越来越成为主流。所以,客服人员更应认真对待。

1) 认真积极地应对

正由于电话投诉简单迅捷的特点,使旅游消费者往往正在气头上时提起投诉。这样的投诉常具强烈的感情色彩。而且处理电话的时候看不见对方的面孔和表情,这些都为处理电话投诉增添了难度。

除了自己的声音外,也要注意在电话周围的其他声音,如谈话声和笑声传入电话里,这会使旅游消费者产生不快的感觉。从这方面看来,投诉服务电话应设在一个独立的房间,最低限度也要在周围设置隔音装置。

2) 把握旅游消费者的心理

无论是投诉处理还是提供令旅游消费者满意的服务,最重要的一点就是尽量了解消费者心理。在电话处理旅游消费者投诉时,几乎唯一的线索就是旅游消费者的声音,因此必须通过声音信息来把握旅游消费者心理。

3) 电话处理投诉的基本原则

(1) 对于旅游消费者的不满,应能从旅游消费者的角度来考虑,并以声音表示自己的同情。

(2) 稍微压低自己的声音,给对方以沉着的印象,但要注意不要压得过低使对方觉得疏远。

(3) 在未设免费电话的门店,如果收到打长途提出投诉的情况,可以请对方先挂断,再按留下的号码给对方打回去。这样做有很多优点:节省对方的电话费用,以"为对方着想"的姿态使对方产生好感;借此确认对方的电话号码,避免不负责任的投诉;遇到感情激愤的旅游消费者，可以借此缓和对方的情绪。但要注意立即就打回去，否则会使对方更加激愤。

(4) 在电话听到的对方姓名、地址、电话号码、产品名称等重要事情，必须重复确认，并以文字记录下来或录入电脑。同时，要把处理人员的姓名、机构告诉对方，以便于对方下次打电话时联络方便。有些人在接听电话的开始就报上了姓名，这是好事，但旅游消费者往往并不一定能够记下这个名字，所以在结尾时再重复一次比较稳妥。

投诉处理是与旅游消费者的直接沟通，不仅能获取宝贵信息，有利于营销业务的展开，而且可以借此传递门店形象，启发旅游消费者，建立更深的信任与理解。

3. 上门处理投诉

通常不能由电话加以解决，需要处理人登门拜访的旅游消费者投诉是性质比较严重、门店方面责任较大的旅游消费者投诉事件。这种情形对客服人员是严峻的考验。

在上门之前，要慎选处理人员，并预作充分准备。最好不要个人前往，以2~3人为宜。预先的调查要包括对方的服务单位、出生地、毕业学校、家庭结构及兴趣爱好等各方面的信息。这样有利于与对方的沟通。然而，当进入实质性面谈时，必须以轻松的心态进行，情绪不要过于紧张。要把握如下的要点。

1) 提前约好时间

如果对旅游消费者的地址不是很清楚，则应问明具体地点，以防止在登门过程中因找不到确切地点而耽误了约定的时间，而让对方产生不良的第一印象。

2) 注意形象

以庄重、朴素而整洁的服装为宜，着装不可过于新奇和轻浮。如果是女性人员去拜访旅游消费者，注意不要化浓妆，要显得朴素、大方而不失庄重。

3) 尊重对方

见面时首先要双手送上名片，以示对对方的尊重。可随身带些小礼品送给旅游消费者，但注意价值不要太高。

4) 态度要诚恳

言辞应慎重，态度要诚恳。无论对方有什么样的过激言辞，都要保持冷静，并诚心诚意陈述企业的歉意。但在许诺时要注意不得超越自己的授权范围，以免使对方有不切实际的期望值。

5) 不得无故中断拜访

在登门拜访旅游消费者的情况下，处理人员要预先做好充分考虑和准备，因为拜访要达到何种目的是非常明确和慎重的。所以要争取一次拜访就取得预期效果，不要轻易中断拜访。要知道，一次不成功的拜访其不良影响要远远超过根本不做拜访。另外，在拜访中，不要过多地用电话向上司请示。

6) 带着解决方案前去

登门拜访前，一定要全面考虑问题的各种因素，预先准备一个以上的解决方案向旅游消费者提出，供旅游消费者选择，让旅游消费者看到门店方面慎重、负责的态度。这对于问题的解决具有至关重要的作用。无论什么时候，都不要盲目地仓促上门拜访，这样会使旅游消费者因无谓地浪费时间而更加不满。

4. 信函投诉处理规范

1) 要有耐心

当收到消费者利用信函所提出的投诉时，就要立即用明信片通知，这样做不但使旅游消费者安心，还给人以比较亲切的感觉。

为尽可能使旅游消费者方便，客服人员要不惜给自己添麻烦，信函往来中，把印好门店地址、邮编、收信人或机构的不粘胶贴纸附于信函内，便于旅游消费者的回函。如果旅游消费者的地址电话不很清楚，那么不要忘记在给旅游消费者的回函中请旅游消费者详细列明通信地址及电话号码，以确保给旅游消费者的回函能准确送达。

2) 注意表达清楚

信函一般采用打印的形式，必须有针对性，如果许多投诉相类似，也可把这些问题综合起来，打印成一封信函分别寄出。

(1) 在表达上通常需要浅显易懂的文字。
(2) 措辞上要亲切、关注，让对方有亲近感。
(3) 尽量少用法律术语、专用名词、外来语及行业用语，尽量使用结构简单的短句。
(4) 形式上灵活多变，使对方一目了然，容易把握重点。

3) 进行妥善处理

由于书面信函具有确定性、证据性，所以在寄送前，切勿由个人草率决断，应与负责人就其内容充分讨论再做决断。

(1) 有时还需要与律师等有关专家沟通意见。
(2) 回函为表示慎重的态度，常以店长的名义寄出，并加盖门店公章。
(3) 当旅游消费者是通过消费者保护机构书面提出投诉时，更需谨慎处理。因为门店回函的内容很可能成为这类机构处理中的一个案例，或作为新闻机构获取消息的来源。

4) 进行归类存档

处理过程中的来往函件应编号并保留副本。把这些文件及时传送给有关部门，使它们明确事件的进程与结果。把信函寄往旅游消费者之前，就要把其时间和内容做成备忘录，并把它填写为追踪表。这样，即使该事件的主要负责人更换，也能够对该事件进程一目了然，并可满足旅行社门店相关人员的咨询需求。

等到该事件处理完毕时，要在追踪表上注明结束时间，盖上"处理完毕"的印章，并把相关文件资料存档。

实 操 练 习

1. 请叙述顾客关系管理的重要性，并结合实际工作体会谈谈企业与顾客关系的运用。
2. 旅游需求具有什么样的层次性？
3. 影响消费者满意度的因素有哪些？
4. 投诉处理的步骤和基本方式是什么？

第十章 促销管理

促销是指向旅行社门店的消费者传递旅游产品或服务信息和企业信息，刺激和诱导消费者购买的过程。促销的根本目的是聚集人气，吸引客流，提高销售额。门店只有通过展开多种促销活动，才能扩大销售，提高效益。

第一节 促销的概念

一、何谓促销

促销是促进旅游产品销售的简称。促进销售就是旅行社营销者向消费者传递有关本企业及产品和服务的各种信息，说服或吸引消费者购买其产品和服务，以达到扩大销售量的目的。狭义促销是指销售促进，也称为营业推广。这种促销活动是各旅行社、门店常采用的促销活动，通常伴随着企业的业务活动或季节变化有目的地进行。

终端促销是旅行社品牌支持门店销售工作的一个重要环节。可以说促销是每年都在做，甚至每季都在终端开展不同的促销活动。从市场营销的角度看，促销实质上是一种沟通活动，是旅行社通过人员和非人员的方式，发出作为刺激消费的各种信息，把信息传递给一个或更多的目标对象，引发、刺激消费者的消费欲望和兴趣，以影响其态度，使其产生购买行为的活动。促销活动策划的实质是促销利益和促销利益传播方式的设计，以及促销预算的分配。

二、促销的作用

1. 传递旅游产品销售信息

在旅游产品正式进入市场以前，旅行社、门店必须及时向中间商和消费者传递有关的产品销售情报。通过信息的传递，使社会各方了解旅游产品和服务销售的情况，建立起企业的良好声誉，引起他们的注意和好感，从而为旅行社产品和服务销售的成功创造前提条件。

2. 创造需求，扩大销售

旅行社门店只有针对消费者的心理动机，通过采取灵活有效的促销活动，诱导或激发消费者某一方面的需求，才能扩大旅游产品的销售力。并且，通过旅行社门店的促销活动来创造需求，发现新的销售市场，从而使市场需求朝着有利于企业销售的方向发展。

3. 突出产品特色，增强市场竞争力

旅行社门店通过促销活动，宣传本企业的产品和服务较竞争对手的产品和服务的不同特点，以及给消费者带来的特殊利益，使消费者充分了解本企业产品和服务的特色，引起他们的注意和欲望，进而扩大旅游产品的销售，提高企业的市场竞争能力。

4. 反馈信息，提高经济效益

通过有效的促销活动，使更多的消费者或用户了解、熟悉和信任本企业的产品，并通过消费者对促销活动的反馈，及时调整促销决策，使企业生产经营的旅游产品和服务适销对路，扩大企业的市场份额，巩固企业的市场地位，从而提高企业营销的经济效益。

第二节　促销价格及方案

做生意就是为了保本求利，所以旅行社门店所订的零售价格应等于线路成本加营业费用再加适度的利润。从价格的结构来分析，旅行社门店所能掌握的只有自己的毛利(营业费用加利润)，所以要提高利润，首先就是要努力控制自己的费用以增加利润，再者就是可以大量折扣销售，以量获利，也可使"产""销"双方互相获利。

一、促销价格

1. 价格决定的基本立场

1) 价值≥价格

所谓销售，即以价格表现旅游产品和服务的价值，让消费者愿意购买。换句话说，必须使作为买方的消费者承认该旅游产品和服务具有价值，而且认为所显示出的价格值得以自己所拥有的金钱与其交换，此项旅游产品和服务才能卖出去，亦即唯有买方认为旅游产品和服务的价值比价格大，即"价值≥价格"公式成立时，该旅游产品和服务才具有"使用价值"与"交换价值"。

旅游产品和服务的价格是卖方对价值的估价并以金额表示出来，至于能否被接受，则须视消费者对该价值的认知程度。如果旅游产品和服务具有的价值被认为超过其售价以上，则必畅销无疑，甚至商家还能提高售价出售。反之，其价值被认为低于其定价的，则必然卖不出去，即使降价也未必能挽回颓势。

2) 与消费者立场一致

到目前为止，并没有一套固定的价格决定方法，多数旅行社门店均依习惯，或以简单的标准为基础去决定价格。而此基准大致为回收投入成本，获得更高的市场占有率及和竞争对手一决胜负。

一般决定价格的因素包含以下两种。

(1) 站在消费者立场，考虑如何决定旅游产品和服务的价格，消费者才会购买。

(2) 站在企业立场，考虑如何决定旅游产品和服务的价格，才能收回成本并获得利润。

简单说，前者是依市场价值来决定价格，后者是先决定价格才考虑市场价值。这两种立场有其本质上的差异，且就字面上而言也是相互矛盾的，但若能使其趋于一致，就是最

适合的价格。因此旅行社门店的店长在决定价格时，一方面要站在公司的立场考虑，另一方面还要站在消费者的立场考虑。

2. 容许值的观念

旅行社门店所希望的销售价格是以旅游产品和服务的成本加单位利润为决定的根本，而消费者所希望的价格则是消费者甘心购买的价格，也就是市场价格减去企业利润的余额。由此可知买卖双方的逻辑正好相反。就现实问题而言，包含这两种逻辑的价格设定应为"确保适当的利润，经得起同行业的竞争，重视消费者意向，消费者能够认可"。必须是能让消费者甘心购买的价格。所谓消费者甘心购买的价格，即将市场价格减去企业必须获取的利益所得的余额，又称其为"容许值"，此价值必须与成本一致，其关系如下：

(1) 成本+利润=价格。此为商家的立场，这种情形必须在需要超过供给时才有可能发生。

(2) 价格-成本=利润。此为消费者的立场，即消费者能够接受且商家尚有利润的价格。

(3) 市场价格-希望利润=容许成本。即消费者所能接受的价格，卖方如果能获得利润最好，如果不能获取利润，至少必须做到不亏本，亦即利润为零。换句话说，市场价格等于容许成本，而容许成本包含销售所应付出的一切成本。

如果从另一个角度来看，消费者能够接受的价格是固定的，而企业若想有利润，就一定要想办法去降低成本。

所以，对于容许值的观念，经营者应找出降低旅游产品和服务价格的方法。

二、促销方案

1. 明确促销的目的

明确促销活动的目的与宗旨，并以活动的目的与宗旨作为促销的行动准则。活动的目的是活动的灵魂和意义所在，因而它是促销的基础与制定活动准则的依据。

1) 树立门店形象，参与市场竞争

特别是一些连锁型的旅行社门店更应发挥自身多门店的规模经营优势，制定统一的促销活动方案，这样就可以使一些经营业绩不是很好的旅行社门店获得广告业的支持，赢得消费者。通过大型促销活动和旅行社门店形象宣传达到提高旅行社门店的知名度，扩大旅行社门店在消费者心目中的影响，获得消费者对门店认同感的目的。

2) 刺激消费，增加营业收入

在某些节事活动或季节性旅游产品营销阶段，通过采取一项或几项促销手段，推波助澜，以提高销售额，这也是促销活动的终极目标。

3) 向消费者介绍新产品

促销活动可以直接向旅游消费者推荐新的旅游产品和服务。强化宣传消费新观念、新时尚、新生活方式以及与之对应的新产品和服务，在缩短了接受某种生活观念的过程中，不仅普及了新产品和服务，也使旅行社门店获得了利润。

2. 确定促销规模和费用

开展各种促销活动，费用的大小与促销规模成正比。这些必要的费用支出的大部分是用来进行销售刺激的，比如折扣、赠物、降价等。由于这些费用支出要从销售额中得到补偿，所以促销活动方案的制订必须要考虑旅行社门店的实际承受能力。

第三节 促销方式

在旅行社门店的日常经营过程中，可以选择的促销方式可谓多种多样，怎样才能选择到一种或几种最合适的促销方式，需要店长根据本旅行社门店的具体情况去做具体分析。在通常情况下，门店可选用的促销方式包括以下几种。

一、价格折扣

低价折扣又称为低价折价促销，是指旅行社门店直接采用降价或折价的方式招徕消费者，就是将旅游产品和服务以低于正常的定价出售。低价折扣的实质是把旅行社门店应得的一部分利润转让给旅游消费者。其运用方式最常见的是特价、优惠、淡季促销等。由于办法简单，因此在旅行社门店促销活动中应用得最为广泛。如在新店开业、周年店庆或逢年过节之后，将部分或全部旅游产品、服务打折降价销售，吸引消费者购买。

1. 价格折扣的类别

旅行社门店针对消费者实行的折价销售包括多种类型。
(1) 根据折价促销的目的划分，可分为竞争性折价销售和常规性折价销售。
(2) 根据折价促销的产品范围划分，可分为全部旅游产品、服务折价和部分旅游产品、服务折价销售。

2. 价格折扣的利弊

价格折扣能直截了当地给旅游消费者带来实惠。因此，与其他促销工具相比，打折的促销冲击力最强。

旅游产品和服务价格折价促销的弊端主要表现在以下几个方面。
(1) 容易引起竞争激化，导致旅游行业效益下降。
(2) 会引起旅游消费者的观望与等待，使门店进入折价的恶性循环之中。
(3) 有时会损害旅行社门店形象。

综上所述，旅游产品和服务折价促销有利有弊。因此，对门店来说应适度采用。

二、免费赠送

1. 免费赠送适用范围

当旅行社门店想要达到某些业务目标时，可以考虑采用赠送部分旅游项目的方式促销，以对抗同类旅游产品和服务的价格竞争；对特定的目标消费者群体实施奖励或诱导，目的就是在吸引消费者的购买兴趣。

2. 赠送旅游项目或赠品的设计

免费赠送旅游项目促销的实质是一种折价销售，这种促销方法对消费者吸引力的大小主要取决于采用赠送什么样的旅游项目或标准。赠送通常有以下 3 种情况。

(1) 赠送门店的特制礼品(图 10.1)，如印有本企业标志的 T 恤衫、相册影集、旅游三宝、纪念品等。

(2) 在旅游线路中赠送某一项或几项自费项目的旅游产品和服务。

(3) 在旅游产品和服务中赠送高级别(档次)的旅游产品和服务项目，如赠送接送机服务，提高宾馆等级、机票舱位、风味饮食等。

图 10.1　礼品

不论采用哪一种方式作为赠送内容，都必须力保对旅游消费者有足够的刺激性和吸引力，因此，在选择赠送的旅游产品和服务时，应遵守以下原则。

(1) 赠送的项目或内容必须符合该旅游产品和服务消费对象的兴趣。

(2) 赠送的价值必须容易让旅游消费者了解。

(3) 赠品尽可能有特色，区别于其他旅行团，要具有当地特色。

(4) 赠品的品质要高，并且尽可能挑选与游客有关联的产品和服务作为赠品，这样做主要是给旅游消费者提供消费时的感受和兴致，增加产品的吸引力。

3. 免费赠送的费用预算

免费赠送的促销费用由于赠送项目和内容的标准不同、赠送方式的不同而差距很大，在这里只列出各种可能的成本：赠送项目和内容本身的费用；促销活动的广告宣传费用，包括广告制作费和媒体费用，同时还包括在门店的广告费用等。

第四节　促销效果评估

与其他营销活动一样，旅行社门店的促销活动同样需要进行评估。因为旅行社要保证促销活动按计划、高效率地进行，保证促销工作长期的开展下去，所以，对每一次促销活动进行评估，从而总结经验，寻找不足之处，为旅行社改进促销工作提供依据，也为企业今后的促销工作提供宝贵的经验。

一、评估的 3 个阶段

促销效果评估包括事前评估、事中评估和事后评估 3 个阶段。

1. 事前评估

所谓事前评估就是指促销计划正式实施之前所进行的调查测定活动，用来评估该计划的可行性和有效性。其目的在于评估该计划的可行性和有效性，或以此在多个计划中确定出最佳的方案。事前评估主要有征求意见法和试验法两种方法。

2. 事中评估

事中评估就是在促销活动进行过程中，采取消费者调查的形式来了解促销活动进行期间的消费者动态。

调查内容分3个方面。

(1) 促销活动进行期间消费者对促销活动的反应，可以通过现场记录来分析消费者参与的数量、购买量、重复购买率、购买量的增幅等。

(2) 参与活动的消费者结构，包括新、老消费者比例，新、老消费者的重复购买率，新消费者数量的增幅等。

(3) 消费者意见，包括消费者参与的动机、态度、要求、评价等。

综合上述几方面的分析，就可大致掌握消费者对促销活动的反应，客观评价促销活动的效果。

3. 事后评估

事后评估就是在促销活动告一段落或全部结束后，通过比较促销前后旅游产品或服务的知名度、认知度、销售量、销售额等的变化来评估其实际效果。常用的方法有比较法和调查法。

二、促销评估方法

1. 前后比较法

前后比较法即选取开展促销活动之前、中间和之后3段时间的销售额(量)进行比较，看促销结果是十分成功、得不偿失，还是适得其反，这是最常用的消费者促销评估方法。促销前、中、后的旅游产品销售量变化会呈现出几种不同的情况，这说明促销产生了不同的效果。通常，可能出现的情况有以下4种。

(1) 初期奏效，但在促销中期销售量就逐渐下降，到结束时，又恢复到原来的销售水平。这种促销冲击力强，但缺乏实质内容，没能对旅游消费者产生真正的影响。主要原因可能是促销活动缺乏长期性、策划创意缺乏特色、促销管理工作不力。

(2) 促销期间稍有影响，但促销后期的销售量低于原来水平。这时促销出现后遗症，这说明由于旅游产品本身的问题或外来的其他因素，使该品牌的原有旅游消费者构成发生动摇，而新的顾客又不愿加入，从而在促销期满后，销售量没有上升。主要原因可能是促销方式选择有误，主管部门干预，媒体协调出现问题，消费者不能接受，竞争者的反攻生效而争夺了大量消费者等。

(3) 促销期间的销售情况同促销前基本一致，但促销结束后又无多大变化。这说明促销无任何影响，促销费用浪费。这种情况说明该旅游产品或服务基本上处于销售衰退期。主要原因可能是旅行社门店对市场情况不熟悉，促销方式缺乏力度，信息传播方式、方法出现问题，旅游产品或服务没有市场等。

(4) 促销期间销售有明显增加，且促销结束后销势不减或略有减少。这说明促销明显，且对今后有积极影响，促销方式对路。

2. 市场调查法

这是一种旅行社门店组织有关人员进行市场调查分析确定促销效果的方法。店长可以组织有关人员抽取合适的消费者样本进行调查，向其了解促销活动的效果。例如，调查有多少消费者记得本门店的促销活动，他们对该活动有何评价，是否从中得到了满足，对他们今后的消费场所选择是否会有影响等，从而评估门店促销活动的效果。这种方法比较适合于评估促销活动的长期效果。它包括确定调查项目和调查法的实施方式两方面内容。

(1) 确定调查项目。调查的项目包括促销活动的知名度、消费者对促销活动的认同度、销势增长(变化)情况、企业的形象在前后的变化情况等。

(2) 市场调查法的实施方式。一般来说，采用的方法是寻找一组消费者样本和他们面谈，了解有多少消费者还记得促销活动，他们对促销的印象如何，有多少人从中获得利益，对他们今后的品牌或门店选择有何影响等。通过分析这些问题的答案，就可以了解到促销活动的效果。

3. 观察法

观察法简便易行，而且十分直观。这种方法是通过观察旅游消费者对旅行社门店促销活动的反应，从而得出对促销效果的综合评价。例如，对消费者在限时促销活动中的踊跃程度，参加的人数情况，消费者参加优惠、折扣、赠品活动的情况等加以观察，对门店所进行的促销活动的效果进行相应的了解，从中得出结论，这种方法相对而言较为简单，而且费用较低，但结论易受主观影响，不是很精确。

4. 找出促销效果不佳的原因

运用上述几种评估方法对门店的促销业绩进行评估之后，来查找和分析促销业绩好或不好的原因。只有找出根源，才能对症下药、吸取教训，进一步发挥本店的特长。

此处对前后比较法的 3 种情况做一个介绍性的分析。

1) 非常成功

究其原因，主要在于促销期间的活动，使消费者对本旅行社门店形成良好的印象，对门店的知名度和美誉度均有所提高，故在促销活动结束后，仍会使本门店的销售量有所增长。

2) 效果不明显

促销活动的开展对旅行社门店的经营、营业额的提升没有任何帮助，而且浪费了促销费用，显然是得不偿失的。

3) 失败

促销活动结束后，门店的销售额不升反降。可能是由于促销活动过程中管理混乱、时机设计不当，或是出现了一些意外情况等原因，损伤了门店自身的美誉度，结果导致促销活动结束后，门店的营业额不升反降。

三、促销效果评估标准

促销效果评估标准主要包括以下 3 个方面。

1. 促销主题的合适度

(1) 促销主题是否是针对整个促销活动的内容。
(2) 促销内容、方式、口号是否富有新意、吸引人，是否清晰、简单、明确。
(3) 促销主题是否抓住了旅游消费者的需求和旅游市场的卖点。

2. 预计目标与实际销售额之间的差距

(1) 促销创意是否偏离预期目标销售额。
(2) 创意虽然很好，但是否符合促销活动的主题和整个内容。
(3) 创意是否过于沉闷、正统、陈旧，缺乏创造力、想象力和吸引力。

3. 促销产品和服务选择的是否正确

(1) 促销的旅游产品和服务能否反映本门店的经营特色。
(2) 是否选择了消费者真正需要的旅游产品和服务。
(3) 能否给消费者增添实际的享受、快乐和利益。
(4) 能否帮助门店销售更多的旅游产品和服务。
(5) 促销旅游产品和服务的销售额与毛利额是否与预期目标相一致。

四、促销人员行为评估

1. 促销人员评估的作用

评估可以帮助促销人员全面并迅速地提高自己的促销水平，督促其在日常工作流程中严格遵守规范，保持工作的高度热情，并在促销员之间起到相互带动促销的作用。

2. 促销人员的具体评估项目

具体评估的项目包括以下几个方面。
(1) 促销活动是否连续？
(2) 是否达到门店目标？
(3) 是否有销售的闯劲？
(4) 是否在时间上具有弹性？
(5) 能否与其他人一起良好地工作？
(6) 是否愿意接受被安排的工作？
(7) 工作服是否干净、整齐？
(8) 是否与消费者保持密切关系？
(9) 是否让消费者感到受欢迎？

五、广告效果评估

广告效果评估要求对广告前、广告中和广告后的广告沟通效应和旅行社门店的效应做出评价。

对广告沟通效应的评估主要有直接评分法，该方法要求消费者依次对广告打分，其评分用来估计广告的注意力、可读性、认知力、影响力和行为等方面。

(1) 此广告激起读者注意力程度如何？

(2) 此广告激起读者进一步细读的兴趣程度如何？

(3) 此广告的中心内容和其利益交代是否清楚？

(4) 此特定诉求的有效性如何？

(5) 此广告行为的可能性如何？

销售额通常用广告前和广告后的对比来进行测量，由于很多因素的干扰，这种方法并不总是正确的，店长还应对各因素进行分析，综合考虑，再得出结论。好的广告效果的评价对下一轮的广告宣传有很好的指导和借鉴意义。

实 操 练 习

1．价格决定的基本立场和容许值的概念分别是什么？

2．促销前期有哪些准备工作？

3．旅行社门店促销方法有哪些？结合实际体验谈谈看法。

4．促销效果评估内容有哪些？

第十一章

营销管理创新

在网络营销盛行的时代,传统的旅行社门店营销还有优势吗?怎样才可以创造最大效益?且未来将如何发展?这些问题都是需要我们来考虑和探究的。

第一节 实体门店的优势

在网络发展迅速的时代,旅行社业者仍执着于实体门店营销,说明实体店的优势是不可取代的,其优势包括以下几点。

一、增加信赖感

与网络相比,由于旅游产品的特殊性,旅游门店仍为较重要的营销方式。

首先,旅游产品是一种无形的服务体验。门店旅游顾问通过与客人面对面的沟通方式,不仅能够更直接、有效地传达产品相关信息,同时也能更加实时便捷地了解消费者的实际需求。而游客来到门店,经过和销售人员面对面的沟通,不仅能更加了解旅游目的地和产品特色,现场签约、交付款也能增加客人对抽象产品产生实在感,从而更加安心。

其次,有些旅游产品的签证手续和所需材料烦琐,旅游顾问面对面地详细解说能使游客的了解更为清晰,重要的产权等证明文件当面交付也更为慎重。

尤其是消费者更会从实体店面的考察和体验来判断旅行社的实力,也更加注重直接接触所能带来的信赖感。

二、增强品牌认知

旅游门店本身是365天都能见到的广告牌,若在数量或选址上具有优势,门店更是能够潜移默化地深化消费者对该品牌的印象。因此,旅游门店的设立能够有效拓展品牌的认知度。

旅行社旧有营销管道十分重要,因为成熟的门店网络,可以就近为游客提供出行咨询与便捷的出行服务,这是旅行社的重要一环。

三、门店形象统一

在旅行社行业市场还没有规范的当前,品牌是服务质量的基本保障,而统一的装潢和形象就是这个品牌最直观的体现。

旅游门店的装修质量和装潢方式都是一致的，并且都以醒目的颜色为代表色，让游客一目了然"这是某某旅行社的门店"。门店有统一的形象，能让客人对旅行社的服务和产品有一定的心理预期，并更加放心地购买产品。

统一形象对进驻二、三线城市也能创造一定的优势。二、三线城市的消费环境和一线城市不同，一般旅行社较小、装潢较简单。因此与一线城市质量标准一致的旅游门店进驻二、三线城市，也更能受到二、三线城市消费者的青睐和信任。

四、专业服务到位

专业的服务不仅能让初次进店的产生购买欲外，更能巩固回头客的忠诚度。

因为旅游门店所有旅游顾问在入职后都有系统的培训，如案例分析、服务礼仪、沟通技巧等。此外，一般规范的旅游门店每周举办的相关产品培训和经验分享及业务交流活动，都有助于门店人员完成产品销售。

五、门店主题明确

旅游门店主题明确，尤其是"体验店"最大的优势就是能促销特定目的地、季节或航线等产品。旅游门店以该产品风格做有特色的装潢，能有效增加该类型产品的能见度，进而提高其销量。

比如与当地旅游局合作或是自己投资做形象店，对于旅游目的地的传播可以说是很廉价又很有效的一种宣传手段。

【参考】

众信旅游与旅游局或业者推出南非体验店

众信旅游与旅游局或业者推出了南非体验店(图 11.1)、CLUBMED 体验店、新西兰航空体验店等；店里除了统一的元素，还有特色的小饰品和主题布置，以强化主题产品的宣传。主题布置不仅能吸引本来没有购买意向的路人入店了解，"南非旅游专家"等顾问驻店提供专业咨询，更有利客人对产品兴趣和接受度的提高。共同营销特定产品，也是和业者互利互惠的合作方式。

图 11.1　众信旅游南非体验店

宣传目的地的户外广告牌离客户很远，但是如果旅行社的门店内外都有这个目的地的形象，那么在同样经费的情况下，主题布置不仅能起到户外广告牌的作用，还能立体地向目标市场展现目的地形象。更重要的，销售人员能直接向目标客户推销目的地产品。这都是户外广告牌达不到的效果。

第二节　创新商业营销模式

随着网络科技的发展，旅游门店也可以跟着时代的发展演化，不须执着于销售旅游产品这一种商品。

一、旅游手信模式

手信，并非专指贵重的礼品礼物，而是突出当地的传统人文价值，讲究携带方便，轻巧，具有当地文化特色，又能讨得亲人朋友的欢心；手信，不在于贵，而在于心，一份情意，一份真诚，一份心意，代表对亲人朋友的祝福，表达着对亲人朋友的关心。

若把旅游门店营造成旅游文化的散播地，门店可以透过各种来自国外的旅游元素，增加客人对旅游目的地的了解，同时销售让人联想到旅游目的地的周边商品，比如意大利冰淇淋或法国的咖啡。透过这些周边商品的贩卖，门店也可以得到更多的收益。

【参考】

> **"手信"的历史渊源**
>
> 手信，最原始的称呼叫"贽"。《左传·庄公二十手信四年》记载：男贽，大者玉帛，小者禽鸟，以章物也；女贽，不过榛栗枣，以告虔也。
>
> 在周朝时，外出访友会客必须带着礼物，当时也称为"贽"。礼物不必太多，夏天是一束肉脯，冬天一只雉鸟；大夫是一只雁鸟，卿是一只羔羊，完全看本人的等级而定。
>
> 主人受了贽礼，等客人离去时，仍然尽数奉还，礼物是象征性的，只是臣下献给国君，卑下者献给尊长者的礼物是不奉还的。可见古今中外的交际来往，都离不开送礼这个内容。
>
> 送给老师的礼物、学费叫贽敬。一只鹅、一包枣，礼物虽轻，送的却是情意。
>
> 直到今天，初次见面的客人来访，阔别多年的旧友重逢，总得象征性地送点礼物：几斤水果、一两包糖、一盒点心，或者一束鲜花。
>
> 古往今来，潮人世代相沿，迎春佳节登门拜年或探亲访友、赠别饯行，常特意携带礼品致送，以深表情意。这些随带礼物常惯称为"手信"。

二、展览会模式

在旅游门店里举办旅游展览和小型活动，不仅能使成交率提高，也有利于人气的累积和品牌的塑造，更进一步吸引国家或地区旅游局进驻宣传，让门店除了旅游产品外，还有租金的收入。旅游门店的营销在发展过程中会逐步走向规范化、细分化，除大众产品外，还可以以高端族群为主要对象，销售高营业额的产品。旅行社可以从尝试当中找出客户觉得有价值的功能，探索出新的商业模式，并把成本低、容易复制的功能，落实到其他门店当中。

【参考】

> **广场式门店——宁波飞扬旅游广场**
>
> 飞扬国际旅游广场(图 11.2)是一间广场式门店，面积 4000 平方米，是由浙江飞扬国际旅游集团有限公司全程创意、投资、管理的国内首例规模最大、模式最新的旅游服务新业态。它以"永不落幕的旅游博览会"为表现载体，以"1+100"为合作模式，是为旅游者提供"货比百家"和"全透明

预体验式服务"的一站式综合旅游类"卖场"。

图 11.2　旅游广场

三、驿站模式

在苏州旅游名镇周庄景区内,"微笑小屋"成为了许多游客游览过程中的落脚点。空间不大的屋子里,可休息、可充电、可以享受到免费的 WiFi,亦可以从驿站邮寄一张明信片给自己的亲朋好友,和他们分享自己旅途中的快乐。这些都使得小屋里常常人流如织。目前,同程旅游网已经在许多景区内开设了类似"微笑小屋"这样的驿站,为游客提供服务。与同程一样,携程、途牛等在线旅游网站也纷纷建起线下门店,线上揽客、线下服务成为旅游网站们发展的一个方向。

【参考】

微笑小屋

微笑小屋(图 11.3)的空间有 18 平方米左右,有一种"麻雀虽小五脏俱全"的感觉。其装修风格非常时尚、小资,内部的设施犹如一间咖啡书屋,有简约的木式桌椅和漂亮的书架,有一台咖啡机和一个医用药品箱,还有为外地游客特意准备的游览地图以及明信片等。在工作人员的介绍下,游客可以参与驿站内"扫二维码下同程 APP 送明信片"的活动。

图 11.3　微笑小屋

店员都住在附近,"我们驿站的目的不是为了盈利,而是为了更好地解决游客在旅途中遇到的困难,让游客时时处处都能感受到我们的服务。"截至 2015 年同程驿站已在全国范围内总计开业 50 多个门店,覆盖 16 个省份的 31 个城市。目前同程驿站中 90%以上都设置在景区内。其余少部分驿站位于景区的出入口或游客中心等处。这些驿站正在为同程的无线战略提供助力。据悉,每 30 个驿站平均每周可为同程旅游客户端带来近 10 万的激活量。

四、加盟模式

2014 年,旅行社面对在线旅游的冲击和市场客源结构巨变的竞争压力,日子并不好过，而北京神舟国旅门市公司却逆势上扬，经营业绩增长了 20%以上。原因是什么？原因就是以"利益共同体"的核心理念统领全局，进行了一系列的经营模式创新。

1. 与加盟商结成利益共同体

神舟国旅在北京市的中高端市场享有极高的市场占有率，但一直以来对社区、散客、周边市场渗透不够，为了充分的体现神舟品牌的价值，2014 年，神舟大力拓展社区、散客和周边市场，在周边市场发展了上百家加盟代理商，初步构成了北京大周边加盟商的格局。神舟与加盟商利益共享的经营实践，不但成功地借船出海，提高了整体市场占有率，更使神舟国旅的品牌力得到进一步增强。

【参考】

> **与供应商结成利益共同体**
>
> 旅行社的价值体现在服务，作为零售商，要想成功离不开供应商的支持，2014 年，神舟门市公司与众信旅游、竹园国旅战略合作，取得了令各方满意的业绩。2015 年，神舟门市公司将与供应商"深度合作、融合发展"。
>
> 合作的目标就是：神舟的门市就是各位深度合作伙伴的门市，各位深度合作供应商的产品就是神舟主推的产品。

2. 与游客结成利益共同体

旅行社要做文明旅游的践行者，倡导文明旅游，营造和谐旅游环境是每位旅游者和旅游从业人员的共同责任。2014 年，神舟在文明旅游方面做了大量的工作，客人满意度、社会满意度、员工满意度均创新高。本着履职尽责，率先垂范的原则，神舟门市公司又向各门市、各签约合作单位发出"文明旅游我先行"的倡议，倡议业者在产品研发方面，价要实，货要真；在销售宣传方面，不虚假不浮夸。并积极提议要大家携手共进，从自身开始，从现在开始，做文明旅游的倡导者、传播者、践行者，为促进文明旅游，为自己加油，为中国添彩。

第三节　创新体验营销模式

在旅游业快速发展的背景下，传统的旅游企业应主动寻求变革，不断创新服务模式，提升服务质量。作为一种全新的体验模式，旅游体验店在全国范围内开始快速蔓延。在体验店中，超越了只依靠口头和文字向客户单向输出的常规模式，努力将时尚感、体验感注入店内的每一个服务细节中。

一、突破传统旅游门店经营模式

要突破传统旅游营业门店的经营模式，首先要逐步向传递品牌价值、旅游文化的概念店方向转变，以往传统旅行社的营业厅主要都是以销售功能为主。创新旅游门店的功能就是不但为旅游供应商提供综合展示和销售的平台，更为市民提供更为多元化和专业化的旅游服务。

【参考】

"旅游名店城"突破了旅行社的传统经营模式

走进"广之旅旅游名店城",可以看到身穿日本、韩国、泰国、埃及和奥地利等 10 个国家传统特色服装的营业员,让人眼前一亮。"广之旅旅游头等舱"服务理念是让市民获得更专业化和个性化的服务,感受除了产品以外更多的价值、文化和理念。店中有多个各具特色的旅游专区,包括旅游咨询区、世界旅游风情展示区、多功能休息等候区等。

旅游门店通过设立体验区,一是可以举办更多旅游节活动。各旅游局、景区景点、酒店、航空公司可以更好地展示旅游形象和最新旅游资讯,这是最佳宣传平台;二是可以拉近与市民之间的距离。旅游门店实现"一站式专业服务",可以将游客平时"积聚"的旅游问题悉数搬出。虽然要排队,不过在多功能休息等候区,可以喝咖啡、上网、看旅游电视、翻阅旅游书籍减少等候带来的烦恼。

通过视觉与听觉的直观感受,让游客对旅游景观有一个超前的体验,做到真正的"身未动,心已远",让旅游线路以最直观的视角呈现在游客面前,全新的概念,独特的创意设计为满足客户的需要做到最优。

【思考】

凯撒旅游:旅游产品进入商业圈

凯撒旅游在杭州著名的高档商场杭州大厦和杭州万象城开设体验式旅游门店(图 11.4)。在高端商场中以"旅游生活沙龙"风格提供创新门店体验。凯撒旅游体验店全开放式的布局,正是基于旅游服务的开放性而设置,方便旅游顾问与游客面对面沟通交流,在增强舒适感的同时,也增进了旅游顾问与游客情感。

图 11.4 凯撒旅游体验店

旅游是一个注重分享的产品,需要有经验的人进行面对面的解说,门店正是展示旅行社服务的重要一环。传统意义上,旅行社的服务是从组团出发时开始,但实际上,现代旅游企业提供给消费者的服务可以无限提前和延伸,旅游咨询、旅游文化分享、与旅游相关的生活服务都是旅行社服务的范畴。与传统门店相比,旅游体验店进驻都市核心商业区域,功能上更加突出旅游文化的体验，为旅游行业的发展注入了新的理念，更引发了旅游门店服务的全新升级。

1. 合作

首先是与高端商场的合作：一方面，将旅游业引进高端商场对购物中心来说是全新的尝试，另一方面，门店一改传统店铺在街边提供简单咨询的模式，而与其他行业的高端品牌并肩接受消费者的检验，对旅行社来说也是勇敢的突破。

2. 体验

体验店打破传统店铺中旅游顾问与客人隔着桌子的面对面交流方式，让旅游顾问肩并肩地为客人提供较无距离感的咨询服务。而且自外而里地在墙面上展示旅游周边商品和衍生品、宣传品以及礼品卡和艺术画。

3. 服务

无论是精致的店面、店内服务设施或是经过全新培训的店员，都希望游客在前段咨询时就能享受与旅途相同的贴心服务，对体验店留下不同的印象。

二、提高旅游门店的消费体验

目前许多旅行社正在尝试在门店里用高科技做各种情景式的展示，让客人能像在世博一样看到世界各地的风景，使门店成为"永不落幕的旅游展"。

比如，门店销售人员可以拿着 iPad，在提供咨询服务的同时，还能让客人直接进行无纸化报名。

首先，高科技体验能吸引到更高端的客户，利于旅游门店售出更多单价和利润都更高的旅游产品。其次，这能让客人在实地踏上旅程之前，在门店就开始享受包括消费在内的旅游过程。

总之，在出发地开设旅游体验店，在目的地(主要是景区)开设驿站，这正是旅游企业休闲旅游的 O2O 战略布局。

三、旅游门店 3.0 时代来临

目前，旅行社门店大致有两种，一类是产品销售作用的传统门店，另一类是兼具数字体验功能的旅游体验店。旅游体验店被称为是旅行社二代店，在服务理念和运营模式上都与传统的旅行社门店有着明显的区别。比如增加 LED 数字显示屏、旅游纪念品及衍生品的展示，打造独特风格的消费环境，扩大休息区域等。

如今，休闲、聚会等功能更明显的旅行社门店 3.0 悄然来临。

【参考】

众信旅游首家旅行生活概念咖啡馆"U Coffee 悠咖啡"落户北京

这是一家集休闲、交友、体验、销售、货币兑换等多种功能为一体的咖啡馆。顾客在品尝咖啡的同时，可以在店内购买旅游产品，还可以在大屏幕上观赏世界美景；店内设置了"货币兑换处"，更加方便快捷满足消费者的货币兑换需求。

据悉,"悠咖啡"每周会举办不同主题的旅行心得分享会,还会长期开展"一元咖啡"的优惠活动:消费者凭借境外特色旅游纪念品来店,再付一元钱就能换取一杯咖啡。

将旅游和咖啡结合起来,设立"U Coffee 悠咖啡"(图 11.5),是为线上线下建立一个开放交流、分享经验的平台,也为旅游行业投资人搭建一个发现价值、助力行业发展的平台。

图 11.5　U Coffee 悠咖啡

除众信旅游外,在杭州建国北路体育场路口,你能发现一家奇特的门店,招牌上写着"款待懂咖啡爱旅行的你",还有一些关键词如"现磨咖啡"、"旅行咨询"等。这是凯撒旅游与卡瓦尼咖啡达成了战略合作协议。在卡瓦尼咖啡馆里,设有智能电脑桌,客人可以一边喝咖啡一边下旅游订单,制订旅行计划以及定制私人旅游线路等。这不是一家咖啡馆,而是一家旅行社。店内有色彩缤纷的各类旅游宣传册子、琳琅满目的书架、贴满各地风景美图的照片墙、舒适柔软的沙发、醇厚浓郁的咖啡香气……

爱喝咖啡和爱旅行的群体有重合,旅行社看好这一新模式。

很多旅行社都开始摸索新的路子寻求转型,不是在产品上进行创新,就是在服务上进行提升。来店里定制旅游的客人都要待上很长时间,要先了解客户大致的旅游需求再一步步提供方案。有了咖啡馆以后,客人在店里喝喝咖啡、看看电影就不会觉得无聊了,"旅行社+咖啡馆"模式,不仅增强了客户的粘性,对业绩销售也有促进作用。

目前仅有一些规模较大的旅行社在积极开展新业态,来提高品牌竞争力。旅行社和咖啡馆结合在一起,是传统旅行社在利用互联网思维进行营销的一大突破。按照互联网思维,就是以消费者为中心,把旅行社打造成咖啡馆的环境,顾客逗留的时间会拉长,因此也更有可能下决定购买旅游产品。

传统旅行社应该把眼光放得更远一点,线下门店应该让顾客有种回家的感觉,而不是定好线路、签好合同就走。

第四节　定制旅游营销

一、定制旅游模式

旅行者面对传统旅行社的既成线路,通常只能被动选择,定制游则实现了主动性倒置。基本套路是 O2O 下的 C2B 模式:顾客提出需求,旅行顾问进行针对性的问询交流,根据实际情况来做行程定制与路书。这是个"钱景"美好的新兴旅游模式。

1. 定制不等于高端

从收客,到制定行程,到机票酒店安排,再到地接的整个过程中,旅行顾问成为定制游的关键角色。在此基础上,不同玩家根据各自优势,继续模式探索。

【参考】

图 11.6 定制旅游一

传统旅游业的悲剧宿命就是看到弊病却因懒惰与利益诱惑而难以脱身。多年来,传统旅游企业处于流动性非常大的渠道销售端,只愿卖熟悉的产品快速变现。这导致从目的地不管去哪里,产品在很长时间内没有什么变化,旅行社的同行们可以继续安心地做他们已经做了十多年的线路。

最典型的定制游模式:私人定制旅游现在是国外非常流行的旅游方式,根据旅游者提出的个性化需求,以旅游者为主导进行旅游行动流程的设计,即高端旅行策划机构根据客户的特定需求,从路线、方式和服务重新再造流程,着手为客户量身打造的具有浓郁个人专属风格的旅行,它提供的是一种个性化、专属化、"一对一"式的高品质服务,以便能体验出"有服务的自由行"。

定制不等于高端。它将逐渐变为大众消费。未来要走大数据平台的新模式,通过技术手段做小团、拼团服务。

2. 定制模板模式

定制旅游产品的前期毛利可以达到 20%～30%,还可以通过提升自身效率、减少投入来提升毛利。

制作路书是整个流程效率提升的重点,这也使得这个模式具有可复制性。

定制师要根据客户需求调整。从确定需求到形成路书,所需时间由开始实施时的 7～10 天缩至 1～2 天。达到这个目标就必须建设公司自己的数据库,未来基于一定数量级用户、可调用的 POI,定制师能根据客户需求和个人经验,用模板快速形成路书,类似用美图秀秀拼图一样,更便捷。这样,可以用模块拼凑模式细化成单点组合模式,再适配个人需求重新组合。

3. 远程客服支持

另外一个重要的工作是远程客服支持,这个是现阶段难以轻量化的工作,现阶段最好的模式是每个定制团都配备一个旅行顾问和旅行定制师,顾问负责收集需求,定制师负责形成路书,两者一起远程支持客户的旅行。

【思考】

> **远程支持存在诸多挑战**
>
> 当前,仍然存在人工瓶颈,线下支撑能力不足。比如需要客户有外语基本功,并且成型的路书不具可变性,在突发情况和行程改动方面难以应对自如。这时,仅靠电话远程支持未免无力。西半球的行程还涉及时差问题,这个不可避免的环节对模式的可复制性形成了挑战。

在O2O的大口号提下,C2B成为所有定制游玩家遵循的最基本模式,在此基础上,也可以尝试衍生出C2C:定制游公司开始作为平台方,为非旅游从业者的旅游达人(作为非正式旅行顾问)和消费者提供对接平台。这样,定制游遵循着双线模式运作。

尽管名为"定制",但为了生存需要,多数旅行社定制游商家都不会将产品单一化,而出现了有推荐建议的"半定制化"乃至现成的"标准包"产品,而"标准包"产品与传统旅行社购买批发商产品最大的区别仅在于更新频率缩短。

4. 如何做好定制旅游

如何做好定制旅游呢?

首先,应详细了解客户的具体需求,如可接受价位、旅游群体、出游主题等内容;

其次,由经验丰富的旅游规划师设计线路;

最后,还应拥有强大的地接资源。

做定制旅游,有利的是个性化需求催生定制旅游(图11.7),既顺应市场需求,也是旅游产品升级的一种途径;另外,定制旅游产品是"金矿",与普通旅游产品相比,定制游的利润更高,因为他不仅是吃住行游购娱的整合,还融入了更多游客的个性化需求。

不利的因素在于,当下,定制旅游产品的设计和销售不容乐观。产品设计人才还有所缺乏,目标群体消费观念不成熟。

图11.7　定制旅游二

应从三个方面进行突破：

首先，精准定位目标人群，根据人群、兴趣、需求等要素进行细分；其次，对跨行业资源进行整合及配置，包括旅行供应商、跨行业资源的合作伙伴等；最后，是对定制旅游产品的营销推广。尤其要注意的是，要有效引导定制旅游消费观念，以此拓展定制旅游市场。

二、C2B 模式旅行社发展的新机会

C2B 是电子商务模式的一种，即消费者对企业(Customers to business)，消费者按照自己的需求决定产品、定制产品。C2B 之所以出现，是因为随着互联网的发展，消费者的声音越来越强，未来的价值链和需求链的推动力来自于消费者，而不是厂家，因此定制将是未来的商业模式的主流。

对于旅游行业而言，C2B 模式就是游客可以根据自己的喜好和需求，参与产品设计和行程制订，这将加速定制旅游时代的到来。以往游客参团旅游，对行程不满意也不能擅自离团，随着《中华人民共和国旅游法》的实施特别是散客的增多，旅游行业将从卖方市场进入买方市场，用户的个性化需求逐渐成为主流。

尤其是互联网技术为游客提供了低成本、快捷、双向的沟通手段，促使渠道信息透明化，而畅达的现代物流和便捷的网络金融支付手段，使交易成本和生产成本大幅下降，为旅行社 C2B 发展模式创造了便利条件。

但是，旅行社 C2B 商业模式的核心资源是人，即旅游顾问或者旅游专家。随着 C2B 定制旅游需求的增加，专业的旅游顾问将应运而生。

【思考】

> **旅游顾问是否可以收费？**
>
> 律师、医生等职业的顾问都可以收费，为什么旅游顾问不能收费？只有尊重旅游顾问职业的专业知识，才能让旅游顾问有强烈的职业感和使命感，从而促进定制旅游健康持续发展。"

实 操 练 习

1. 旅游实体门店营销的优势体现在哪些方面？
2. 突破传统旅游门店经营模式费方式都有哪些？
3. 谈谈旅游门店的体验模式还有哪些创新？
4. 定制旅游产品中的重要环节有哪些？如何做好定制旅游？

第十二章
体验营销与旅游电子商务

当新兴起的移动互联网遇上传统旅游业，一种新的经济业态迅速形成——在线旅游。在线旅游有查询、预订、支付和分享四个典型环节，而在过去，这些组成旅行途中的四大主要环节多是依靠旅行社来完成，但如今对于移动用户来说，最理想的方式便是通过移动设备以及电子商务解决全程需求，传统旅游业正在悄然发生改变。

第一节 体 验 营 销

一、体验营销的概念

所谓"体验营销"就是通过看(See)、听(Hear)、用(Use)、参与(Participate)的手段，充分刺激和调动消费者的感官(Sense)、情感(Feel)、思考(Think)、行动(Act)、联想(Relate)等感性因素和理性因素，重新定义、设计的一种思考方式的营销方法。体验营销的主要策略有以下几点。

1. 感官式

感官式营销是通过视觉、听觉、触觉与嗅觉建立感官上的体验。它的主要目的是创造知觉体验的体验。感官式营销可以区分公司和产品的识别，引发消费者购买动机和增加产品的附加值等。

2. 情感式

情感式营销是在营销过程中，要触动消费者的内心情感，创造情感体验，其范围可以是一个温和、柔情的正面心情，如欢乐、自豪，甚至是强烈的激动情绪。情感式营销需要真正了解什么刺激可以引起某种情绪，以及能使消费者自然地受到感染，并融入到这种情景中来。

3. 思考式

思考式营销是启发人们的智力，创造性地让消费者获得认识和解决问题的体验。它运用惊奇、计谋和诱惑，引发消费者产生统一或各异的想法。

4. 行动式

行动式营销是通过偶像，角色如影视歌星或体育明星来诱导消费者，使其生活形态予以改变，从而实现产品的销售。

5. 关联式

关联式营销包含感官、情感、思考和行动或营销的综合。

互联网所形成的网络有很多可以让商家直接与消费者对接的体验接触点。这种对接主要体现在：浏览体验、感官体验、交互体验、信任体验。通过上述这些体验活动给了消费者充分的想象空间，最大限度地提升了用户参与和分享的兴趣，提高了消费者对品牌的认同。

二、旅游电子商务

电子商务作为一种新型的运营模式，大大改变了以往面对面的销售模式，降低了中间的商榷费用，运用网络宣传降低了营销的成本，如今手机 APP 软件下载和快捷支付等手段使网上交易更为便利，电子商务的迅速发展也正是顺应了时代的大潮流。

对于传统旅行社来说，如何了解并把握这种新的消费模式，在互联网时代下实现良好运营，并提出对策来提高旅行社电子商务的收益，具有重要的现实意义。

1. 旅游电子商务的概念

电子商务源于 ELECTRONIC COMMERCE，简写为 EC。其包含两方面：一是电子方式，二是商贸活动。旅游电子商务是指以网络为主体，以旅游业务信息库、电子化商务银行为基础，利用最先进的电子手段运作旅游业及其分销系统的一种新式商业交易体系。具有营运成本低、用户范围广、无时空限制以及能同用户直接交流等特点，对顾客提供了更加个性、人性化的服务。旅游电子商务一般包括网络信息传播、网络议价、下订单、付款、客服等网上销售活动。

2. 电子商务特别适宜旅游业

电子商务特别适合处理像旅游业那样的远距离，多批次的小额交易。旅游是人的流动，而旅游电子商务较少涉及复杂、费力的物流配送问题，对企业的物流配送系统要求不高。因此，旅游电子商务在技术上最具有可行性，利用网络可以迅速整合各种资源，这非常适合于开发散客和小团体旅游市场。旅游电子商务客户可以通过网上结算的方式直接付款，免去消费者携款到旅行社办理各种手续的麻烦，并且可以使旅游产品迅速走向世界。如美国最大的旅游电子商务网站 Travelocity 公司，不仅从事面对面或电话的旅游服务，还包括在线预订客房，代售各种旅游景点及演出场所、体育场馆、博物馆门票，网上组团，出租车辆等，全面提供旅游代理服务。

第二节 在线旅游改变传统旅游业

据易观智库发布的《中国在线旅游市场趋势预测 2014—2017》显示，中国在线旅游市场交易规模未来几年将保持稳定增长，预计到 2017 年市场交易规模达到 4983.4 亿元人民币。

线上的新蓝海无一不撩拨触动着传统旅行社升级转型之心，随着散客化时代的到来，OTA 一步步地蚕食传统旅行社的市场，传统旅行社的"触网"之路已成为必然和共识。

【参考】

> 新蓝海：newbluesea，指的是未知的市场空间。企业要启动和保持获利性增长，就必须超越产业竞争，开创全新市场，这其中包括一块是突破性增长业务（旧市场新产品或新模式），一块是战略性新业务开发（创造新市场、新细分行业甚至全新行业）。相对于蓝海是指未知的市场空间，红海则是指已知的市场空间。
>
> 在不同的语境，蓝海有不同的意思：①蓝海是一种没有恶性竞争，充满利润和诱惑的新兴市场。②是一种避免激烈竞争，追求创新的商业战略。
>
> 可以形容为一片值得去拼搏创新的领域。

一、互联网+传统旅游业是一次难得契机

1. 旅游消费市场结构正在发生明显变化

中国网络消费迅猛增长，在旅游领域，消费者纷纷从线下旅行社门店转移到大型旅游网站和手机客户端，年轻一代甚至完全跳过门店消费直接在 APP 上下单，说走就走。在线出境游、跟团游、自由行、周边游等成为增长最快的领域，业内预计 2016 年这一细分市场还将保持高速发展趋势，各家发力扩大市场份额，给传统旅行社带来重大挑战与机遇。

2. 旅行服务内容也应随之转型升级

面对在线旅游对传统旅游模式的强劲冲击，旅游消费市场结构正在发生明显变化，旅行社的服务内容也应随之转型升级，应从原来的主导消费转变为服务消费，更加重视质量和品牌，进一步扩大服务范围。

传统旅行社与在线相比，其优势在于服务。在旅游产品售卖完成后，出现纠纷或旅途意外等相关情况，传统旅行社能够凭借多年的产品操作经验更为快速、及时、妥善地处理问题，对旅游各个环节的要素把控更为有力。

【思考】

> **游客身边的旅游顾问**
>
> 旅行社服务的过程，其实就是旅游信息传递交换的过程。它贯穿着游客从从萌生旅游意愿，到去旅行社咨询，最终成行的全过程。互联网时代，旅行社应该成为旅游者身边的智慧旅游顾问，它贯穿着旅游整个过程。

目前有部分中小旅行社门店依托微信、网站等线上平台，线下打造主题游、定制旅游产品，提供人性化及个性化的服务，也能够获得利润。旅行社门店可以转型成为旅游顾问，根据游客的特定需求，从路线、方式和服务着手为游客量身打造的具有浓郁个人专属风格的旅行。它提供的是一种个性化、专属化的服务，有别于传统的标准化的、千篇一律的旅游线路服务，能极大地满足游客多样化的需求，也能够帮助旅行社得以应对散客化发展的旅游趋势。

【思考】

> **在线旅游到底如何改变传统旅游业呢？**
>
> 在线旅游给传统旅游业带来的改变主要体现在两个方面：一是针对游客主体，移动互联网技术的成熟让游客的出行变得更加方便快捷，查询、预订、支付以及分享都可以随时随地的完成，大大提高了游客的旅游出行体验。二是在线旅游的发展带动了地方旅游产业的发展。各类专业的在线旅游客户端的上线，在为游客们的出行带来方便的同时，更为地方旅游景点搭建了市场营销宣传的平台，突破了时空限制的信息传播与广告宣传，大大提升了地方旅游景点知名度，带动了地方旅游景点游客量的增长。

显然，移动互联网的快速发展对传统旅游业而言是一次难得契机，这种新模式的形成不仅为传统旅游业带来了更广阔的发展天地，更重要的是，让未来人们的出行变得更加的方便，大大提升了传统旅游的体验度。

二、传统旅行社积极拓展线上渠道

在当今移动互联网时代，国、中、青旅等大型传统旅行社实际上很希望通过信息化打通管理系统，但实践起来却是很复杂的事情，很多时候旅行社总部会因为难度大，耗费资金等原因而没有动力去整合全国几千家门店。在这样的市场环境下，创业者们看到了机会，行业内诞生了一批像八爪鱼和欣旅通等第三方旅游平台，他们专注于门市和旅行社、组团社和地接社之间的生意。

随着第三方平台的介入，旅行社逐渐意识到互联网＋时代转型升级的重要性，纷纷发力布局自建系统打通所有链接。与此同时，线上线下融合已经成为旅游行业的整体发展趋势，不论是携程、途牛、同程等在线旅游企业积极布局线下门店，还是众信、凯撒等传统旅游企业向线上拓展，都是为了适应行业融合发展的大趋势。

第三节 体验创造传统门店新价值

与传统的旅行社门店相比，新旅游体验门店在服务理念和运营模式上都有着明显的区别。

一、强调体验与分享

利用门店体验是一种全新的门店形态，从门店选址、门店设计、经营理念、营运管理、销售模式、客户服务等全方位都与传统门店完全不一样，是一种全新的、升级版的门店服务。

门店的体验强调"旅游体验"与"旅游分享"，属于深耕旅游服务。一般规范化的旅游门店均为直营，并建立了严格的标准化服务流程，实行统一标准、统一管理，通过产品、价格、服务的标准化，为游客带来一体化的优质体验。当下的旅游市场，一方面，面临着政策利好带来的刺激作用，另一方面，资本介入、旅游电商兴起，加速了旅游市场的竞争。

【思考】

> **消费者的痛点**
>
> 目前,已有的旅游营销模式,都没有真正解决消费者的痛点——痛点不在于预订各种旅游要素,而在于传递给消费者一段身心愉悦的旅游经历——机器无法替代的、人性化的旅游服务。

旅游服务的复杂性是毋庸置疑的!旅游行业内的人都明白一个道理,不能用卖物品的方式卖旅游。因为它属于体验经济,期间饱含着经验的传承。当下,一次高质量的旅游行为的实现,应该是"旅游电商"+"旅游店商"共同服务的结果。

而旅游体验店提供的恰恰是门店服务的重要内容,也是旅游"线上线下一体化"模式的重要组成部分,力求通过体验店的开设,将线上线下紧密结合,打造更为便捷、舒适的旅游服务。

二、门店体验是传统门店的升级

随着旅游的深入,旅游门店成为展示旅游服务的重要一环,门店服务升级提速势在必行。与传统门店相比,旅游门店的体验功能上更加突出旅游文化的体验,为旅游行业的发展注入了新的理念。然而体验店不是简单的取代传统功能单一的销售门店,而是全新的升级,这种升级不仅体现在硬件上,也体现在集销售、服务、品牌塑造于一身的销售策略上的升级。

【参考】

> **体验式门店费用高吗?**
>
> 门店的主要投入在房租和人员上,体验店高大上的装修和设计通常需要大量的资金投入,然而从投入比例来说体验店的花费并不算多。体验店需要大量多媒体展示,因此对硬件要求较高,但多媒体可以节省更多人力成本,减少门店的人员配置,从而降低人力上的投入。而更生动丰富的店铺展示,能够增强产品的新鲜感,并吸引更多客人到店咨询。

体验式门店客服的接待服务有着更高的要求,并将各项指标细化,如客人从进门到接待需要多长时间,向客人介绍产品需要多长时间,并把关注微信和下载 APP 等也要加入服务的考核指标中。同时,还要认真收集接待过程中的用户反馈,如最近哪个目的地客人咨询量大、哪些产品还不够丰富,并分析用户没有下单的原因,把简单的销售转变为营销。

【参考】

> **民生旅游体验门店**
>
> 民生旅游 2014 年 12 月 24 日在燕莎商圈投入运营占地 870 平方米的旅游体验店,这也是北京迄今为止最大的旅游体验店。与传统旅行社门店不同的是,旅游体验店的咨询工位将采取一对一模式,并且设有残疾人服务专区、led 观赏区、航空体验区等,甚至还增加了世界著名滑雪城市的小火车爬山体验、美国环球旅游城的旅游服务体验等。

第四节 线下门店全面布局 O2O

这是一个互联网时代,也是一个信息技术解放人类的时代!传统旅游业在过去数十年的时间里,资源集中度低、业务半径小、信息交互不对称、管理落后等问题依然没有解决。在旅游业急需转型的时期,专注于"智慧旅游"技术和应用研发的 O2O 智慧旅游游客信息服务云系统的出现,为中国旅游产业提供"规划设计+软件开发+运营维护+系统集成"的一体化信息化解决方案,也给传统模式下的旅游业带来了一场革命。

一、线上企业纷纷建线下门店

线上进行产品选择和支付交易,线下进行消费体验服务,O2O 是旅游业的本质要求和发展方向。消费者购买旅游产品是相对复杂的决策过程,前期的信息收集和产品筛选,对目的地和产品的详细咨询沟通,购买时的支付、签约和证照材料交接等,在此过程中,既需要线上的效率化和标准化服务体系,也需要面对面服务的人际体验服务。

对旅游 O2O 而言,只在线上销售仅仅完成了第一步,旅游体验还未开始,而游客体验涉及到实地软硬件的服务水平及承接能力的水平。最后,线下的服务数据又能够被重新收集、整理,重回线上,形成一整套完整的"智能生态圈",形成 O2O 的闭环。

【参考】

图 12.1 O2O 电子商务

O2O 电子商务

O2O,全称 Online To Offline(图 12.1),又被称为线上线下电子商务,区别于传统的 B2C、B2B、C2C 等电子商务模式。O2O 就是把线上的消费者带到现实的商店中去:在线支付线下(或预订)商品、服务,再到线下去享受服务。通过打折(团购)、提供信息、服务(预订)等方式,把线下商店的消息推送给互联网用户,从而将他们转换为自己的线下客户。这样线下服务就可以用线上来揽客,消费者可以用线上来筛选服务,还有成交可以在线结算,很快达到规模。

建线下体验店,主要是考虑到在旅游人群中,有很多人如老年人并不会在线上选购旅游产品,线下体验店可满足这部分用户的需求。同时,线下体验店还能为休闲旅游游客提供一个全方位闭环式服务,比如因出境旅游的特殊性,体验店能够当面签订正规的出境游合同,保证游客权益;帮助游客整理审核相关国家签证材料,提高签证效率;为不会使用或对线上支付不放心的客户提供线下付款途径。

线下体验店的旅游产品与线上产品在价格上各有优劣,比如有些促销活动针对 APP 客户端用户,有些促销活动则是线下体验店专享,价格有时会比线上更优惠。

相对于线上产品资源及平台,旅游体验店更具备品牌塑造、企业文化展示、旅游知识普及、互动沟通、顾问式服务等功能。旅游体验店可改进线上用户体验,适应新时代的旅游消费需求趋势,提升企业市场竞争力。

【思考】

> **哪些项目需要面对面服务**
>
> 为什么中老年客人和部分中青年人愿意选择到线下门店咨询、购买旅游产品？因为出境长线产品，比如签证等，线下的面对面服务很重要。在线旅游企业为了更好地抢占这些类型的客人，并能提供更加周到的服务，开设线下体验店很必要。

线上企业为什么要建线下门店？其战略意义主要是：一方面，能够提升公司的服务质量，弥补线上旅游服务的不足，进一步增强公司的竞争力。因为当前在线旅游企业在旅游市场上已经占据主导地位，但在服务质量提升上遭遇瓶颈，客户投诉率逐渐升高；另一方面，线下门店对公司的品牌宣传有较大促进作用，有利于扩大在线旅游公司的品牌影响力，为了更好实现线下线上融合，在线旅游企业应该找到线上线下的平衡点，实现资源互通、协同发展。

二、传统旅行社纷纷建O2O体验店

真正的旅游O2O是在移动互联网高速发展、行业产业结构升级、消费者体验需求提升的综合背景下爆发的。

旅游行业的产品和服务要比其他行业更复杂，从吃喝到玩乐，提供的每一项服务都比较复杂，而且很难标准化，所以这种整合要来得慢一些。目前大多数的传统旅行社正尝试将传统门店升级为体验店，将线下店面结合互联网，为自身的网站推送流量。

传统旅行社试水O2O体验店，目的是改变以往单纯注重销售的门市模式，通过加入时尚元素、体验功能、声光电科技和网络环境，提升游客在店内的体验，提升品牌好感及商品销售率。功能完整、环境优雅的O2O体验店将有可能取代只有单一销售功能的旅游门店，成为旅游门店的主流。

【思考】

> **旅游O2O发展全面开花**
>
> 在旅游市场上，交通、美食、门票、演出、购物和住宿作为最主要的六大要素，在这六大细分市场上，都已经基本形成了不同的O2O项目，从解决出行交通问题的滴滴打车到移动旅游分享应用的面包旅行，到周末去哪儿，再在国内以小猪短租为代表的分享经济的崛起，旅游O2O发展全面开花，在各个细分市场上开始深耕。

1. 打通上下线

对于旅游O2O来说，线下资源更重要，线下资源占比更大的项目更容易成功，毕竟旅游产品本身比较复杂，体验也更不同，消费者的忠诚度比较低，服务难以标准化，如果线下资源整合好了，容易事半功倍。

从目前旅游O2O的整合方式看，大致可以分为三大类，第一类是线下资源+线上平台，第二类属于综合资源+线上平台，第三类则是线上渠道+线下渠道的模式。

线下资源+线上平台型的O2O实践，线下多为资源主管单位或资源拥有方，比如旅游局、风景区、目的地或掌握目的地资源方与线上 OTA 平台对接,线上 OTA 多以接近或掌控线下目的地资源为目的地,双方进行 O2O 尝试或融合,线上不仅仅是渠道作用,也是目的地营销的线上补充平台。

线下综合资源+线上平台的类型则较为复杂,线下方虽不是景区、目的地等直接资源方,但多为大型集团或上市公司,旅游是其多元化的业务单元,大多直接或间接掌控了大量资源,如海航的酒店、航空公司,万达的酒店、休闲度假区,探路者在户外领域的资源等。

最后,线上渠道+线下渠道的模式,则属于早期的旅游 O2O(图 12.2),以携程为代表,线上下单、线下体验,或者线下发卡、线上预订再返回线下体验。商家关注点在销售环节,线上线下渠道互为导流入口或销售起点,对接方式多为销售驱动,旅行社通过与互联网渠道的对接实现更大的分销能力是其第一诉求。代表 O2O 项目包括:中国国旅+悠哉、港中旅集团+芒果网、海航旅游+51YOU 旅游网、中青旅+遨游网等。

图 12.2　旅游 O2O

【参考】

中青旅的 O2O 模式

中青旅的 O2O 模式,即将遨游网、连锁店、呼叫中心三个渠道进行协同,线上和线下结合共同服务于中青旅的广大旅游用户。简言之,消费者可以在遨游网查询筛选产品,前往就近连锁店进行线下签约、现金或刷卡支付、证照交接等服务;也可以在连锁店咨询旅游产品详细信息,在家通过遨游网进行在线签约、在线支付。通过这种 O2O 的模式,中青旅将线上的便捷和线下的服务结合,给消费者良好的购买体验。

2. 线上线下融合

由于旅游 O2O 的出现,消费者在效率、服务和体验三个环节都大大提升。通过互联网可以比价、支付,决策更透明、更方便,整体效率大大提升;而在服务方面,以往产品提供、组织和售卖三者是割裂的,例如消费者在门店购买产品,地接社提供接待,最终入住的是酒店,去的是景区,服务质量无法保证,而旅游 O2O 可以将三者有一定的连接,提供更深度的服务;此外,互联网的出现使得旅游的服务更容易受到监督,消费者可以点评和吐槽,极大避免了宰客现象的发生。

但是要实现线上和线下的融合并不是一件容易的事情。线下资源是非常分散的,从景区资源到酒店、目的地消费,需要大量的地推团队、商务团队去谈判,需要团队对不同店面、位置、码头进行实地考察,这个对接过程比较复杂;其次,线上的标注化产品如何与线下的接待匹配也是一个问题,线上的销售能力如果与线下的接待不匹配,就会给旅游服务带来问题。

三、移动旅行时代已全面到来

PhoCusWright 的最新旅游科技调查显示,旅行中使用移动设备的人数首次在全部年龄层中都达到绝对多数。报告对受访者在 2014 年的旅游行为进行了研究,发现智能手机的渗透率在各年龄层均已超过半数。在年龄为 55~64 岁以及 65 岁以上的受访者中,分别有 76% 和 58% 的人拥有智能手机。这一现象表明,移动为先的时代已经正式到来。

期盼已久的移动革命已经来临,随着智能手机屏幕平均尺寸的增大,使用其进行旅行计划和预订的旅行者也越来越多。大多数(58%)的受访者表示愿意在移动设备上利用已存储的支付信息进行预订。这一现象表明人们对于移动支付的接受程度已经越来越高,消费者对移动支付安全更有信心,或是认为移动支付的风险在自己能够承受的范围之内。

在移动设备上进行旅行计划一直是个难题,因为以前的手机屏幕普遍较小。然而随着屏幕逐渐增大(现在的屏幕尺寸是 2007 年的两倍),旅行者更加愿意使用智能设备来计划旅行。据调查,69% 的受访者曾在寻找旅行灵感和产品选择阶段使用过移动设备。

四、"掌旅通"改变传统营销模式

在竞争激烈的在线旅游市场,谁能快速整合了资源和信息,谁能将整合得到的资源和信息转换为成交价值,谁就是这场战役的赢家。如何利用移动互联时代突破传统营销模式,这是所有传统旅行社面对的一大难关。

【参考】

"掌旅通"

重庆海外旅业集团旗下连锁品牌超市"旅游百事通"(图 12.3)根据自身情况及时代发展趋势,推出一款划时代的 O2O 应用"旅游百事通·掌旅通"。

图 12.3 旅游百事通

这是全国第一款针对连锁门店的移动微商城,同时也是旅游行业 O2O 模式下移动战略的一次创新之举。它不仅能解决旅游百事通线下超过 3000 家实体门店面临着传统销售模式单一、空泛、不能摆脱办公室束缚、推广困难等问题,还能实现行为数据收集、分析,以解决用户想旅游而找不到旅游目的地等问题。"掌旅通"已于 2014 年 8 月 19 日,在旅游百事通全国超过 30 个省市分公司开始推广运营。

据报道,"掌旅通"运行不到一个月,成功交易订单近 1000 个,全国超过 1600 家营业部开通使用"掌旅通",超过 3000 名游客从"掌旅通"下单出游,成功销售额已突破 700 万元。这是移动互联时代赋予"掌旅通"的意义,也是传统门市对于全新营销模式的尝试。

"掌旅通"改变了门店传统营销模式,让门市营销变的更灵活、更丰富、更直观、更专业,并为顾客与门市建立了一座无缝沟通的桥梁,增加了顾客与门市的黏度。

1. 门店销售不再白纸打印

在传统旅行行业，往往通过打印或印刷行程/景点单给顾客介绍旅游产品，对于多元化的旅行产品来说几张白纸的介绍过于单一和空泛，不能将行程/景点的吃、住、行、景色、特色等多元化信息通过纸张传递给客户。使用"掌旅通"，面对面使用手机或平板，顾客扫描二维码进入门店专有的移动旅游商城，即可给顾客展示多样、丰富、网络标准化的旅游产品。不仅提高了销售的专业化，也给顾客提供了选择丰富、信息标准的旅游信息服务。从而改变原有口头销售模式，进入移动面对面销售模式。

2. 随时随地面对顾客咨询

当不在旅游门店场所时，也可以通过"掌旅通"，在第一时间作出响应，将丰富、直观、专业的旅游产品，一键之间通过手机发送给咨询客户，让客户在第一时间，通过发给他的产品信息，了解到详细、准确、丰富的旅游产品。不漏掉每一个咨询顾客，充分抓住每分每秒的时间，随时随地进入营销状态。

3. 全员都是电商人

使用"掌旅通"，可以将"掌旅通"上任意产品、多样产品配上广告语，在最短的时间散播到各类 QQ 群、微信群、微博、QQ 空间等顾客群体聚集的圈子里面。受众点击即可了解我们所推送的旅游产品的直观、详细、准确的信息，并能便捷的使用手机订购的全流程。

"掌旅通"的出现改变了门店的传统销售模式，这是移动互联时代赋予"掌旅通"的意义，也是传统旅行社对于全新营销模式的尝试。

【思考】

有效增强"用户黏度"

在竞争激烈的线上线下旅游市场，旅行社必须借助 O2O 模式的优势，打通线下入口，将品牌形象深入市场，能够有效建立并增强用户黏度，提升市场占有率。也有利于集中采购地接旅游资源，降低运营成本。旅行社的实体店多分布在人群密集的社区、商业中心，消费者规划旅行之前，更喜欢直接走进门店和营业员聊聊旅游计划。这种面对面沟通的消费习惯使消费者在出行前积累了足够的出行信息和安全感，是一种经典的购买旅游产品的方式，并不会过时。旅行社门店拥有多年运营经验，以成熟的服务理念触达消费者，有其存在的巨大价值。

实 操 练 习

1. 为什么说门店体验是传统门店的升级？
2. 何谓 O2O 电子商务？
3. 传统旅行社纷纷建 O2O 体验店的原因是什么？

第五篇

服务篇

第十三章
店员的职业素养

职业素养是指职业内在的规范和要求,是从业人员在职业过程中表现出来的综合品质。职业基本素养具有时代特征,体现市场特色。店员的基本素养表现在 4 个方面,如图 13.1 所示。

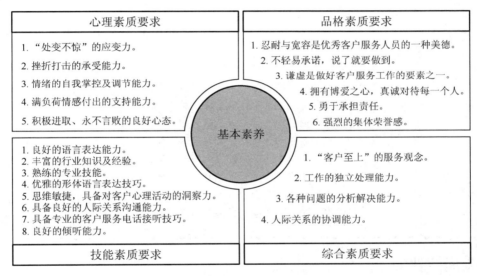

图 13.1　店员的基本素养

从职业岗位性质看,旅行社门店店员的职业素养主要包含职业道德素养、职业知识素养和职业技能素养等方面。

第一节　职业道德素养

道德是一种社会意识形态,是在一定的社会中调整人与人之间以及个人与社会之间关系的行为规范的总和。它通过各种形式的教育和社会舆论的力量使人们形成一定的信念、习惯并产生作用。

职业道德反映了一定社会或一定阶级对从事各类职业的人们的道德要求,是一般社会道德在职业活动中的具体体现。它是把一般的社会道德标准与具体的职业特点结合起来,是从事社会职业的人们在履行其职责的过程中理应遵循的道德规范和行为准则。

我国的现代旅游业经过近 40 年的发展,在实践的基础上,经过不断的总结完善,已经形成了一整套的旅游业从业人员的职业道德规范。而作为旅游业中专门从事门店业务的工作人员，也应该在自己的职业生活中遵循相应的道德准则和行为规范。

一、热爱祖国

热爱祖国是对旅游从业人员的基本要求，理应放在职业道德的首位。对于旅游工作者而言，首先必须是热爱祖国的，只有这样才能通过自己的工作和服务，让旅游者感受到中华民族的悠久历史和灿烂文化，感受到来自于整个民族的自信心和凝聚力。

在实际工作中，要切实发挥爱国主义精神，要热爱自己的民族，热爱自己民族生息繁衍的山河土地，尊重祖国的优良传统和优秀文化，珍视祖国的光荣历史和对人类的卓越贡献，在任何的大国、强国和富国面前，决不妄自菲薄、卑躬屈膝、崇洋媚外。

作为旅行社门店店员，还要提醒游客在境外旅游期间，处处维护国家尊严，树立良好的中国公民形象，抵制各种诱惑，杜绝非法滞留行为。

【参考】

> **社会主义荣辱观**
>
> 以热爱祖国为荣，以危害祖国为耻；
> 以服务人民为荣，以背离人民为耻；
> 以崇尚科学为荣，以愚昧无知为耻；
> 以辛勤劳动为荣，以好逸恶劳为耻；
> 以团结互助为荣，以损人利己为耻；
> 以诚实守信为荣，以见利忘义为耻；
> 以遵纪守法为荣，以违法乱纪为耻；
> 以艰苦奋斗为荣，以骄奢淫逸为耻。

二、爱岗敬业

对于旅行社门店店员而言，要把自己对祖国的热爱、对所从事职业的热爱同热爱自己的岗位和企业结合起来，在实际工作中践行立足岗位做奉献的职业宣言。

爱岗必然体现敬业的职业追求。

敬业，就是尊敬自己所从事的旅游业，即要拥有崇高的职业荣誉感，树立以自己所从事的职业为荣的道德观念。人与人之间只有相互提供帮助和服务，才能共同促进社会的进步与发展。旅游服务工作是一项高尚的事业，绝不是降低人格的行业，在这个行业中一样能感受到自我价值的彰显，这也是敬业的思想基础。

三、遵纪守法

遵纪守法是旅游从业人员职业道德的基础，是旅游从业人员职业活动的基本保障。旅行社门店店员首先是公民，必须认真履行公民的基本义务。遵纪守法是公民道德的基础，也是店员的职业道德的基础。店员作为旅行社门店的核心人员，在其日常工作中，要多学习法律法规知识，认真地、不折不扣地遵守国家的法律法规。

四、热情友好

作为面向世界的窗口行业，旅行社门店接待服务工作的精髓就是"热情友好，宾客至上"。

热情友好是一种道德情感。它要求旅游从业人员在对客服务中应当投入积极的个人情感，从内心深处对每一位客人怀有一种感激之情，并由衷地欢迎客人的到来。这种情感会转化为从业人员的具体行动，能够给客人提供耐心周到的优质服务，而宾客也能从这一言一行中感受到自己被欢迎与被尊重，享受到旅游所带来的轻松与愉悦。

【参考】

> **日本的旅游服务**
>
> 没来日本之前就知道，日本的服务业做得很好，所有人都会对客人微笑，有的人甚至跪着为客人服务，然后再仔细想想，好像就知道这么多，再没别的了。服务，只要态度好就行了，有什么大不了的，也不用提升到精神这个高度。然而，当我亲自到了这个因以顾客为上帝而著名的国度，亲眼看到了，亲身感受了日本的服务之后，才明白，把服务上升到一种文化，一种精神，原来都是出自不经意间。
>
> 日本的服务周到是全社会的，日本门店的服务表现在行动上。这种服务不仅表现在对顾客的礼貌态度上，更体现在对市场的把握上，完全是贴近市场做服务，有这样的原则，就能始终把握住服务的主脉，服务不单单是仪式，更是行动。让客人满意与感动，需要提供超值服务。
>
> 在日本激烈的商业竞争下，服务之间的竞争也达到了白热化，谁服务得更细谁将赢得市场。这种细微的服务已经深深根植在了日本人的脑子里，大家理所当然地这样服务，又理所当然地接受这种服务。他们服务在细处，服务在人性化，相比于国内现在都在搞的微笑服务，是在学习人家的皮毛，要真想改善服务不如从细节方面抓起，真正从顾客的角度去想事情，才能发现顾客需要什么，真正为顾客着想，最终才能赢得顾客的心。

五、积极进取

随着旅游业的发展和旅游者消费层次的提升，对于旅游从业人员的素质要求也在不断提高，这对员工的专业素质、文化素质、业务技能等都提出了更高的要求。门店店员也是属于知识密集型的服务工作，需要有强烈的职业责任感、过硬的基本功、广博的知识面和不断学习的精神，不断提高个人的综合素质。

旅行社门店店员的文化修养决定了能否根据客人的特点提供有针对性的旅游线路产品；店员的实际操作技能决定了能否保证应有的工作效率。所以，如果没有好学向上的决心，不去努力钻研业务、提高业务能力，就无法保质保量地完成旅行社所交给的任务，无法胜任自己的本职工作。

六、团结协作

在知识经济的时代，作为企业的一员，要想取得成绩，除了自身能力的提升之外，还必须要提高自己的团队协作能力，有些时候，这种团队协作能力甚至比专业知识更为重要。

在旅游者的旅游过程中，所需要的产品和服务是全方位的，需要各个岗位、部门的共同协作和配合。一个门店就像是一支球队，需要每一位员工的积极努力和相互支持，为了一个共同的目标而奋斗。所以，门店店员要有强烈的整体意识和大局观念，跟其他人员和部门之间要做到相互理解、相互支持、相互帮助，为游客提供整体的优质服务。

第二节　职业知识素养

实践证明，丰富的知识是做好门店工作的重要前提。店员的知识面越广泛、信息量越多，就越有可能将其工作开展得有声有色、不同凡响，就会在更大程度上满足游客的需要，推陈出新，提升企业的效益，成为旅游业一名优秀的工作人员。对于旅行社门店店员而言，需要掌握的知识主要有以下几个方面。

一、历史文化知识

历史文化知识包括历史、地理、民族、宗教、民俗风情、风物特产、文学艺术、古建园林等诸多方面的知识。这些知识不仅是导游人员开展讲解工作的素材，同时也是保证旅行社门店顺利开展工作的重要基础。对于门店工作人员而言，旅游线路产品的组织策划、与客人之间的关于旅游线路产品知识的交流和沟通是日常业务的重要内容。一条完整且具有个性化的旅游线路产品离不开店员对目的地史地知识的熟练掌握与运用。在这些知识中，店员对于国际和国内的行政地理区划、国内外热点旅游城市和景观的分布、人文景观的历史渊源和文化底蕴等方面需要详尽地掌握，只有这样，才能将整条线路涉及的各色旅游景点和旅游项目有机地联系起来，融会贯通，才能在线路的规划和设计中做到合理搭配、凸显特色。

二、政策法规知识

政策法规知识是门店店员必备的知识之一。掌握相应的政策法规知识不但是门店店员顺利完成本职工作的保证，同时也有助于旅行社规避在合同履行过程中的风险，保障旅行社的自身权益。

政策法规知识是店员开展工作的根本指针。在进行业务操作和在旅游过程中，面对出现的相关问题以及投诉等情况，店员也必须要按照国家的政策和旅游业的相关法律法规来予以正确处理，以政策法规作为行事的依据。店员自身的言行更应符合国家政策法规的要求，做到遵纪守法。

【参考】

掌握相关政策法规知识的现实意义

中国旅游网上曾刊登过这样一宗旅游投诉案例：2006 年 7 月 21 日，宋某报名参加某旅行社组织的黄山双卧五日游，在所附的行程表中约定的住宿及参观景点的标准分别为："山下住双人标间(独立卫生间)，景点大门票(缆车 65 元/次，环保车 20 元/人)。"后因旅行社未支付缆车费用，客人遂以欺诈之名，将旅行社投诉到质监所。

旅行社辩称，合同中并没有约定所交纳的团费中包含缆车费用，旅行社在景点大门票后面，用括号将缆车及环保车的价格标出，是为了提示游客，是出于好意，游客如果需要乘坐缆车游览，费用需要自理，旅行社并没有欺诈游客。

质监所经过调查发现，同等价位的该类旅游行程一般均不包括乘坐缆车及环保车费用，旅游报价通常都只含有景点的大门票，但旅行社在行程表中的语句表达方式有误，属于通常所说的"病句"。如在双人标间的后面，用括号将独立卫生间括住，实际意思就是双人标间里面含有独立的卫生间，括号里面的内容是对前面内容的解释和补充。同样的道理，旅行社在景点大门票后面，用括号将缆车及环保车括住，给人的理解就是景点大门票包含缆车及环保车的费用，也就是说旅行社提供的服务里面有乘坐缆车的项目。由于旅行社未能给游客提供该项目，属于旅行社擅自减少旅游项目，责令旅行社赔付游客乘坐缆车的花费 65 元。

【思考】

如何避免误解或歧义的发生

本案是由于旅行社计调员书面表达不准确而引发的投诉，旅行社实际上并不存在故意欺诈的动机，也没有实施欺诈行为，只是在表述上出现错误，如果严格按照《合同法》的相关规定理解，属于减少旅游项目的违约行为。这也给旅行社敲响了警钟，在给游客提供的旅游项目中，一定要将团费包含的项目表达清楚，在需要游客自费的项目中，需要明确写明"自费"，以免产生歧义。这个案例一方面反映了在进行合同撰写的时候务必要斟酌词句，避免误解或歧义的发生，另一方面也反映出在遇到纠纷的时候，旅行社也可以依据必要的法律法规知识维护自己的权益，找到妥帖的处理方法。

三、交通旅行知识

旅行社门店店员在策划旅游线路或者操作团队时，都会接触到交通的问题。比如，从组团地到旅游目的地应该选择什么样的交通工具？汽车、火车、轮船还是飞机？火车选择什么车次，豪华程度如何？几点开车？是快车还是慢车？有无空调？行李托运应该注意什么？火车车次代码的含义是什么？飞机选择哪家航空公司的哪趟航班？几点起飞？是否含餐？国际联程票如何订购？全票价和对旅行社的折扣价格分别是多少？汽车座位和车内设施的配备情况如何？如何进行公路费用的计算？轮船的座位是哪个等级的？乘坐轮船的注意事项有哪些？等等。对于这些问题的回答都需要店员具备相当丰富的交通运输知识，并且善于使用地图和交通时刻查询表进行工作。除了相应的交通知识之外，还必须掌握国际时差的换算、国际联程机票的调配等方面的知识，能帮助店员少出差错，达到事半功倍的效果。

四、政治、经济、社会知识

由于游客会前往不同国家或地区的不同社会阶层，旅游目的地的社会、政治、经济环境以及风土民情、宗教信仰、禁忌习俗等都会影响到旅游者的购买行为，也会直接体现在他们的旅游需求方面。所以，店员需要对以上所涉及的相关政治、经济、社会知识有一定的掌握，同时对于本国的政治、经济、社会状况也要熟练把握，以便在游客进行相关询问或者对比时能做出积极应对。

从事出境游的店员还应该掌握必要的国际知识，了解国际形势和各时期的国际热点问题，掌握我国的外交政策和对于相关国际问题的态度，熟悉客源国或旅游接待国的概况。熟悉国际货币的主要种类及换算，对各国主要货币的流通情况及汇率有所了解。把握世界范围内的旅游信息和最新行业动态。这些知识在线路产品的组织策划中都会发挥积极的作用，同时还能加强店员和游客之间的沟通。同时，对于国家之间文化差异的了解也能有助于店员在线路组织策划中凸现本国或本地区的地域风情和特色文化，增强旅游产品的吸引力，提升游客的游兴。

五、互联网络及应用软件知识

现代互联网技术的发展给门店店员的工作带来了无比的便利：微信、QQ 等聊天工具以及常用的 Office 办公软件提高了工作效率。所以在日常的业务操作过程中，店员需要熟练掌握相关办公软件，以适应现代企业办公的需要。比如：Word 主要用来进行文本的输入、编辑、排版、打印等工作；Excel 可以用来进行财务预算、统计、数据汇总、函数运算等需要繁重计算的工作；Outlook 是一个专门的桌面信息管理应用程序；PowerPoint 则主要用来制作幻灯片、投影片、演示文稿、流程图和组织结构等。从而创建适用于不同场合的专业的、生动的、直观的文档，实现数据资源的共享，适应现代办公工作的需要。

第三节 职业技能素养

职业技能素养即指门店工作人员所需的技术和能力。员工是否具备良好的职业技能是能否顺利完成本职工作的前提。

一、文案写作能力

旅行社门店店员在设计行程、规划线路以及跟客人签订合同的时候还需要具备一定的文字功底，掌握一定的文案写作能力。门店工作虽然不是专门跟文字打交道的工作，但基本的文案写作能力还是这个岗位所必需的。

对于旅游者而言，他们也正是通过这些文字形式呈现出来的旅游线路产品来进行选择，进而做出自己的购买决策的。旅行社门店在进行线路的编排和文字的撰写过程中，需要针对旅游者的这种购买心理，提供更为丰富、直观、生动的旅行游览信息，帮助旅游者加深对其产品的认知记忆，进而做出自己的旅游购买决策。

二、市场意识能力

门店工作人员的市场意识主要体现在以下两个方面。

一方面，对于旅行社线路产品的策划组织人员，必须能够清晰地判断目标客源市场的旅游者需求状况，根据旅游者的需求量身打造定制适合的旅游产品。随着旅游者消费理念的日渐成熟和理性，他们不再是单纯地满足于标准化的包价旅游产品，而是希望能够通过旅游方式更多地彰显个性，获得与众不同的享受与体验。对于专门提供旅游产品与服务的旅行社而言，也必须在产品的策划、定位、包装、宣传推广中践行这一理念。只有这样，企业所推出的线路产品才能得到市场的认可和接受。

另一方面，在进行新产品的开发方面也必须具备敏锐的市场意识。任何一家旅行社门店的线路产品总会面对更新换代、推陈出新的问题。而对于各种单项旅游产品和服务的供应商也会不时有新的产品推出，对于这些产品和服务的采购，务求门店工作人员能明确判断其未来的市场走势、采购成本的合理性以及如何合理地融入现有的线路产品中。

三、学习创新能力

在这个知识爆炸的时代，与之相伴的是知识老化的速度日益加快。学习能力是提升业务水平的制高点，也是个人发展的催化剂。门店工作人员的学习能力体现在对旅游市场的及时关注，对各种旅游信息的及时更新与把握。要不断地钻研业务，提高业务水平和解决实际问题的能力，练就扎实的基本功，显示出良好的职业素养。个性化产品的开发与创新离不开门店工作人员的共同努力。

四、人际沟通能力

旅行社门店销售人员在日常工作中需要跟许多方面进行沟通谈判，需要协调多方面的人际关系，所以门店销售人员必须具备良好的人际关系和沟通谈判的能力，以保证业务工作的顺利开展。

(1) 门店销售人员要处理好跟客人之间的关系。面对客人的旅游咨询、合作沟通谈判、事故投诉、客户回访等各个方面的业务工作，店员应表现出较高的人际关系协调能力和良好的沟通谈判能力，将各项业务和各种问题处理得恰到好处，赢得客人的信任。

(2) 在内部与其他人员会有频繁的业务往来，必须做好相互之间的沟通与协调，与各个部门建立团结一致、密切配合的工作关系，这是保证旅行社整体工作顺利进行的关键。

(3) 在外部与交通部门、宾馆、饭店、景区景点、商场等单位洽谈与合作，彼此间的沟通与谈判也是必不可少的。这就要与相关旅游供应部门建立一种良好的人际关系，同时也要具备一定的沟通与谈判能力。

实 操 练 习

1. 根据实际工作，谈谈你是如何理解职业素养的？
2. 职业知识素养的内容包括哪些？除此之外还应增加哪些内容？
3. 我们要学日本服务的哪些精髓？

第十四章

门店接待服务

门店接待是一个旅行社的形象与实力的综合展示，一个前台接待员的素质高低、能力大小对于旅行社的经营很重要，如何提高门店接待员的素质是每个旅行社负责人关心的问题。

第一节 门店服务技巧

因为顾客是公司的资源，是根基，是命脉。通过提供优质的服务，可以赢得客户的信赖和支持，确保留住每一个现有的客户，并不断开拓潜在的客户，为旅行社门店带来源源不断的效益，这也正是顾客服务的魅力所在。

一、看的技巧——观察

旅行社门店销售人员在与顾客接触时，首先要学会"看"——观察顾客：我是否已考虑到顾客的全部需求？顾客下一个需求是什么？如何让顾客满意？

1. 观察要求目光敏锐、行动迅速

就拿喝茶这个日常生活中最常见的例子来说，你能观察到：顾客喜欢喝绿茶还是喜欢喝红茶或者只喝白开水？哪个顾客喝得快、哪个顾客喝得慢吗？

观察顾客可以从以下这些角度进行：年龄、服饰、语言、身体语言、行为、态度等。观察顾客时要表情轻松，不要扭扭捏捏或紧张不安。

观察最重要的是看懂顾客的身体语言。

(1) 面部表情：看顾客的脸色(泛红、发青)、看眉毛(上扬、皱眉)。
(2) 头部动作：点头、摇头、头部向前。
(3) 眼神：正视、斜视、仰视。
(4) 手势：手心向上、手心向下、抬手、推手、伸手、摆手、两手分开。

心理学家做过的实验表明，人们视线相互接触的时间通常占交往时间的 30%～60%。如果超过 60%，表示彼此对对方的兴趣可能大于交谈的话题；低于 30%，表明对对方本人或话题没有兴趣。视线接触的时间，除关系十分密切的人外，一般连续注视对方的时间在 1～2 秒钟内。

【参考】

> **目光接触的技巧**
>
> 俗话说"生客看大三角、不生不熟看小三角、熟客看倒三角。"
> 与不熟悉的顾客打招呼时,眼睛要看他面部的大三角,即以肩为底线、头顶为顶点的大三角形。
> 与较熟悉的顾客打招呼时,眼睛要看着他面部的小三角,即以下巴为底线、额头为顶点的小三角形。
> 与很熟悉的顾客打招呼时,眼睛要看着他面部的倒三角形。

2. 观察顾客要感情投入

感情投入就能理解一切。销售人员要能设身处地为顾客着想,关心顾客。这样,才能提供优质有效的服务。

当你遇到不同类型的顾客时,需要提供不同的服务方法。

(1) 烦躁的顾客:要有耐心,温和地与他交谈。

(2) 有依赖性的顾客:他们可能有点胆怯,有依赖性。销售人员态度要温和,富于同情心,为他们着想,提些有益的建议,但别施加太大的压力。

(3) 对产品不满意的顾客:他们持怀疑的态度,对他们要坦率、有礼貌,保持自控能力。

(4) 想试一试心理的顾客:他们通常寡言少语,销售人员要有坚韧的毅力,提供周到的服务,并能显示专业水准。

(5) 常识性顾客:他们有礼貌、有理智,用有效的方法待客,用友好的态度回报。

【参考】

> **你关心他人了吗?**
>
> 一家企业给求职者很长时间的准备,然后每人 5 分钟的自我介绍。在某人做自我介绍时,考官并不只是在看介绍者,也注意观察其他求职者的表现。是埋头准备自己的介绍呢?还是热心鼓掌支持竞争者呢?当介绍者出现失误时,是幸灾乐祸呢?还是为他人着急?以此来看求职者是否关心他人。

要注意观察顾客以下 5 个方面的需求。

(1) 说出来的需求。

(2) 真正的需求。

(3) 满意说出来的需求。

(4) 满足后令人高兴的需求。

(5) 秘密需求。

3. 揣摩顾客心理

销售人员"看"顾客的时候,要揣摩顾客的心理。

顾客究竟希望得到什么样的服务？顾客为什么希望得到这样的服务？这是销售人员在观察顾客时要不断提醒自己的两个问题。因为各种各样的原因会使顾客不愿意将自己的期望说出来，而是通过隐含的语言、身体动作等表达出来，这时，就需要及时揣摩顾客的心理。

【参考】

> **领先顾客一步**
>
> 时时提醒自己以下几个方面。
> 我是否已经考虑到顾客的全部需求？
> 顾客的下一个需求是什么？
> 如何让顾客满意？……

二、听的技巧——拉近

不要一开始就假设明白顾客提出的问题，永远不要假设自己知道客户要说什么，因为这样的话，会以为自己知道客户的需求，而不会认真地去听。因此，要特别注意倾听顾客的问题。不要打断顾客的话头，顾客喜欢谈话，谈得越多，越感到愉快，就越满意。所以，要耐心地听，始终与顾客保持目光接触。除非是想他离自己公司而去！听完顾客的话，记住问一句："您的意思是……""我没有听错的话，您需要……"以印证自己所提到的内容。

【参考】

> **为何收银员目瞪口呆？**
>
> 一位顾客急匆匆地来到某餐厅收银处。
> 顾客："小姐，刚才你算错了 50 元……"
> 收银员："你刚才为什么不点清楚，银货两清，概不负责。"
> 顾客："那就谢谢你多给的 50 元了。"
> 收银员：……，顾客扬长而去。

三、笑的技巧——魅力

微笑不花费一分钱，但却能给自己带来巨大好处；微笑只要瞬间，但它留给人的记忆却是永远。因此，微笑服务有巨大的魅力，是一本万利的事。

1. 微笑可以感染客户

客户花钱消费的时候，可不想看到销售人员愁眉苦脸的样子。当客户怒气冲天地来投诉的时候，销售人员这样只会火上加油。相反，如果真诚地对客户微笑，就可能感染他。

2. 微笑可以激发热情

微笑传递这样的信息："见到你我很高兴，我愿意为你服务。"所以，微笑可以激发销售人员的服务热情，使销售人员为客户提供周到的服务。

3. 微笑可以增加创造力

当人们微笑着的时候就处于一种轻松愉悦的状态，有助于思维活跃，从而创造性地解决客户的问题。相反，如果神经紧绷着，只会越来越紧张，创造力就会被扼杀。

【参考】

微笑三结合

(1) 与眼睛结合：眼睛会说话，也会"微笑"，学会用眼神与客人交流，这样自己的微笑才会更传神、更亲切，如图14.1所示。

眼形笑＝嘴微笑＋眼微笑；　眼神笑＝嘴还原＋眼微笑。

练习：取一张厚纸遮住眼睛下边部位，对着镜子，心里想着最使你高兴的情景。这样，你的整个面部就会露出自然的微笑，这时，你的眼睛周围的肌肉也在微笑的状态，这是"眼形笑"。然后放松面部肌肉，嘴唇也恢复原样，可目光中仍然含笑脉脉，这就是"眼神笑"的境界，如图14.2所示。

图14.1　微笑一　　　　　　图14.2　微笑二

(2) 与语言结合：不能只微笑不说话或光说话不微笑，要边微笑边说话。

微笑着说"早上好""您好""欢迎光临"等礼貌用语，不要光笑不说，或光说不笑。

(3) 与身体结合：微笑要与正确的身体语言相结合，才会相得益彰，给顾客以最佳印象。再配合一定的动作，比如点头、鞠躬、手势等。

四、说的技巧——沟通

1. 顾客不在乎说什么，而在乎怎么说

门店接待人员说话时要热情、真诚、耐心；要把握好语气、语音、语调(热情、谦逊、亲和)；措辞要简洁、专业、文雅，创造一个和谐轻松的气氛。一个和谐轻松的环境更能令接待人员成功地引导顾客。

用顾客喜欢的句式说话。

(1) 平息不满情绪时——"我能理解您的感受"。

(2) 表达服务意愿时——"我会……"，"我一定会……"。

(3) 提出要求时——"我能……"，"您可以……吗？"。

(4) 代替说"不"——"您可以……"。

【参考】

```
比比哪个更好?

"你姓什么?" —— "请问您贵姓?"
"店长不在" —— "店长刚出去,请问需要我为您做些什么吗?"
"有什么事跟我说吧" —— "若方便的话,请告诉我。"
"就这样吧" —— "您看这样行不行?"
"对不起了" —— "给您添麻烦了。"
```

2. 口语表达能力

门店销售人员的口语技巧、语言风格以及表达能力都直接影响到门店的利益。

口语表达的特点是:交流对话时间短,语言瞬间性强,常常是边想边说,词语推敲不够,句子简短,结构简单,甚至不完整。因此,门店口语就要体现出尊重性、正确性、适应性、简明性原则。

口语表达的技巧是:狠话柔说、坏话好说。

门店销售时运用的语言技巧与原则有以下几种。

1) 用肯定型语言取代否定型语言

在和顾客的商谈中要坚持用肯定型语言取代否定型语言的原则。

肯定型语言和否定型语言给顾客带来的感觉完全不同,最终影响到顾客的商谈和购买,因此,销售人员应尽量避免直接拒绝、攻击或批评的语言,被拒绝的影响积累在潜意识中,产生不好的感觉,会使顾客产生本能的排斥,如图14.3所示。

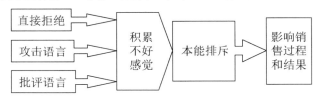

图14.3 否定型语言的应用结果

2) 用请求型语言取代命令型语言

将"能不能麻烦您"放在语句的前面是典型的请求型语句,如图14.4所示。

命令型语言使旅游咨询者感觉缺乏尊重,而请求型语言则可以给旅游咨询者留下美好的印象——没有人喜欢永远被人命令,所有人都喜欢被尊重。

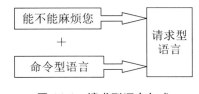

图14.4 请求型语言句式

3) 用问句表示尊重

用问句表示对旅游咨询者的尊重,旅行社门店销售人员把决定权交给旅游咨询者,让旅游咨询者自己来做决定。比较一下下面意思完全一样的两个句子。

A句:"明天我打电话过来,把我们新设计的昆明—大理—丽江新产品详细介绍给您,好吗？"——通过询问，表示了对旅游咨询者更多的尊重。

B 句："我们设计了新的昆明—大理—丽江产品，明天我打电话给您。"——给人以命令的感觉。

以上两种说法不同，其沟通、商谈的效果也会不一样。

在门店服务过程中，正确、礼貌的用语会让旅游咨询者积累一种良好的感觉。当积累达到一定程度，顾客决策是否购买旅游产品时，这种良好的感觉就会自然出现，从而最终影响并促成交易的成功。

4) "对不起"和请求型并用

旅行社门店销售人员在与顾客商淡时，难免会拒绝顾客提出的一些要求。如何进行有效的拒绝同时又不至于惹恼旅游咨询者，这是一种艺术。研究结果表明，"对不起"与请求型并用，可以有效达到目标。拒绝时的句式如图 14.5 所示。

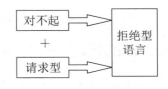

图 14.5　拒绝时的句式

总之，旅行社门店销售人员在与顾客商谈中要掌握以下原则。

(1) 用肯定型语言代替否定型语言。
(2) 用请求型语言取代命令型语言。
(3) 用问句表示尊重。
(4) 拒绝时"对不起"和请求型并用。
(5) 让顾客自己选择、决定。

【参考】

"不能便宜"的说法

李小姐打电话到旅行社门店，咨询"海南 5 日纯游团"的情况。下面是其中一部分对话：

李小姐：你们旅行社"海南 5 日纯游团"的价格能不能再便宜一点？

门店回答 1：这条线路没得减价！

门店回答 2：对不起，真的很抱歉。"海南 5 日纯游团"的航班是……时间是……直飞海口；在三亚住四星级的海景房，早晨拉开窗帘就可以看到湛蓝湛蓝的大海，红彤彤的太阳跃出海平面；傍晚可以欣赏到海边升起的明月，听着海浪的声音进入梦乡……而且我们的线路有 3 个不一样：一是纯游团没有购物点的安排，您所有的时间都是用来游览的；二是我们选择的地接社是海南最大、口碑最好的旅行社；三是我们旅行社派有专业的全陪。因此，我们这条线路是专门为像您这样喜欢尽情畅游原汁原味大自然的人专门设计的。我相信，玩得愉快开心对您来说才是最重要的，您觉得呢？

【思考】

如何接待这位顾客？

一位已经离去而又急匆匆返回的顾客，询问门店工作人员有没有见到他的钥匙？如果你是那位接待他的，并收拾了接待区域没有发现钥匙的工作人员，应该如何接待这位顾客？

看图(图 14.6)思考：沟通的重要性。

图 14.6　沟通

五、动的技巧——身体语言

人们如何从他人那里获取信息？根据统计，从对方的语言中获取信息的比例为 7%；通过对方的语气获取信息的比例占 38%；而从对方的身体语言中获取信息的比例有 55%(图 14.7)，可以说"此时无声胜有声"，身体语言是一种更有效的语言。

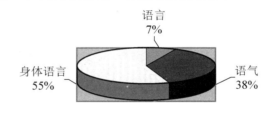

图 14.7　获取信息途径

身体语言包括哪些部分呢？可以说是从头到脚——身体的全部。为了叙述的方便，人们把它分为：头面部、手势、身体的姿态与动作三大部分。

1．面部表情

包括头部动作、面部表情、眼神、嘴唇的动作这 4 部分。

1) 头部动作

(1) 头部端正——自信、严肃、正派、有精神的风度。

(2) 头部向上——表示希望、谦逊、内疚或沉思。

(3) 头部向前——表示倾听、期望或同情、关心。

(4) 头部向后——表示惊奇、恐惧、退让或迟疑。

(5) 点头——表示答应、同意、理解和赞许。

(6) 头一摆——显然是表示快走之意。

2) 面部表情

人的容貌是天生的，但表情不是天生的。

(1) 脸上泛红晕——羞涩或激动。

(2) 脸色发青白——生气、愤怒或惊吓、紧张。

(3) 皱眉——不同意、烦恼，甚至是盛怒。

(4) 扬眉——兴奋、庄重等多种情感。

(5) 眉毛闪动——表示欢迎或加强语气。

【参考】

> **林肯也看人的面相**
>
> 　　林肯的一位朋友曾向他推荐某个人为内阁成员，林肯却没有用他。他的朋友很不理解，因为那个人的资力、经验、水平都很胜任。于是朋友去问林肯为什么。林肯说："我不喜欢他那副长相。"哦？可是，这不太苛刻了吗？他不能为自己天生的面孔负责呀！"林肯说："不，一个人过了40岁就该对自己的面孔负责。"
>
> 　　林肯的话说明了一个真理：人的面部表情同其他体态语言一样，是可以熏陶和改变的，是由人的内在变化、文化修养、气质特征所决定的。

3) 眼神传递

眼睛有个显著特点：看到喜欢的人或事物时，瞳孔会增大；看到不喜欢的人或事物时，瞳孔会缩小；看到特别不喜欢的东西时，甚至会缩小到针眼那么细小。

(1) 正视——庄重。
(2) 仰视——思索。
(3) 斜视——轻蔑。
(4) 俯视——羞涩。
(5) 强烈的眼神——仇人或情侣。

4) 嘴不出声

在面部表情中，不可忽视嘴部的作用。

(1) 嘴唇闭拢——和谐宁静、端庄自然。
(2) 嘴唇半开——疑问、奇怪、有点惊讶，如果全开就表示惊骇。
(3) 嘴角向上——善意、礼貌、喜悦。
(4) 嘴角向下——痛苦悲伤、无可奈何。
(5) 嘴唇撅着——生气、不满意。
(6) 嘴唇紧绷——愤怒、对抗或决心已定。

2. 手势

手的姿势一般有如下表现。

(1) 手心向上——坦诚直率、善意礼貌、积极肯定。
(2) 手心向下——否定、抑制、贬低、反对、轻视。
(3) 抬手——请对方注意，自己要讲话了。
(4) 招手——打招呼、欢迎你，或请过来。
(5) 推手——对抗、矛盾、抗拒或观点树立。
(6) 单手挥动——告别、再会。
(7) 伸手——想要什么东西。
(8) 拍手——表示欢迎。

(9) 摆手——不同意、不欢迎，或快走。

(10) 两手叠加——互相配合、互相依赖、团结一致。

(11) 紧握拳头——挑战、表示决定、提出警告。

(12) 竖起拇指——称赞、夸耀。

(13) 伸出小指——轻视、挖苦。

(14) 伸出食指——指明方向、训示或命令。

(15) 多指并用——列举事物种类、说明先后次序。

(16) 双手挥动——呼吁、召唤、感情激昂、声势宏大。

(17) 用手揉揉鼻子——困惑不解，事情难办。

人不但在说话的时候用手的动作来加强语气，辅助表达。而且在危急或特定之时会用手势代替说话。现代游客到了国外，也大都用手势问问题或致意。

【参考】

运用身体语言"三忌"

(1) 忌杂乱。凡是没用的、不能表情达意的动作，如用手摸鼻子、随便搓手、摸桌边等都是多余而杂乱的身体动作。

(2) 忌泛滥。空泛的、重复的、缺少信息价值的身体动作，像两手在空中不停地比划、双腿机械地抖动等，不但没用，而且极为有害。

(3) 忌卑俗。卑俗的身体姿势就像街边的乞丐在乞讨着什么，视觉效果很差，非常损害自我形象。

第二节 旅游接待技巧

旅行社门店的营业活动要直接面对旅游消费者，双方之间能否最终达成交易，不仅取决于门店所能提供的旅游产品和服务本身，而且还取决于店员在接待旅游消费者时的言行与表现，有时候后者甚至能起到决定性的作用。作为店长，在平时一定要加强对店员进行下面几个方面专业知识的培训。

一、接近消费者的最佳时机

对于店员来说，找准与旅游消费者做初步接触的适当时机是相当重要的。首先应对旅游消费者进行分类，一般来说，进入旅行社门店的旅游消费者有以下两类。

1. 有特定目标的旅游消费者

这类旅游消费者是专程来购买某种旅游产品和服务的。他们进来后，很少左顾右盼，而是脚步轻快，径直向柜台走去。店员应迎合他们的急迫心理，主动接近。

2. 闲逛型旅游消费者

这类旅游消费者的购物目的并不明确，但如果他们发现合适的旅游产品和服务，就会产生购买动机。对于这类旅游消费者，店员要寻找合适的时机。一般来说，以下时机是接近旅游消费者的最佳时机。

1) 当旅游消费者关注某一产品时

在店里边走边浏览旅游产品的旅游消费者，突然停下脚步注视展示牌中某一产品的时候，是销售员与其打招呼的最好时机。如果旅游消费者已经找到某种想要的旅游产品和服务，但没有店员过来招呼他，那么旅游消费者可能会走开，继续浏览别的产品。

2) 当旅游消费者主动提问时

旅游消费者主动提问、询问有关旅游产品和服务的情况，说明他对此产品已经非常感兴趣了，店员在回答问题时，应详细地展开介绍。

3) 当旅游消费者对某旅游产品和服务感兴趣时

旅游消费者花很长时间只看展示牌中某一旅游产品，说明他对此旅游产品和服务非常感兴趣，这个时候正是打招呼的良机。

4) 当旅游消费者翻看某一旅游产品和服务宣传册时

当旅游消费者拿在手上来回翻看时，表示旅游消费者有需求，欲购买，店员可以稍微等一下。当旅游消费者注视或翻看旅游产品和服务有一段时间后，突然把头抬起来四处张望，表示旅游消费者想进一步询问有关某个旅游产品和服务的事宜。店员应立即与旅游消费者接触，再稍加游说，那这笔交易就有可能成功。

二、接近消费者的技巧

旅游消费者已经走到了柜台前，店员接近他们使用的语言和行动以及技巧有以下几点。

1. 搭讪与聊天

即店员利用各种机会主动与旅游消费者打招呼，进而吸引旅游消费者的注意力到旅游产品和服务上来。实施搭讪接近时应注意以下两点。

一是积极主动。店员看准目标与时机时，应积极热情、充满信心地主动出击，充满信心地上前搭讪，给旅游消费者留下一个好印象。

二是寻找与旅游消费者的共同点。人往往乐于接受与自己在某些方面相同的人的意见。旅游消费者也愿意找到这些人做自己的参谋。如果店员的某些说法或看法与旅游消费者相同，则无形中会缩短双方的距离。

2. 提问接近

即通过提问题的方式来接近旅游消费者。例如，常问的问题有以下几种。

(1) 您好，有什么可以帮您的吗？(2) 您好！您要看些什么旅游产品？(3) 您需要什么样的线路？我拿给您看。

3. 赞美接近

即对旅游消费者的选择、经验以及外表、气质等进行赞美，接近旅游消费者。赞美使门店销售人员容易接近顾客，因为人们永远爱听好话，通常来说只要店员赞美得当，旅游消费者一般都会表示友好，并乐意与之交流。

(1) 您的包很特别，在哪里买的？(2) 您今天真精神！(3) 小朋友，长得好可爱！(带小孩的旅游消费者)；(4) 您的眼光真好，这是我们店最新上市(最抢手)的旅游产品和服务。

不是每个销售人员都会赞美，都知道赞美的重要性，因此，需要从习惯赞美、寻找赞美点和练习赞美 3 部分运用赞美的力量(图 14.8)，成为一名成功的门店销售人员。

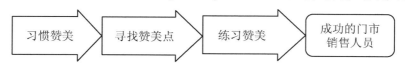

图 14.8　运用赞美的力量

但是无论采取何种方式接近旅游消费者和介绍产品，店员必须注意的是交谈时要非常谨慎，切忌涉及个人隐私。此外，店员应注意，与旅游消费者交流的距离不宜过近也不宜过远，正确的距离是一米五左右。

【参考】

> 对客服务过程中，忌讳说哪些话？
>
> (1) 喂！进来看！
> (2) 有什么事吗？
> (3) 您说什么？再说一遍？
> (4) 忙着呐，自己先看看！

第三节　旅游咨询服务

咨询服务的字面意思是提供解决问题的帮助。从广义上讲，任何涉及请教、询问、商议等意思的双方问答事件，对于问方来讲，都可作为咨询服务。从狭义上来讲，咨询服务是一种顾问及相应的客户服务活动，其内容是为客户提供咨询服务，这种服务的性质和范围通过与客户协商确定。

一、现场咨询服务

现场咨询服务是指旅游者亲自前往旅行社所设立的门店柜台，向工作人员询问有关旅游方面的问题。旅行社的工作人员应热情接待、仔细倾听、耐心解答旅游者提出的有关旅游方面的问题，并向其提供各种可行的意见和建议，提供本旅行社旅游产品的宣传资料，力求促成旅游者购买本社的旅游产品。

在提供现场咨询服务过程中，旅行社门店销售人员必须坚持礼貌待客，热情友好，面带微笑，主动介绍，认真仔细地倾听旅游者的询问，并耐心地进行回答，给旅游者一种宾至如归的感觉。

对于前来门店咨询的旅游者，通常采取图 14.9 所示的 6 个接待步骤。

图 14.9　门店咨询的 6 个接待步骤

1. 迎客

旅游咨询者走进旅行社门店后，门店销售人员首先要仔细观察，判断旅游咨询者进门店的意图：是随便问问，还是有旅游意向？有无某条线路或者某种旅游产品已经引起了旅游咨询者的注意？其次，门店销售人员要专注，看到旅游者已经进来了，就要转向旅游者，用眼神来表达关注和欢迎，注目礼的距离以五步为宜；在距离三步的时候就要面带微笑，热情地问候"您好，欢迎光临"，并合理运用手势语言。

2. 询问

客人落座后，给客人提供送水服务，然后询问客人的旅游需求。询问时通常要问客人是国际游还是国内游、去什么方向、去几天、几个人去、希望乘坐的交通工具以及价格定位等问题。在了解客人的基本需求后要有针对性地进行选择推荐和解答。在咨询过程中，旅行社门店销售人员还应认真地将旅游者的问题和要求记录下来，并及时地汇总上报。

【参考】

> **正在与游客交谈，自己手机响铃怎么办？**
>
> 不少人在工作状态中频繁使用移动电话，特别是在和旅游者洽谈的时候。当门店销售人员正在与游客交谈时，接听一连串的电话肯定会让旅游者反感，那应该怎样处理为好呢？
>
> 建议：如果真碰到了什么急事，首先应向游客说声："对不起，我接个电话好吗？"其次，能及时处理后挂断电话，调成振动或者静音状态，避免铃声再次响起；然后热情、认真、耐心地继续和旅游者交谈；最后，等交流结束，旅游者离开后，再用手机回复电话。最好的方式是事先就把手机调到振动或者静音状态。这样既能显示出对旅游者的尊重，又不影响工作或者业务。

3. 出示

当旅游咨询者对某种旅游产品产生兴趣时，旅行社门店销售人员要立即出示该产品的宣传资料递给旅游咨询者，使其有事情可做，有东西可看，有引起兴趣、产生联想的对象。当旅游咨询者正注意观察某条线路时，门店销售人员应简明扼要地介绍该旅游产品的亮点以引起旅游咨询者的兴趣，介绍线路时需要直接、快速切入正题，不需要多余的礼貌。正确的方法应该是："请允许我来帮您介绍一下。"

【参考】

> **旅游产品出示的方法**
>
> (1) 示范法。示范法就是旅游产品的展示。例如可以让旅游咨询者欣赏其中意的旅游产品的精美图片。这是进一步激发旅游兴趣、打消旅游咨询者疑虑的好方法。
>
> (2) 感知法。感知法就是尽可能地让旅游咨询者想象、感受、体验旅游产品，比如说通过网络信息、论坛中的评论，让旅游咨询者实际感知旅游产品，以消除旅游咨询者的疑虑。根据从众心理，绝大部分游客说好的、值得去的，一般来说，旅游咨询者也会认为是好的、美丽的、值得去的。
>
> (3) 多种类出示法。多种类出示法适用于旅游咨询者对具体购买某种旅游产品还不确定时，门店销售人员可出示几种行程相似或价格相近的旅游产品供其选择，但这并不是说出示的旅游产品越多越好。

【参考】

主动攀谈的机会

(1) 旅游咨询者较长时间凝视某条宣传线路时。
(2) 旅游咨询者把头从青睐的线路上抬起来时。
(3) 旅游咨询者临近资料架停步用眼睛看某条线路的图片时。
(4) 旅游咨询者拿起某条线路的资料时。
(5) 旅游咨询者在资料架旁边寻找某条线路时。
(6) 旅游咨询者把脸转向门店销售人员时。

这六大机会意味着旅游咨询者已注意到某项旅游产品,或者希望得到门店销售人员的注意,从无意注意转向有意注意,或者从对旅游业产品的注意发展到对该产品的兴趣。

4. 推介

旅游产品推介是指在出示旅游产品的同时应向旅游咨询者推荐介绍相关旅游产品的有用信息。这时旅行社门店销售人员应实事求是地说明和介绍,并列举旅游产品的一些卖点或者亮点等特色,确定能满足旅游咨询者需要的特点,向旅游咨询者说明购买此项旅游产品所能获得的利益。其转化公式为:旅游产品特征功能 = 旅游咨询者利益。

参谋推荐的实质就是将旅游产品的一般特征转化为旅游咨询者所向往、所理解、所需要的个性化特征,恰到好处的介绍能使门店销售人员掌握销售的主动权,并能刺激旅游咨询者的购物欲望。

【参考】

介绍旅游产品的技巧

(1) 理解需求。旅游咨询者不是来帮助购买产品或者服务的客户,他们是向那些能够理解并满足他们需求的门店销售人员购买需求的满足和解决问题的方法。
(2) 简短扼要。请注意:独自一人滔滔不绝并非销售,销售人员要用最简要、清晰、易懂的语言与旅游咨询者沟通。
(3) 运用图片等视觉手段。
(4) 运用第三者的例子。
(5) 针对旅游咨询者的需求,对亮点、特色、注意事项等进行比较详尽的介绍。

5. 建议

旅游建议就是当旅游咨询者对旅游产品没有其他异议时,旅行社门店销售人员就可以直接建议旅游咨询者购买。旅游咨询者对旅游产品的缺憾犹豫不决时,门店销售人员应该将旅游产品的优点、好处全部列举出来,使旅游咨询者感到长处多于短处,从而坚定旅游咨询者购买的决心。旅游咨询者对旅游产品的个别问题持有疑虑、迟迟不愿做购买决定时,可介绍其他旅游者购买此项旅游产品后的满意度来印证门店销售人员所做的介绍,或淡化旅游产品的问题，消除旅游咨询者的疑虑。

【参考】

> **选择旅游产品法**
>
> 　　选择旅游产品法是采用含蓄的方式参谋推荐，促使旅游咨询者做出购买决定的方法。是询问旅游咨询者要买哪种旅游产品，而不是让旅游咨询者在买与不买之间进行选择。在选择的范围上，一般不超过两种，否则旅游咨询者难以做出决定。
> 　　例如：可让旅游咨询者在诸如去云南的"昆大丽"还是去四川的"九寨沟黄龙"两条线路之间进行比较选择，或者是在去四川的"九寨沟黄龙"双飞还是四飞之间选择。

6. 告别

"出迎三步，身送七步"，要以将再次见面的心情恭送旅游者走出门店。送客时要等旅游者起身后再站起来相送，送客时要说"预祝旅途愉快""欢迎下次光临"等礼貌用语。这都将使旅游者体验到门店是真心实意地为他们服务的，从而对门店留下美好的回忆，并起到良好的口碑宣传效果。如果旅游者带有较多或较重物品，送别时应主动帮提重物，送出门店。与旅游者在门口、汽车旁告别时，要与旅游者握手。目送旅游者上车或离开，要以真诚的态度，依依不舍地送客，应挥手致意，待旅游者移出视线后，才可结束送别仪式。

综上所述，旅行社门店的对客服务包括礼貌热情的进门问候、巧妙接近旅游咨询者的方法、细心体察旅游咨询者的需要和购买动机、恰到好处地进行旅游产品介绍、说明，给旅游咨询者参谋、赢得信任并推荐、热情周到的送别等。整个门店的对客服务不仅仅是在推销门店，也是推销整个旅行社的品牌和旅行社的声誉。因此，门店销售人员要在实际工作过程中不断学习、实践、体会、总结自己的对客服务工作。

二、电话咨询服务

电话咨询服务是指旅行社门店销售人员通过电话回答旅游者关于旅行社产品及旅游服务方面的问题，并向旅游者提供本旅行社有关产品的建议，积极促销、宣传本旅行社产品、信誉、品牌。咨询服务人员必须主动及时、热情礼貌、周到耐心地受理每一次咨询，认真、准确、详细地做好咨询记录，做到百问不烦、百答不厌、不急不躁、以诚待人，及时反馈客户问题并妥善解决，全面提升客户满意度。具体参见"门店电话礼仪"的相关内容。

三、信函和电子邮件咨询服务

信函和电子邮件咨询服务是指门店销售人员以书信形式答复旅游者提出的关于旅游方面和旅行社方面的各种问题和信息，并提供各种旅游建议的服务方式。目前，门店的信函咨询服务主要利用传真设备进行。在电子商务时代，需要特别注意电子邮件这个新型的咨询方式。信函和电子邮件咨询的书面答复应该做到语言明确、简练规范、字迹清楚正确——不允许出现错别字。具体请参见"门店信函和电子邮件服务人员礼仪"的相关内容。

第四节 产品及内容介绍服务

《论语》说:"工欲善其事,必先利其器。"意思为准备工夫做好了,可以事半功倍!

一、工欲善其事,必先利其器

1. 推销员要了解自己的产品

旅行社门店销售员在推销以前应当了解本公司的旅游产品,将本公司产品的优点与同类竞争的产品加以比较,认识到自己产品的优点,对新产品和服务价值有一个全面的了解。

2. 推销员要了解自己的公司

旅行社门店销售员要对公司的制度、发展和计划等有足够的了解,公司的形象和信誉是旅行社门店工作人员销售的招牌,产品质量好、声誉好的旅行社门店会增加顾客的信任感,也可以增加推销人员的信心。

3. 洞悉竞争对手的弱点

旅行社门店销售员在推销旅游产品之前,除了对自己的产品有很深的认识外,还应充分了解竞争对手的产品及销售情况。如果他对竞争对手的销售状况及弱点有很好的了解,在争夺客户时就会得心应手,比较容易抓住销售机会,反之不但争夺不到竞争对手的客户,还会让他们对自己的产品产生怀疑,影响公司的形象。

有一位经理曾经说过:我不相信单纯依靠推销术被动竞争能做好生意,但我相信禁止我的推销员讨论竞争对手的情况是极大的错误。由此我们可以看出掌握竞争对手情况的重要性。掌握对手情况主要是掌握对手的售后服务和发展速度怎样,产品的真正价格是多少,对手在销售中的弱点等。

二、旅行社产品的构成

"旅游产品"和"旅行社产品"两个概念经常被混用。

旅游产品是旅游经营者为旅游者提供的、能够满足旅游者愿望和旅游活动需要的各类产品和服务的总和。旅游产品的定义内涵十分丰富,外延非常宽泛,不仅包括旅游业内生产的产品,也包括在旅游业中销售的其他行业生产的产品。如茶叶、保健品等,虽然生产单位不属于旅游行业,但是却以商品的形式跟旅游者相联系,因而不能排除在旅游产品之外。

旅行社产品是旅游产品的组成部分,是旅行社根据市场实际需求,为旅游者提供的各类产品的总称。旅行社产品是一种组合产品,它是由有形实物和无形服务构成的,是一种虚拟产品,是目的地(旅游吸引物)、交通、住宿设施、餐饮、购物等的混合物,旅游者的消费滞后于旅游者的购买。而且,在大多数情况下,其构成的各个部分来自于不同的旅游供应商。

1. 旅游交通

旅游交通可分为长途交通和短途交通,前者指城市间的交通(区间交通),后者指市内接送(区内交通)。交通工具分为民航客机、旅客列车、客运巴士、轮船(或渡船、渡轮)等。旅行社安排旅游交通的原则是：便利、安全、快速、舒适、平价。

2. 旅游住宿

住宿一般占旅游者旅游时间的 1/3，因此，旅游者对住宿的满意程度是关系旅行社产品声誉的重要方面。旅行社销售产品时，必须注明下榻饭店的名称、地点、档次以及提供的服务项目等，一经确定，则不能随意更改，更不能降低档次、改变服务项目。

3. 旅游餐饮

旅游餐饮是旅行社产品不可缺少的要素，也是旅游者重要的需求内容。尤其是驰名的风味餐饮，往往是吸引旅游者的因素之一，甚至有的旅游团就是为了风味餐饮而组团的。旅游者对餐饮安排的满意程度直接影响到旅行社的信誉和形象。旅行社安排餐饮的基本原则是：卫生、新鲜、味美、量(份)足、价廉、营养、荤素搭配适宜等。

4. 游览观光

游览观光是旅游者最主要的旅游动机，是旅行社产品产生吸引力的根本所在，也反映了旅游目的地的品牌与形象。由于游览观光是旅行社产品的核心内容，所以必须充分重视游览观光的内容和质量。旅行社安排游览观光的原则是：资源品位高、环境氛围好、游览设施齐全、可进人性强、安全保障好等。

5. 娱乐项目

娱乐项目是旅游活动的重要补充内容。娱乐项目包括歌舞、戏曲、杂技、民间艺术及其他趣味性、消遣性强的民俗活动。许多娱乐项目都是参与性很强的活动，能极大地促进旅游者游兴的保持与提高，加深旅游者对旅游目的地的认识。

6. 购物项目

旅游者在旅游过程中一般会适当购买一些特产、工艺美术品，以自用或留作纪念或馈赠亲友，购物是旅游活动中的一项重要内容。旅行社安排购物的原则是：购物次数要适当，购物时间要合理；要选择服务态度好、物美价廉的购物场所，忌选择那些服务态度差(如强迫交易)、伪劣商品充斥的购物场所。

7. 导游服务

为旅游者提供导游服务是旅行社产品的本质要求，大部分的旅行社产品都含有导游服务。导游服务包括地陪服务、全陪服务、领队服务和景区点讲解员服务，主要是提供翻译、向导、讲解和旅途生活服务。导游服务必须符合国家和行业的有关标准及相关法规，并严格按组团合同的约定提供服务。

8. 旅游保险

旅行社提供旅游产品时，必须向保险公司投保旅行社责任保险，保险的赔偿范围是指由于旅行社的责任致使旅游者在旅游过程中发生人身或财产意外事故而引起的赔偿。

【参考】

> **旅行社收取旅游费用的项目**
>
> 除双方另有约定以外，旅游费用主要包括下列项目。
> (1) 交通费：行程表所列的城市间交通费及每人一件行李的运费(其重量和尺寸以交通部门限定为准)。交通工具的等级标准以合同的约定为准。
> (2) 用膳费：按合同约定的用餐标准由旅行社安排的膳食费。
> (3) 住宿费：按行程表所列的酒店或同级酒店，旅行社按合同约定的住房等级档次安排的住宿费。
> (4) 游览费：依照行程表所列的游览费用，主要是游览交通费、合同约定的景点和旅游项目第一道门票费。
> (5) 导游服务费：旅行社依照行程为游客提供导游服务的地陪、全陪费用。
> (6) 附加费：双方约定的其他费用。

三、旅行社产品的类型

旅行社产品的类型有多种划分标准。按照旅游者的组织形式可以分为团体旅游产品和散客旅游产品；按照产品的档次可以分为豪华型、标准型、经济型旅游产品；按照旅游者的目的和行为可以分为观光旅游产品、度假旅游产品和专项旅游产品(特种旅游产品)。

1. 团体旅游产品和散客旅游产品

按旅游者组织形态划分，可分为团体旅游产品和散客旅游产品，见表 14-1。

表 14-1　按旅游者组织形态分类

旅游产品	细分产品
团体旅游产品	全包价旅游产品 半包价旅游产品
散客旅游产品	零包价旅游产品 小包价旅游产品 单项服务旅游产品 组合旅游产品 半自助式旅游产品

1) 团体旅游产品

团体旅游一直是我国旅行社的拳头产品。这种形式包含两层意思：一是团体，即参加旅游者的人数在 10 人以上(含 10 人)；二是包价，可细分为全包价和半包价两种形式。前者是指旅游者将旅游行程中的一切相关的服务项目费用统包起来预付给旅行社，由旅行社全面落实旅程中的一切相关的服务项目。后者是指在全包价旅游的基础上扣除午、晚餐费用(即不含午、晚餐项目)的一种包价形式。半包价旅游的优点是降低了产品的直观价格，提高了产品的竞争力，也更好地满足了旅游者在用餐方面的个性化要求。

团体旅游的服务项目通常包括以下几种。

(1) 依照规定等级提供饭店客房。

(2) 一日三餐和茶饮。
(3) 导游服务。
(4) 交通集散地的接送服务。
(5) 每人 20kg 的行李服务。
(6) 游乐场所门票和文娱活动入场券。

团体旅游的优点体现在价格低廉，安排紧凑，节约时间，导游的讲解可增加游客的旅游收获，许多事情无须游客亲力亲为，因而减少了麻烦；同时，游客的利益和权利有购买合同的保障。国家对此也出台了一系列的政策和制度，用以规范团队旅游的市场行为，增强游客的旅游信心，这使得团队旅游成为目前大多数人外出旅游的主要形式。

2) 散客旅游产品

国际旅游业的一个发展趋势是全球范围内散客旅游的迅速增长，特别是互联网的发展为散客提供了有效的工具。散客旅游从人数上看一般在 10 人以下，以家庭和朋友结伴为多。它可以分为散客包价旅游和散客零星委托业务。散客包价旅游除了人数区别于团队旅游外，旅行社提供的包价服务项目与团体旅游相同。散客零星委托与单项服务相同，旅行社收取委托服务的差价或佣金。

(1) 小包价旅游。也称可选择性旅游或自助游。它由非选择部分和可选择部分构成。前者包含城市间交通(长途交通)、市内交通(短途交通)及住房(含早餐)；后者包括景点项目、娱乐项目、餐饮、购物及导游服务。小包价旅游具有经济实惠、手续简便和机动灵活等特点，深受旅游者的欢迎，是旅行社今后值得推广的产品。

(2) 零包价旅游。参加这种旅游的旅游者必须随团前往和离开旅游目的地，抵达旅游目的地后旅游活动自行安排。参加零包价的旅游者可以获得团体机票优惠价格。

(3) 组合旅游。旅游者从不同的地方来到旅游目的地，然后由当地旅行社组织团体旅游活动。其特点是：组合旅游团内无领队；组团时间短，客人办妥手续后，最多一周内即可成行；易于成行，改变过去不足 10 人不成行的做法；旅游者选择性强，既可参加团队活动，亦有相当多的自由时间。

(4) 单项服务。旅行社根据游客的零星要求，提供单项服务以收取差价或佣金。单项服务的项目有：导游服务；交通集散地接送服务；代办交通和文娱票据；代订饭店客房；代客联系参观游览项目；代办签证；代办旅游保险；旅游咨询服务。

(5) 半自助旅游。半自助旅游是结合团队游与自助游的一种新的旅游方式，是旅行社面向个人或小团体，接受游客专门订单委托，并向游客提供旅游指导和单项或几项服务的个性化旅游业务，游客可以在旅行社的支持下自由地组合旅行社提供的旅游线路，安排旅游行程，完成旅游活动。半自助旅游的业务内容主要有：单项委托，线路指导，旅游支持，提供旅游保险、导游图、技术装备等。

2. 豪华型、标准型、经济型旅游产品

不同档次的旅游产品是由旅游者的消费水平决定的。

豪华型旅游产品的旅游费用较高，游客一般住宿和用餐于四星、五星级酒店或豪华游轮上，享用中高级导游服务、高档豪华型进口车，欣赏高水准的娱乐项目，往返使用飞机航线(干线和支线)等。

标准型旅游产品的旅游费用适中，游客一般住宿和用餐于二星、三星级酒店或中等水准的宾馆、游轮里，享用豪华空调车，使用飞机航线(只限干线)双飞。

经济型旅游产品费用低廉，游客住宿和用餐于低水准的招待所或旅社，一般使用汽车、火车或普通轮船。

3. 观光、度假和专项旅游产品

1) 观光旅游产品

观光旅游产品是指旅行社利用旅游目的地的自然旅游资源和人文旅游资源，组织旅游者参观、游览及考察。观光旅游产品一般具有资源品位高、可进入性大、服务设施多、环境氛围好、安全保障强等条件，长期以来一直是国际旅游市场和国内旅游市场的主流产品，深受广大旅游者的喜爱。观光旅游产品开发难度小，操作简易，是旅行社开发度假旅游产品和专项旅游产品的基础。观光旅游产品的优点是旅游者能在较短的时间内领略到旅游目的地的特色，缺点是旅游者参与的项目少，旅游者对旅游目的地感受不深。

2) 度假旅游产品

度假旅游产品是指旅行社组织旅游者前往度假地(区)短期居住，进行娱乐、休闲、健身、疗养等消遣性活动。度假旅游产品包括海滨度假、山地度假、湖滨度假、温泉度假、滑雪度假、海岛度假、森林度假、乡村度假等。

度假旅游产品要求度假地(区)具备 4 个条件：环境质量好、区位条件优越、住宿设施和健身娱乐设施良好、服务水平高。度假旅游产品包含的项目参与性很强，如水上运动、滑雪、高尔夫球运动、垂钓、温泉浴、泥疗、狩猎、潜水、农家乐等。购买度假旅游产品的旅游者在旅游目的地停留的时间较长，消费水平较高且大多以散客的形式出行。

3) 专项旅游产品

专项旅游产品又称特种旅游产品，是一种具有广阔发展前景的旅游产品，具有主题繁多、特色鲜明的特点。专项旅游产品包括商务旅游、会议旅游、体育旅游、探险旅游、烹饪旅游、保健旅游、考古旅游、漂流旅游、登山旅游、自驾车旅游、品茶旅游、书画旅游、宗教旅游等。

专项旅游产品适应了旅游者个性化、多样化的需求特点，深受旅游者的青睐，是今后旅行社产品开发的趋势。专项旅游产品的缺点是开发难度大，操作程序多，有时需要多个部门的协作或参与，费用一般较高，这在一定程度上抑制了旅行社的开发积极性。

四、旅游产品的介绍

1. 旅游产品卖点

旅游产品"卖点"是指旅游产品本身所具有的，旅行社销售人员清楚阐述出来的，特定顾客清晰地感知到的，与特定顾客需求联系最紧密的，对特定顾客的购买决定最具影响力的因素。

2. 介绍主要旅游目的地的有关情况

(1) 主要旅游景点的名称、坐落地点、门票价格、开放时间；饭店、旅馆、餐馆、市内交通等旅游服务设施的类型、地点、价格。

(2) 抵离目的地的交通工具类型、价格及有关订票、乘坐、行李等方面的规定。

(3) 旅游目的地国家或地区的有关法律、法规、政策；旅游目的地的民俗风情，当地居民的生活习惯、宗教信仰及其对外来旅游者的态度等。

(4) 旅游目的地主要接待旅行社情况。如拥有哪些语种的导游员、能够提供的旅游活动项目等。

3. 介绍本旅行社的主要旅游产品情况

(1) 旅游产品的类型、档次、价格。

(2) 办理单项旅游服务的手续、费用及注意事项。

(3) 选择性旅游活动的内容、价格、出发日期及时间。

(4) 本地区旅游服务设施的基本概况，如饭店客房的价格、地方风味餐馆的菜肴特点及其价格、市内交通的主要运输工具种类及票价等。

(5) 本地区主要旅游景点的情况，如坐落地点、开放时间、主要特色、门票价格等。

(6) 本地区主要娱乐场所及购物商店的情况。

【参考】

介绍旅游产品时的"FABE"法则

"FABE"法则也称为"特优利证"法则。

F：特征(Features)，指的是这是个什么样的旅游产品，或者有什么样的特点、功能。

A：优点(Advantage)，这里的优点是指"特征"中所具备的优点。

B：利益(Benefit)，指的是旅游产品的某个特征会具有的优点，而这种优点能给顾客个人带来好处或者满足其特定需求。

E：证据(Evidence)，指的是门店销售人员可以适当地列举出一些恰到好处的证据，进一步加强说服力，消除顾客的怀疑或敏感心理。

五、旅游合同的签订及有关内容

旅行社门店应当依法与旅游者订立书面旅游合同，其目的是维护旅游者和旅游经营者的合法权益。门店销售人员在给旅游者介绍旅游合同时，要注意以下几点。

(1) 掌握合同的全部详细条款，并具备深入浅出地解释相应法律、法规知识的能力。

(2) 明确合同关系中有关双方权利与义务的条款，特别要注意：哪些是旅行社要承担的义务、旅行社享有哪些权利、旅游者要承担哪些义务并享有哪些具体权利等细节。

(3) 注意介绍与旅游者的特殊约定，一定要写入补充条款或者协议条款中，并且表述明确、翔实。

(4) 注意介绍签约时加盖公司印章及签写上经办人姓名、旅游咨询者签名及有效证件号码和联系方式。

(5) 熟悉国家旅游局的规范合同文本、当地旅游管理部门和工商管理部门制定的地方性旅游合同文本。

【参考】

签订旅游合同后，旅游者因故临时不能参加旅游，如何处理？

门店销售人员要告知旅游者：签订旅游合同以后，如果旅游者因故不能参加旅游，应该尽快通知旅行社取消。依照合同约定，游客办理退团解约，应赔偿旅行社的费用因解约时间不同而有差异。越早通知，赔偿越少。除另有约定外，其赔偿标准见表14-2。

同时，门店销售人员要向旅游者解释，旅行社收取的赔偿费用主要用于支付车、船、航空公司、住宿酒店、各地接待社等相关企业的解约违约金，实为旅行社不得已之举。

表 14-2　旅游者解约赔偿标准

旅游者通知退团解约的时间	旅游者赔偿旅行社的费用
旅游开始前第 5 日以前	全部旅游费用扣除旅行社已支出的必要费用后余额的 10%
旅游开始前第 5～3 日	全部旅游费用扣除旅行社已支出的必要费用后余额的 20%
旅游开始前第 3～1 日	全部旅游费用扣除旅行社已支出的必要费用后余额的 30%
旅游开始前 1 日	全部旅游费用扣除旅行社已支出的必要费用后余额的 50%
旅游开始日或开始后通知或未通知不参团	全部旅游费用扣除旅行社已支出的必要费用后余额的 100%

第五节　促成交易技巧

"促成交易"的含义就是指旅行社门店销售人员通过征询、宣传、介绍和说服等方式，促使潜在客户做出明确的购买决定。促成交易的直接表现是在旅行社门店付款购买旅游产品和服务。

一、价格异议的处理

在一般的销售过程中，价格是最困难的问题。在做好一切工作之后，门店销售人员最终还是要面对价格问题。尤其是在旅行社门店的销售工作中，经常会遇到前来咨询或购买旅游产品的顾客对销售价格产生异议。针对价格异议，销售人员只有树立正确的态度，明确需要注意的事项，才能够针对具体的价格异议做出恰当的处理。

1. 销售人员的态度

在销售过程的每一个阶段，价格问题都会困扰着销售人员。因此销售人员首先需要树立正确的价格态度，否则无法说服顾客来解决价格问题。

1）价格与价值

销售人员首先要掌握旅游产品的价格与价值之间的区别。

在旅行社门店销售中，对顾客来说，价值的重要性远远高于价格。价值的包装超越价格的意义，不断地提升价值就可以降低价格的意义。当销售人员不能提供顾客感觉到的高价值时，价格就会成为顾客在旅行社门店之间选购产品时的重要考虑因素。

2) 不怕问题

旅行社门店销售人员处理价格问题与打拳、开车非常类似。如果销售人员害怕价格问题，闭上眼睛，那么顾客提出的价格问题就如同打过来的拳头，销售人员就一定会被打中。开车时，当时速很快，驾驶者看到前面的后车灯时，必须马上决定向右靠还是转向左车道，需要决定和判断。销售人员面对价格问题的态度与开车的原理相似，虽然闭起眼睛逃避价格问题，但是不处理的问题会依然存在。销售人员切记价格并非绝对，应把焦点放在价值上，这才是正确的选择。

【参考】

> **为什么"深度游"旅游产品受青睐？**
>
> "深度游"旅游产品的价格很高，但仍旧有众多顾客喜爱。随着人们欣赏能力和认知程度的提高，游客们开始从"走马观花"变为"下马看花"，更青睐"深度游"旅游产品，"深度游"已悄然成为目前旅游的一大趋势。
>
> "深度游"旅游产品提供了相应的高质量，所以有顾客不在乎价格而购买。顾客的关注点是质量和价值，而不是价格。越害怕价格问题的销售人员，价格问题会跟得越紧。因此，销售人员在处理价格问题时，首先要做的是端正态度，不害怕价格问题。

3) 两种增值的"包装"

增值的包装表现在两个方向：公司和销售人员。

公司可以从硬件、广告、形象方面来对旅游产品进行包装，提升产品的知名度。但只有公司的包装还不能够完全使商品增值，现场销售人员的自我包装是不可缺少的一环。现场销售人员需要对自己进行包装，包装谈吐、内涵、专业，只有不断地进行自我包装，才能够提升价值，才是最积极的做法。

2. 价格异议处理技巧

1) "隔离"策略

所谓"隔离"策略是指当某顾客在销售现场提出"太贵了"的异议时，销售人员应该引导顾客到另外一处慢慢谈价格，避免让价格问题变成其他一些现场顾客的问题。否则，顾客提出的"太贵了"的异议就会引起现场其他顾客的联想、认同，顾客之间无限的传达，很容易使得顾客不会购买，或离门店而去。

2) 降价不是万能的

销售人员需要有清晰的认知：无论如何降低旅游产品的价格，顾客永远认为门店在赚钱，而不会赔本。

无论销售人员如何强调打折、没有利润，顾客永远不会相信这是事实。每位顾客都会猜测销售人员所赚取的数目，从来不会认为门店会亏本销售。因此无论销售人员降价幅度多大，顾客都会认为门店在盈利。通过讨价还价的方式，常常会使得顾客将忠诚度建立在价格上，当顾客将忠诚度建立在价格上时，门店可能会在某次赢得顾客(代价是很低的价位),但是门店不能够保证以后一定会赢得该顾客。当顾客将忠诚度建立在价格上时,价格就成为门店之间的竞争因素,没有门店能够绝对通过价格把握所有的顾客。

二、价格异议的应对方式

常见的顾客提出的价格异议具体有:太贵了;我负担不起;手头上现金不足;价格比预期高等,针对这些异议,旅行社门店销售人员可以采取相应的方式进行处理。

1. 太贵了

"太贵了"是最常见的顾客价格异议,针对该异议,旅行社门店销售人员可以采用"回飞棒"的技巧,结合沉默的压力来解决。

在门店服务中,针对"太贵了",错误的回答常见的有以下3种。

(1) "这个价格还嫌贵啊?"(好像暗示顾客如果嫌贵,就不要购买)。

(2) "我们这里不讲价!"(暗示顾客,如果想讨价还价,就没有商谈的余地)。

(3) "那么多少钱你才会买?"(使顾客对产品的质量失去信赖,使得价格代替价值成为决定购买的主要因素)。

正确的回答应该是:"是的。只是我要跟您说明,我们旅行社的这个产品价格高是有原因的,贵是很值得的。首先是产品构成。我们和市场同类产品比较,多游览了4个景点,而这4个非常具有游览价值的景点其他旅行社都没有安排。其次是来回交通。我们也可以作一个比较,我们旅行社是直达目的地,中途没有转机的,但是,市面上的一些产品却要转机,这样就浪费了时间和精力。还有……另外,我们旅行社讲究服务和信誉。"

旅行社门店销售人员可以运用处理反对问题的技巧——"回飞棒"技巧来回答,通过这样回答后,又一次对产品进行了包装,对其性能进行了说明与比较,提升了旅游产品的价值,从而刺激了顾客的购买欲望。

此外,旅行社门店销售人员有时也可以采用:"那么您觉得这条线路要多少钱才合理呢?您觉得价格是您和您家人(您的员工)旅游(出国旅游)时唯一考虑的因素吗?"(短时沉默并微笑地看着顾客)——沉默是金。这种回答是巧用沉默的力量,把球踢给顾客,让顾客做出回答,可以有效地解决"太贵了"的价格异议。

2. 我负担不起

旅行社门店销售人员遇到"我负担不起"的异议时,首先要判断是借口还是事实。然后再决定是否需要引荐其他低价的旅游线路给顾客,以免错过销售机会。这时,服务人员的行为模式如图14.10所示。

> 借口→继续刺激购买欲望→达成销售

> 事实→推荐其他合适的旅游产品→达成销售

图 14.10 应对异议时的销售模式

当顾客提出"我负担不起"的价格异议时,有80%以上的销售人员会在第一时间转换商品销售,转成比较便宜、价格优惠、促销的商品。尽管这种处理方式没有错误,但并非完全正确,因为"我负担不起"的异议可能是顾客希望降价的借口,这时,销售人员必须加强价值的传递。这里最重要的是要做出正确的判断,和客人聊天,让客人多说话,也是一种非常有效的手段。实际上,提出"我负担不起"异议的大多数顾客并非买不起,最有可能是产品的价格超出顾客原本的预算,真正没有购买力的人不会花费时间与销售人员商谈商品。

如果旅行社门店销售人员实在拿不准,则采用最直接的方式问"负担不起"究竟是借口还是事实也未尝不可。当"我负担不起"表述出顾客的实际情况,那么,转移其他产品是正确的。若此时销售人员继续针对同类产品与顾客进行沟通,会伤害顾客的自尊,引起顾客的反感,产生逆反心理。

【参考】

判 断 技 巧

如何判断"我负担不起"究竟是借口还是事实呢?销售人员可以通过观察顾客的谈吐、职业类别来判断顾客的收入水平,断定是借口还是事实。顾客的名片也是很好的判断标准,销售人员可以通过顾客的职称、行业类别判断顾客的收入水平。此外,销售人员还可以与顾客多聊,从中判断顾客所谓的"负担不起"是借口还是事实。在询问顾客时,销售人员运用微笑和沉默的压力,让顾客说出实际情况。通过顾客的回答,销售人员可以决定接下来应该采取的措施。

3. 手头上现金不足

旅行社门店销售人员面对"手头上现金不足"的异议时,积极的做法是站在顾客的立场上,通过不同的方式帮助顾客解决手头现金不足的问题。如销售人员可以保留优惠价格、预付定金、约定期限都可以有效地帮助顾客解决问题,但重要的前提是加强顾客购买的意愿。

如果"手头上现金不足"是事实的话,要积极引荐门店其他的利用产品;如果"手头上现金不足"是顾客希望降价的另一种说辞借口的话,此时,销售人员绝对不能放弃,可以通过赞美、强调产品的有限数量或期限来继续刺激顾客的购买欲望(图 14.11)。否则,不但降价无效,还有可能因此完全失去这一次交易。因为,顾客会想,或许别的旅行社价格更低。

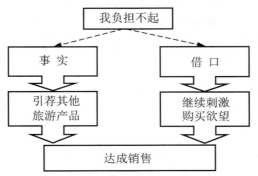

图 14.11　克服异议达成销售

【参考】

> **顾客没带足够的现金,怎么办?**
>
> 正确的做法应该是:先办理签约手续,并请顾客用身边的现金支付大部分款项;余额部分可以采用门店主动上门收取、第二天由老人送到门店或者出团当天由工作人员代为收取等策略解决。

4. 价格比预期高

旅行社门店销售人员在处理"价格比预期高"的价格异议时,首先要判断旅游咨询者是否真正有购买意愿。其次是针对旅游咨询者的价格标准,分析旅游产品构成,刺激旅游咨询者的购买欲望。在门店服务中,针对"价格比预期高",错误的回答常见的有以下两种。

(1) "那不可能!"
(2) "那种价格的服务一定很差的!"

之所以说"那不可能"的回答是错误的,是因为这是一句攻击性的语言,这一句话的潜台词是顾客在撒谎。因此,它可能会伤及顾客的自尊。而"那种价格的服务一定很差的"则暗含了顾客没有智慧、不会选择,这同样很容易伤害顾客的尊严。

正确的回答有以下几种。

(1) 您本来预期这条线路是多少钱呢?
(2) 您原本预期价格的标准是怎样的呢?
(3) 请让我把事实的细节向您说明一下……

旅行社门店销售人员的上述说法可以比较有效地避免对顾客的伤害,同时为自己创造了给顾客解释的机会,这就意味着创造了继续推介产品、刺激顾客购买欲望的机会。如果顾客所提出的预期价格与产品的价格相差无几,销售人员可通过强化产品的价值来加强顾客购买的欲望,从而达成最终的销售。

旅行社门店销售人员要用积极的心态去面对每一位踏进门店的顾客,哪怕顾客最终没有购买旅行社产品,也要把他作为朋友一样接待。销售人员要永远保持热切的成交期望,才能够获得最终的销售。

总之,针对价格异议,旅行社门店销售人员首先不要害怕问题,区分价值与价格,给产品增值,采用隔离策略是价格处理中要注意的事项,降价不是有效地解决价格问题的方式。针对不同的销售现场的价格异议,销售人员可以分析顾客话语背后的真实含义,灵活地进行处理。

三、促成交易的技巧

1. 帮助旅游咨询者做决定

遇到顾客犹豫不定时,旅行社门店销售人员切记不能失去耐心。

旅行社门店销售人员首先要明确,顾客在决定的时候,往往会害怕做出错误的决定。表现在交款时犹豫,希望"再考虑考虑"或者"回家和先生(夫人)商量商量"。这样的话语对销售过程极具破坏性,因为顾客离开门店后,其购买欲望会慢慢减弱,很有可能一去不回——永远不再进入旅行社的门店。

门店销售人员要做一个名副其实的"旅游专家",帮助潜在旅游者做决定,这时可以采用"二选一"法则,就是指门店销售人员以顾客购买为前提作假设,再次询问顾客所需要的是什么特色或者什么细节的旅游产品,这样,顾客就不会将考虑的重点放在是否需要购买的选择上,从而促进交易的成功实现。

2. "有限""错过"策略

旅行社门店销售人员一定要明确产品数量的有限性、时间的有期限性的意义。顾客知道产品数量有限或者时间有限之后,会担心"错过",并进而产生此时不买,更待何时的急切心理。这时,门店销售人员通过煽情的语言加强促销力度,就会进一步拉升顾客的购买急迫感,从而有助于交易的促成。

3. "即时买"意识

旅行社门店销售人员一定要有这样一种意识:促成顾客今天买,不要相信"考虑考虑"。在门店实践工作中可以注意到,当旅游咨询者说"我再考虑考虑"时,门店销售人员的回答通常有以下几种。

(1) 门店 a:"那您再考虑考虑,考虑好了来电话。"
(2) 门店 b:"我给您一张名片,随时可以打电话给我。"
(3) 门店 c:"这么好又便宜的线路还要考虑啊?"
(4) 门店 d:"我相信您对这次旅游很慎重,但是我很想清楚地知道您所考虑的是什么,因为我怕我有解释和服务不周到的地方。您考虑的是我们公司的服务还是……"

不同的回答,旅游咨询者的反应是不一样的。前面的 3 种,旅游咨询者和销售人员说声"拜拜"就离开了。而唯有最后一种,客人还会坐在门店,和销售人员进一步地沟通,也只有这一种,成功的希望更大。

4. 假设式结束法

假设式结束法是旅行社门店销售人员直接假定旅游咨询者已经购买本公司的产品,所做的只是帮助旅游咨询者对产品使用的介绍。例如,针对一位想去庐山避暑的旅游咨询者,门店销售人员说:"这个季节去庐山最凉爽了!我们这里 38℃,白天晚上没有空调没法过日子。但庐山的白天也只有 21℃,您必须要带一件长袖衫!还有,带个轻便的雨伞,玩三叠泉瀑布就不怕水了……"这样的谈话,轻松愉快,似乎不是在做交易,而是朋友间在谈一种感受,相互之间的距离一下就被拉近了。

5. 邀请式结束法

邀请式结束法,是指旅行社门店销售人员不停地询问旅游咨询者关于旅行社旅游产品的意见,并使旅游咨询者不断地赞同门店销售人员的意见,从而将对旅行社以及产品的认可强化到旅游咨询者的潜意识中。

通用最简单的表述:邀请式结束法 = 肯定 + 问句。

以下都属于邀请式结束法的语句。

(1) 这条线路真的非常适合您,您觉得呢?
(2) 这条线路真的非常有特色,您觉得呢?
(3) 这条线路现在去景色最美,您觉得呢?
(4) 这条线路的性价比是最高的,您说呢?

四、激发顾客的购买欲望和潜能

店铺就像一个舞台。旅行社门店的销售人员在门店这个舞台上展示旅游产品和服务的魅力;就好比任何眼镜都是针对不同佩戴者的需求来设计的一样,所谓各花入各眼,百货中百客。

产品本身是无言的,是销售人员的介绍使产品被赋予了生命。优秀的旅行社门店销售人员在激发顾客购买欲望时,首先是善于寻找旅游产品的优点,发现旅游产品的卖点,以此与顾客产生互动;寻找产品将给顾客带来什么功能与利益,主动开发顾客的需求,以此来促使自己销售的成功。失败的门店销售人员常常通过寻找商品的缺点来原谅自己,如图 14.12 所示。

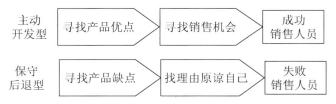

图 14.12　成功与失败销售人员

据统计,每位消费者都有消费潜能,正常的消费潜能可以被开发达到超过 50%。进入旅行社门店中的每位顾客都是销售人员的潜在顾客,都存在销售成交的可能。如何激发顾客的消费潜能是每位销售人员应该考虑的问题。门店销售人员需要以积极的心态抓住机会,刺激顾客的消费潜能,将可能的成交变为现实的成交。

五、促成交易的原则

旅行社门店要促成顾客成交需要掌握以下基本原则。

1. 主动原则

门店销售人员发现旅游咨询者有旅游愿望和购买欲望后,就要主动向顾客提出成交要求。许多销售机会是因为门店销售人员没有要求顾客签约而悄悄溜走的。

2. 自信原则

一定要相信自己旅行社、门店的旅游产品,要对自己充满信心。请注意:自信具有感染力。而且,如果自己都不相信自家旅游产品,怎么能指望旅游咨询者相信呢?

3. 坚持原则

成交要求遭到顾客拒绝后不要放弃,要有技巧地再次引导顾客,最终达到成交的目的。

第六节　顾客接待服务

旅行社门店除了设计并提供好的产品外，主要的就是提供好的服务。而所谓人性化服务的根本就是处处从顾客的需求出发，一切为顾客着想，并且以具体的行动落实在各个服务过程中——提供合适的产品，提供优质的服务。

一、人性化服务

人性化服务到底是什么？当顾客感觉自己的需要得到满足，自己的人格得到尊重的时候，人性化服务也就功德圆满了。看上去多么简单，可回头想想，曾有过一阵在某些商场的营业员中推行过跪式服务，以使顾客有上帝的感觉，认真想来那并不是人性化服务的真谛。人性化应该是双向的，要营业员和顾客同时得到人格尊严，人性化服务应建立在人格平等的买卖双方基础上。由此想来，当顾客需要时，热情地对待不同层次的光顾者并不是精力和时间的浪费，而是向人性化服务更迈进了一步。当然这种介绍要避免像篮球场上的全场盯人防守。人性化服务其实是一种思维方式，是对一个门店、一位员工综合素质的集中考评，它以尊重别人和尊重自己为起点。

【参考】

> **如何向消费者递送签字笔？**
>
> 门店销售人员在向顾客递送圆珠笔或者钢笔时，应注意以下事项。
> (1) 门店销售人员应该双手将圆珠笔或钢笔递送到顾客手中，不可以随便扔给对方。
> (2) 需将笔的尖头朝向自己，而不能指向对方。
> (3) 递送时，看着顾客，面带微笑。

二、双重服务

1. "硬服务"与"软服务"

如同电脑一样，旅行社门店也有自己的"硬件"和"软件"。各种"物的因素"是门店的"硬件"；各种"人的因素"是门店的"软件"。"物对人的服务"是"硬服务"；"人对人的服务"是"软服务"。就两者在市场竞争中所起的作用而言，"软服务"一点也不"软"，因为旅游者进门可能是从外面看到旅行社门店的装潢设计等硬件，而旅游者出门时心中留下的则必定是旅行社门店销售人员的服务质量——"软服务"好不好。因此，做好"软服务"就是门店的"硬任务"。

2. "功能服务"与"心理服务"

"服务即交往，交往即服务"。而交往中的服务包括"功能服务"和"心理服务"。

所谓"功能服务"就是帮助旅游者解决实际问题的服务；所谓"心理服务"就是让旅游者得到心理满足的服务。旅游者既希望旅行社门店销售人员能做好事情，解决实际问题，提供"功能服务",又希望门店销售人员懂得人际交往,带来愉悦,提供"心理服务",从而获得完整、整体的服务产品。所以,门店销售人员应该自觉为顾客提供"双重服务"。

三、优质服务

门店销售人员必须认识到:"门店出售的不仅仅是线路和景点,而是伴随着线路和景点的所有服务的综合。"一种以线路产品为基础的旅游经济正在迅速地向一种以服务体验为基础的旅游经济转变。服务质量的优劣决定了一家旅行社在竞争中的成败。

优质服务就是消费者对门店管理者和服务者所提供服务的期望值和满意度的"相对统一"。旅游产品使用价值的实现是一个消费者消化、吸收并作用于决策或付诸实践的过程。"服务"就是自己要推销的"商品",在服务内容和时间上满足客户要求,讲究服务效果,真正解决客户的问题。以为自己有了自觉性就会做得好,就是"优质的",却往往忽略了消费者的期望值这一点、忽略了那是两种因素的相对统一。

优质服务既是规范化服务也是个性化服务,是能够带给顾客生理上和精神上以美好享受的那种服务。由此可见,旅行社门店服务与社会制度、精神文明、道德水准、文化素质、经营环境等多种因素密切相关。

【参考】

礼貌服务三要素

(1) 接待三声:来有迎声、问有答声、去有送声。
(2) 文明五句:问候语"你好";请求语"请";感谢语"谢谢";抱歉语"对不起";告别语"再见"。
(3) 热情三到。
① 眼到(注视部位:头部和双眼;注视角度:平视,不要仰视;注视时间:注视时间应在相处总时间的1/3)。
② 口到(讲普通话;因人而异、区分对象)。
③ 意到(有表情;表情要与客人互动;不卑不亢)。

第七节 与顾客互动服务

如何为产品、公司甚至销售人员获得口碑?销售人员与顾客保持良好的互动,可以有效地获得顾客的支持并为产品做免费宣传。

一、口碑

根据金锁链法则,一般人口耳相传的口碑销售力量高于销售人员解说销售力量的15倍。口碑之所以会产生力量,最重要的原因在于其无私、无利润。很少有人会在口碑相传的过程中,跑到门店向老板索要介绍费。

但销售人员需要注意:正面消息会被传播,负面消息也会被传播,而且负面消息传播的速度会比正面消息更快、传播的范围会更远。

口碑的力量如此之大，如果旅行社门店能够建立免费的销售员系统，则会非常有助于销售。

二、免费销售员系统

所谓免费的销售员系统是指高忠诚度的顾客与企业站在同一战线，免费帮助企业介绍其他顾客，通过其他顾客再次帮助企业进行宣传。当这样的宣传力量开始起作用之后，口碑的力量会帮助企业带来越来越大的生意。

优秀的旅行社门店销售服务人员会聪明地掌握口碑，掌握朋友与朋友之间口口相传的力量。而不够聪明的销售人员则只会做眼前的生意。

在销售人员维持与顾客的关系中，主动是最重要的原则。销售人员只有主动地与顾客保持联系，才能够与顾客保持好的互动，毕竟顾客主动进入门店中与销售人员结成朋友的可能性很小。

三、基本应对用语

在建立口碑、维持与顾客之间良好的关系中，销售人员需要熟练掌握最重要、最根本的应对用语。

1."欢迎光临……"

当顾客进入旅行社门店时，销售人员的"欢迎光临……""欢迎再次光临……"，用语会起到广告作用，会不断地强化顾客的潜意识。

通过这种欢迎光临的应对用语，门店销售人员可以达到很好的广告效应。当销售人员在说"欢迎光临……""欢迎再次光临……"时，不断地强化顾客的潜意识，加深顾客对产品的记忆。

2."谢谢您，很抱歉……"

当顾客召唤销售人员时，销售人员需要应用"好的,是的""能不能麻烦您稍候一下……""很抱歉，让您久等了……"的应对用语。随时使用"谢谢您，很抱歉""不好意思，没有帮什么忙"的用语，使之成为一种良好的习惯，充分显示出销售人员对顾客的尊重，以维持与顾客之间良好的互动。此外，越熟悉的顾客，销售人员越不能掉以轻心，因为往往会在小事件中失去对顾客的尊重。

四、用心经营

1. 优质的服务

从顾客进入旅行社门店、消费服务到最终离去，销售人员热情的招待、贴心的服务会不断累积顾客美好的感觉，而持续的用心经营就会赢得好的顾客。

2. 多做贴心小事

成功的旅行社门店在于能够通过一些贴心的小事赢得顾客的感动，建立与顾客之间的友情。建立友情之后，顾客在最终口碑的传递中会起到重要的作用，从而为销售人员的门店销售造成一定的效应。

如炎热的夏天，递给进入到门店中满头大汗的顾客一条冰毛巾，递给口渴的顾客一杯冰冻的矿泉水，这些都是贴心的服务，会赢得顾客的感动，使顾客积累美好的感觉，最终顾客会把销售人员当作朋友。成功的门店能创造出顾客的感动，建立起超越价格的友情。

贴心的互动、贴心的服务会给顾客留下深刻的印象，顾客喜欢被关心、体贴的感觉，使他们不止成为朋友，甚至销售人员会成为顾客生活上、工作上的参谋。

3. 成为顾客的知音

通过收集顾客的资料，旅行社门店销售人员可以找到许多话题与顾客沟通，从而拉近距离，成为顾客的知音。

顾客资料通常包括家庭以及成员状况、顾客目前的职业、职业变动、个人兴趣、经济状况等，这些资料需要销售人员在第一次与顾客接触时就开始记录，以便为以后的沟通奠定良好的基础。从顾客的资料中寻找话题，对顾客的关心体贴入微，就可以很好地创造感动，创造顾客美好的感觉。优秀的门店人员可以通过照顾顾客、关心顾客来营造顾客美好的感觉。

更为成功的销售人员可以通过帮助顾客收集行业专业资料、专业知识，并提供给顾客，以照顾顾客的生意。这种做法表示销售人员关心顾客的生意，让顾客深切感受到销售人员并没有以金钱衡量一切。

销售人员只有通过日常积累顾客资料，努力经营与顾客的关系，最终在达到满意销售效果的同时，还能够成为朋友。

实 操 练 习

1．根据实际工作，谈谈你是如何理解旅行社门店服务的？
2．运用实践知识谈谈身体语言的重要性。
3．根据你所工作或实习的旅行社和门店，谈谈在客户产生价格异议时，你通常采用哪些技巧？
4．你怎么看待旅游产品的价值和价格？

第十五章 门店商务礼仪

商务礼仪是在商务活动中体现相互尊重的行为准则。商务礼仪的核心是一种行为的准则,用来约束人们日常商务活动的方方面面。商务礼仪的核心作用是为了体现人与人之间的相互尊重,这样学习商务礼仪就显得更为重要。可以用一种简单的方式来概括商务礼仪,即它是商务活动中对人的仪容仪表和言谈举止的普遍要求。

第一节 店员形象礼仪

门店销售人员的形象礼仪主要通过服饰、修饰、举止、形象用品、佩戴胸卡等保持有活力的仪容仪表来体现。

一、形象设计

俗话说得好——"人靠衣装,佛靠金装"。一个人的气质与第一印象决定成败。随着社会的发展,人类文明的进步,个人形象设计已经成为人们生活中不可或缺的组成部分。

形象设计是通过对主体原有的不完善形象进行改造或重新构建,来达到有利于主体的目的。虽然这种改造或重建工作可以在较短的时间内完成,但是客观环境对于主体的新形象的确认则是一个较长的过程,并非一朝一夕的事。

门店销售人员的个人形象代表企业形象、产品/服务形象,甚至国家和民族形象。商务礼仪中的"形象"也就是外界对人们的印象和评价。

1. 个人形象的培养

个人形象不仅仅是打扮和美容,它是门店销售人员精神面貌的体现。良好的仪表仪容能使门店销售人员在工作中保持充沛精力,又能给顾客留下美好的印象。因此,门店销售人员的仪表仪容不仅仅是个人行为,而是关系到门店服务质量、门店销售业绩、门店形象、旅行社品牌的大事,是不容忽视的。个人形象的培养要注意以下两方面。

(1) 个人形象培养最重要的是个人定位。

(2) "首轮效应"决定了形象好坏的关键点:门店销售人员的服务对象是千差万别的旅游者,在这种复杂的人际交往中,仪容仪表是不容忽略的交际因素。良好的仪表仪态会令人产生美好的第一印象,在初次交往中,留给人的第一印象是最重要的。

2. 个人形象六要素

1) 仪表

重点是头部和手部：鼻毛不要过长、无异味、无异物；男性头发不要长于 7 厘米，做到前发不附额，侧发不掩耳，后发不及领。

2) 表情

三点要求：自然、友善、良性互动。

3) 举止

关注两点：举止文明，如不当众整理服饰；举止规范。

4) 服饰

最关键的问题是选择搭配到位：符合身份、和谐美感。

5) 谈吐

涉及 3 点：压低音量、慎选内容、使用礼貌用语。

6) 待人接物

为综合性要素，包括 3 个基本事项：诚信为本、遵纪守法、遵时守约。

3. 仪表、仪态

仪表即人的外表，包括服饰、容貌等，是人们对自身的美化与修饰，是一个人精神面貌的外在体现。完美得体的仪表可使门店销售人员工作得更加自信，也可使其他人感到轻松、愉快。在商务交往活动中，个人形象越好，态度就会显得越积极。门店销售人员的日常仪表主要包括化妆、发型与服饰。

仪表修饰是礼仪规则的第一要素，恰当得体的仪表修饰以下"三性"为标准。

(1) 协调性：妆面、全身、角色、场合的协调一致性。

(2) 自然性：技巧、工具、层次、点面、浓淡的适度性。

(3) 审美性：个性、搭配的美感与科学性。

仪态是指一个人举止的姿态和风度。姿态是指一个人身体显现出来的样子，如站立、行走、弓身、就座、眼神、手势、面部表情等。而风度则是一个人内在气质的外在表现。仪态属于人的行为美学范畴。它既依赖于人的内在气质的支撑，同时又取决于个人是否接受过规范和严格的体态训练。仪态的美丑往往还是鉴别一个人是高雅还是粗俗、是严谨还是轻浮的标准之一。

4. 文化修养要素

人与社会、人与环境、人与人之间是有着相互联系的，在社交中，谈吐、举止与外在形象同等重要。门店销售人员良好的外在形象是建立在自身的文化修养基础之上的，而人的个性及心理素质则要靠丰富的文化修养来调节。具备了一定的文化修养才能使自身的形象更加丰满、完善。

在形象设计中，如果将体形要素、服饰要素比为硬件，那么文化修养及心理素质则是软件。硬件可以借助形象设计师来塑造和变化，而软件则需靠自身的不断学习和修炼来改善。"硬件"和"软件"合二为一时，才能达到形象设计的最佳效果。

二、服饰美

服饰是人体的静止无声状态或姿态的延伸。服饰造型在人物形象中占据着很大的视觉空间，因此，也是形象设计中的重头戏。选择服装款式、比例、颜色、材质时，还要充分考虑视觉、触觉与人所产生的心理、生理反应。服饰能体现年龄、职业、性格、时代、民族等特征，同时也能充分展示这些特征。

门店销售人员处在旅行社对客关系的最前沿，是旅行社的"窗口"人物，门店销售人员讲究服饰美是对本职工作严肃认真、充满热情的反映，也是对顾客尊重的体现。因此，在工作过程中必须注意服饰美，让旅游者觉得信任和愉悦。在细节上应该注意以下几点。

(1) 上岗时必须统一着装，否则会给旅游者一种凌乱的感觉。
(2) 工作服是上、下身配套的，必须配套穿着。
(3) 如果只有上衣是工作服，要求裤子或裙子的色彩、款式要与上衣搭配协调。
(4) 鞋袜的款式和颜色也要与工作特点和服装统一。
(5) 在任何情况下，都不可以穿得过分花哨，袒胸露背，更不能穿背心、短裤上岗。
(6) 按照规定，佩戴好工作牌或标志，便于顾客辨认和监督。

1. 女士服饰

职业女性的着装是否得体十分重要。当今社会人们对服装的要求已不仅是干净整洁，而是增加了审美的因素。因人而异，服装在造型上有 A 形、V 形、直线形、曲线形；在比例上有上紧下松和下紧上松。但从事门店销售工作的女士一般要着职业套装(图 15.1)，裙摆长短适宜，丝袜颜色与肤色接近，鞋子清洁光亮，饰物以少为佳。

图 15.1　女士职业套装

服装颜色以淡雅或同色系的搭配为宜，颜色勿过于花哨，形式也不宜暴露。女式套装在选配方面较男士西装更为讲究，也更为繁复。应注意如果穿旗袍，旗袍的叉子开得不要太高，内衣千万不能露在外衣的外面，穿裙子应穿高筒袜子或者连裤袜，穿过短的裙子、暴露的上衣出席正式场合会让人觉得不礼貌。裙装长度应在膝盖左右或以下，太短有失庄重。T 恤衫、迷你裙、紧身裤、宽松服等，即便在社会上铺天盖地，也应列为门店工作的编外服装。

【参考】

> **不符合要求的着装**
>
> (1) 过分休闲的装束(包括牛仔服饰、超短裤、裙裤、凉鞋、轻便鞋、时尚拖鞋等)。
> (2) 过于张扬的装束(包括无袖、吊带、露背裙、超短裙、紧身裤等)。
> (3) 运动装束(包括薄绒衫裤、球鞋、登山鞋等)。

2. 男士服饰

前来门店咨询的消费者不但注重销售人员有多少本事，但同样也注重销售人员的外表留给人的印象。

1) 正装

图15.2 男士西装

对男士来说，西装应保持同色配套，并且面料最好以深色或深蓝色为主(图15.2)。如果穿双排扣西装，纽扣一定要全部扣上；单排扣的西装在正式场合须扣上一个；两粒扣的应扣上不扣下；三粒扣的应扣中间一粒。把握好款式和尺寸，西服套装对款式和尺寸要求很严格，不合体的西装会让人显得邋遢又土气。要注意着装时整洁笔挺，背部无头屑，上衣口袋不插笔，所有口袋不因放置钱包、名片、香烟、打火机等物品而鼓起来。

购买西装时要特别注意挑选适合自己的款式、颜色和号码，量身定制当然是最专业的。如肩膀位置要看肩与袖的接缝处是否在肩关节上，切不可骑在肩上或调在臂上。裤子长度以直立状态下裤脚遮盖住鞋跟的 3/4 为佳。选择简单款的皮带，皮带的颜色以黑色为最好，皮带头不宜过大、过亮，也不要有很多的花纹和图案。

【参考】

着西装"三个三原则"

(1) 三色原则：全身颜色不得多于3种颜色(色系)。
(2) 三一定律：鞋子、腰带、公文包3处保持一个颜色，黑色最佳。
(3) 三大禁忌：左袖商标拆掉；不穿尼龙袜，不穿白色袜；领带质地选择真丝和毛的，除非制服配套否则不用"一拉得"，颜色一般采用深色，短袖衬衫打领带只能是制服短袖衬衫，夹克不能打领带。

2) 衬衫

领口与袖口保持洁净；衬衣的质地、款式、颜色与西装合理搭配，符合自己的年龄、身份和公司的个性。经典白色衬衫永不过时，而蓝色衬衫能体现出智慧、沉稳的气质。衬衫下摆要放入裤腰内。内衣、内裤、衬衣等都不能露出。衣扣都要扣整齐。虽然服装潮流是体现个性，但要以内在素质取胜，先从严肃的服装入手。

3) 领带

领带(图15.3)的选择对于男士的仪表极为重要。领带最好在材质和风格上与已有的西装、衬衫是相同的。领带的长度以至皮带扣处为宜。领带必须干净、平整。别指望马马虎虎的一刷、一拍、一抟就可以使领带给自己带来成功男士的魅力。一条价格适中、清洁整齐、色彩和谐的领带，远远胜过"历经沧桑"的名牌货。领结要打得坚实、端正，不要松松散散，耷拉在一边。在配色方面，要记住"和谐就是美"，不要追求标新立异，以免弄巧成拙。

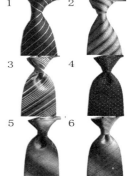

图15.3 领带

【参考】

不同图案的领带有不同的使用意义

(1) 斜纹领带：表现稳重、理性、果断、权威，适合在谈判、会议、演讲场合使用。
(2) 圆点或方格领带：表现规范、有序，适合初次见面或见上级、上司时使用。
(3) 不规则图案领带：表现活泼、个性、创意、朝气和随意，适合在宴会上使用。

4) 鞋袜

皮鞋黑而不脏、亮而不新，皮鞋的颜色要选黑色，这与白衬衣、深色西装一样属于最稳重、保险的色调。要注意经常擦鞋，保持鞋面的清洁光亮。有的同学尽管买的皮鞋很好，但不注意擦拭，面试的时候皮鞋看上去灰头土脸的，与上面笔挺的西装很不协调，这会让招聘经理觉得应聘者粗心大意。另外还需要注意的是，千万不要把新皮鞋留到出外销售或拜访客户那天才穿，因为新皮鞋第一次穿会很不合脚，走起路来一瘸一拐的，让人误认为你有腿疾。

男士的袜子颜色一般不要比裤子淡，袜子颜色最好和鞋、裤子的颜色一致，袜子干净、无异味。保持足够的长度，以袜口抵达小腿为宜。

5) 眼镜

戴眼镜的朋友，镜框的佩戴最好能使人感觉稳重、调和。眼镜的上镜框高度以在眉头和眼睛之间的 1/2 处为宜，外边框以和脸部最宽处平行为宜。

6) 其他

不要将票夹、钥匙、手机、零钱等放在裤袋中。一个鼓鼓囊囊的票夹会使衣袋变形，从而使做工考究的西服全都走样。在票夹中只挑出必须随身携带的零钱和证件，把那些收据、发票、纸片和相片等都留在家里。浓重的体味、口臭属大忌，刮胡水是男性香水适当的替代品。

3. 服饰建议

下面分别从服饰素雅、服饰得体、服饰整洁 3 个方面提出具体建议。

1) 服饰素雅

门店销售人员在工作中所选择的服饰一定要合乎身份、素雅大方。门店销售人员在工作场合所选择的服饰，其色彩宜少不宜多，其图案宜简不宜繁。切勿令其色彩鲜艳抢眼，令其图案繁杂不堪。在经费允许的条件下，门店销售人员的服饰应尽量选用质地精良的。门店销售人员的服饰应以其款式的素雅庄重为基本特征。若其款式过于前卫、招摇，则与门店销售人员自身的身份不符。服饰虽不必选择名牌货、高档货，但对其具体做工应予以重视。若其做工欠佳，则必定会有损于门店销售人员的整体形象。门店销售人员的服饰还应注重搭配之道。

2) 服饰得体

门店销售人员在工作之中所佩戴的饰物应当以少为妙。不提倡门店销售人员在工作场合佩戴高档的珠宝首饰，或是过多数量的金银首饰，不然便有张扬招摇之嫌。在工作中，门店销售人员的着装不应过分暴露自己的躯体。做到不露胸、不露肩、不露背、不露腰、不露腿"五不露"原则。此外，要注意内衣不可外露，不允许过于单薄透明。在任何时候，都不允许门店销售人员的内衣透视在外,不应穿短小或过分紧身的服装。

3) 服饰整洁

在任何情况下,门店销售人员都不能听任本人的服饰有异物或有异味。服饰一旦出现残破时,应及时对其修补或更换,服饰缺损是缺乏理智和职业道德的表现。门店销售人员的衣着以平整为美。若出现众多的褶皱,应及时更换,或熨烫平整之后再穿。门店销售人员在穿衣服、戴首饰时,必须遵守门店的章程,不能随心所欲地乱穿、乱戴。

三、修饰美

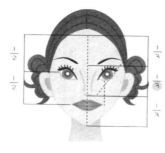

图 15.4 修饰

修饰美主要指容貌的化妆、饰品的佩戴、发型的塑造等,如图 15.4 所示。

1. 美容化妆

"浓妆淡抹总相宜",化妆是传统、简便的美容手段,化妆用品的不断更新使过去简单的化妆扩展了更多的内涵。美容专家说:"化妆的最高境界就是别人只感受到你的美丽,却感觉不到你化妆过。"

化妆在形象设计中起着画龙点睛的作用。门店销售人员为了使自己更美丽、更精神,更好地服务顾客,给顾客一个好印象,上岗前一定要化妆,但不宜浓妆艳抹,应该以优雅大方的淡妆为宜。女士化淡妆应做到:皮肤清洁;不画眼影;不贴睫毛;不用深色或艳丽色口红;施粉适度、不留痕迹;不留长甲;不涂指甲油,或者选择颜色透明自然的指甲油。

图 15.5 面部清洁

1) 化妆前的面部清洁(图 15.5)

使用洗面乳的方法。应将洗面乳放在手上揉搓起泡,泡沫越细越不会刺激肌肤,泡沫需揉搓至奶油般细腻才算合格,让无数泡沫在肌肤上移动以吸取污垢,而不是用手去搓揉。首先从皮脂分泌较多的 T 字区开始清洗,额头中心部皮脂特别发达,要仔细清洗,用指尖轻柔仔细地清洗皮脂腺分泌旺盛的鼻翼及鼻梁两侧,注意嘴巴四周也要清洗,脸部是否洗净重点在于有没有注意细小的部位,清洗时以按摩手法从内向外轻柔描画圆弧状滑动清洗。清洗面颊的诀窍是不要用指尖接触皮肤而是用指肚,使指肚仅有的面积充分接触脸颊的皮肤,以起到按摩清洁的作用,洗脸的重要技巧是在于不要太用力,以免给肌肤带来不必要的负担。

要记得洗到脖子部位,下巴底部、耳下等也要仔细洗净。冲洗时用流水(水龙头不关)充分地去除泡沫,冲洗次数要适度,在较冷的季节需使用温水,以免毛孔紧闭而影响了清洗效果。洗脸后用毛巾擦拭脸上水分时,不可用力揉搓,以免伤害肌肤。正确使用毛巾的方法是将毛巾轻贴在脸颊上,让毛巾自然吸干水分。

图 15.6 脸部化妆一

2) 脸部化妆(图 15.6)

脸部化妆一方面要突出面部五官最美的部分,使其更加美丽,另一方面要掩盖或矫正缺陷或不足的部分。经过化妆品修饰的美有两种：一种是趋于自然的美，另一种是艳丽的美。前者是通过恰当的淡妆来实现的，它给人以大方、悦目、清新的感觉，最适合在家或平时上班时使用。后者是通过浓妆来实现的，它给人以庄重、高贵的印象，可出现在晚宴、演出等特殊的社交场合。门店销售人员的化妆多趋于淡妆——自然美。

图 15.7　脸部化妆二

(1) 椭圆形脸的化妆。椭圆形脸(图 15.7)可谓公认的理想脸形，化妆时宜注意保持其自然形状，突出其可爱之处，不必通过化妆去改变脸形。胭脂应涂在颊部颧骨的最高处，再向上向外揉化开去。唇膏，除嘴唇唇形有缺陷外，尽量按自然唇形涂抹。眉毛可顺着眼睛的轮廓修成弧形，眉头应与内眼角齐，眉尾可稍长于外眼角。正因为椭圆形脸无须太多掩饰，所以化妆时一定要找出脸部最动人、最美丽的部位，而后突出，以免给人平平淡淡、毫无特点的印象。

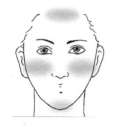

图 15.8　脸部化妆三

(2) 长脸形或蛋形脸的化妆。长脸形或蛋形脸(图 15.8)的人，在化妆时力求达到的效果应是：增加面部的宽度。胭脂应注意离鼻子稍远些，在视觉上拉宽面部。抹时可沿颧骨的最高处与太阳穴下方所构成的曲线部位，向外、向上抹开去。粉底，若双颊下陷或者额部窄小，应在双颊和额部涂以浅色调的粉底，造成光影，使之变得丰满一些。眉毛修正时应令其成弧形，切不可有棱有角的。眉毛的位置不宜太高，眉毛尾部切忌高翘。

(3) 圆形脸的化妆。圆脸形(图 15.9)给人可爱、玲珑之感，若要修正为椭圆形并不十分困难。胭脂可从颧骨起始涂至下额部，注意不能简单地在颧骨凸出部位涂成圆形。唇膏可在嘴唇上涂成浅浅的弓形，不能涂成圆形的小嘴状，以免有圆上加圆之感。粉底可用来在两颊造成阴影，使圆脸消瘦一点。选用暗色调粉底，沿额头靠近发际处起向下窄窄地涂抹，至颧骨部下可加宽涂抹的面积，造成脸部亮度自颧骨以下逐步集中于鼻子、嘴唇、下巴附近部位。眉毛可修成自然的弧形，可作少许弯曲，不可太平直或有棱角，也不可过于弯曲。

图 15.9　脸部化妆四

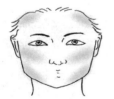

图 15.10　脸部化妆五

(4) 方形或菱形脸的化妆。方形或菱形脸(图 15.10)的人以双颊骨突出为特点，因而在化妆时，要设法加以掩蔽，增加柔和感。胭脂宜涂抹得与眼部平行，切忌涂在颧骨最突出处，可抹在颧骨稍下处并往外揉开。粉底可用暗色调在颧骨最宽处造成阴影，令其方正感减弱。下颚部宜用大面积的暗色调粉底造成阴影，以改变面部轮廓。唇膏可涂丰满一些，强调柔和感。眉毛应修得稍宽一些，眉形可稍带弯曲，不宜有角。

(5) 三角形脸的化妆。三角脸形(图 15.11)的特点是额部较窄而两腮较阔，整个脸部呈上小下宽状。化妆时应将下部宽角"削"去，把脸形变为椭圆状。胭脂可由外眼角处起始向下抹涂，令脸部上半部分拉宽一些。粉底可用较深色调的粉底在两腮部位涂抹、掩饰。眉毛宜保持自然状态，不可太平直或太弯曲。

图 15.11　脸部化妆六

图 15.12 脸部化妆七

(6) 倒三角形脸的化妆。倒三角脸形(图 15.12)的特点是额部较宽大而两腮较窄小，呈上阔下窄状。人们常说的"瓜子脸""心形脸"即指这种脸形。化妆时，掌握的诀窍恰恰与三角脸相似，需要修饰部分则正好相反。胭脂应涂在颧骨最突出处，而后向上、向外揉开。粉底可用较深色调的粉底涂在过宽的额头两侧，而用较浅的粉底涂抹在两腮及下巴处，造成掩饰上部、突出下部的效果。唇膏宜用稍亮些的唇膏以加强柔和感，唇形宜稍宽厚些。眉毛应顺着眼部轮廓修成自然的眉形，眉尾不可上翘，描时从眉心到眉尾宜由深渐浅。

【参考】

> **化妆的技巧**
>
> 基本要求：化妆上岗、化淡妆上岗。
> 基本注意事项如下。
> (1) 化妆要自然：妆成有却无，如唇彩应考虑服饰、肤色的搭配，眼影应自然过渡。
> (2) 化妆要美化：庄重保守，不求时尚前卫，要符合常规审美标准。
> (3) 化妆要避人。

3) 手部修饰

手是人体中活动最多的部分之一，也常常是人们目光的焦点。职业女士一般不宜留长指甲，以至影响正常操作办公室设备。不要涂彩色的指甲油，指甲一定要保持整洁。指甲油用肤色，不但符合色彩还原的化妆新潮流，而且宜于搭配衣物及化妆，表现手指的一体感。

2. 佩戴饰物

门店销售人员在工作岗位上佩戴饰品时，通常有基本的上限与下限。上限是选择、佩戴饰品不宜超过两种。下限是可以不佩戴任何一种、任何一件首饰；对于男性门店销售人员来讲，尤其有必要如此。因为在一般情况下，男性佩戴饰品往往更难为人们所接受。

图 15.13 佩戴丝巾

要注意，耳环是否增加了耳朵和脸蛋的神韵？项链是否使人显得修长而丰满？戒指是否使手指显得修长纤细？如果饰物不会成为成功的配件，就不要配饰，否则会使人觉得太沉重，珠光宝气会压倒人的气质。一条丝巾(图 15.13)、一枚胸花、一条项链，就能恰到好处地体现人的气质和神韵，让饰品真正有画龙点睛之妙。门店销售人员在自己的工作岗位上佩戴饰品时，应特别遵守下列两方面的要求。

图 15.14 工作服

1) 穿工作服时的要求

穿工作服时，不宜也不需要佩戴任何饰品，如图 15.14 所示。穿工作服不仅表示正在工作，而且代表着敬业、爱岗、效率、统一；否则要是佩戴很多饰品，工作服的风采便会被冲淡，甚至被根本抹杀了。

2）穿职业套装时的要求

一般而言，工艺饰品多适合人们在社交应酬之中佩戴，借以突出佩戴者本人的鲜明个性。然而，正装的基本风格是追求共性，不强调个性。所以，门店销售人员在身着职业套装时通常不宜佩戴工艺饰品。

门店销售人员假如被许可在工作之中佩戴饰品，也要力求少而精，只宜选戴简单的金银饰品，而且一定要彼此和谐，相互统一。

3. 塑造发型

门店销售人员的发型要根据工作的特点来选择，以端庄自然为宜，不可过分夸张。尤其是时尚流行的今天，面对流行，要学会自己判断选择，适合自己的才是最好的。一定要注意流行并不代表美丽，也并不一定代表正确。多种发型如图 15.15～图 15.18 所示。

图 15.15　发型一　　　图 15.16　发型二　　　图 15.17　发型三　　　图 15.18　发型四

1）身材和发型

头发的长短考虑的是身材比例，矮小的人头发不宜太长，及肩是最长的限度，长头发会把身高拖下来，本来不高会显得更矮；如果颈项不够长，也不能留长发，会使颈项显得更加短；过胖的女性不适合直发。

2）发质和发型

人的发质与脸形都是天生的，一般来说，专业的发型师会根据顾客的发质特点来决定做什么样的发型。人们应该先了解自己属于何种发质。

(1) 丽质天生型。怎么拨弄都好看，并且柔亮动人，是令人羡慕的发质，幸运拥有这种发质的人只需要剪个简简单单的长短适中的发型就行了。光有一头好发质却疏于清洁也是万万不行的。不要在发型师的怂恿下去染发或烫发，这样的结果只会让头发失去光泽，打理起来更麻烦。

(2) 软趴趴型。东方人有很多人都属于这种发质，洗完头后若没加以吹整，就容易全部躺平在头皮上，所以时下酷酷的短发可能就不适合。理想的做法是将头发剪出层次，而每次洗完头后也能稍加吹整，这样会让头发较为蓬松，若真要蓄酷酷的短发，就必须选对适合软性发质的整发膏，借以增强定型效果。

(3) 自然卷型。东方人之中自然卷的发质比较少，如果拥有一头这样的头发，就应该避免留长，以中短发为最佳，另一方面不妨运用造型胶，先涂抹在双手上，再顺势在头发上抓一抓，让头发有一种自然的乱象，效果会更好。

(4) 硬直发型。这样的头发的确不好整理，留的太长时容易到处翘，所以不妨保持短发，同样可借助造型胶吹整出喜欢的发型，而想要让发质变柔软的方法就是在洗完头发后，使用护发素之类的产品。

不过无论属于哪一种发型，最重要的是维持发丝的干净并梳理整齐。发型是构成仪容的重要部分，恰当得体的发型会使人容光焕发，充满活力，显示出与众不同的特质来。女士应根据自己的脸形、体形、年龄、职业来做发型，而整理一头适合脸形的头发可为自己的个人魅力加分不少。

3) 脸形与发型

各种脸形如图 15.19 所示。

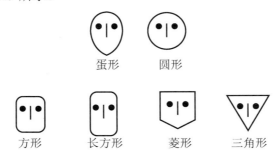

图 15.19　各种脸形图

(1) 方形脸。方形脸又称为国字脸，一般视觉印象是脸盘较大，脸部轮廓也呈扁平感，掌握整发的要诀就是"避免蓬松"，例如烫得过卷的头发会让脸显得更大，在梳理头发分线的时候也要避免"中分"，以左右旁分为佳，若要特别吹整头发，不妨将发尾吹整为大波浪，这样可缓和整个头型曲线，化除方形脸的刻板印象。

(2) 圆形脸。圆形脸容易给人迟钝的感觉，在职场上可能因为这样的感觉而失去了专业形象，掌握整发的要诀就是"轻快、简洁"，一般印象中的简洁七分头反倒不适合圆形脸，最佳的长度应该是中长度，并且在前额剪出打薄的刘海，这样的直短发可以让人看起来更专业且轻快。

(3) 倒三角形脸。拥有倒三角形脸形的人容易让人产生不易亲近的感觉，所以变发的重点就在于抵消给人的这种不利印象。避免将整个头发向后梳理是一个重要的原则，因为这会让倒三角形的脸更加明显，稍有刘海并将两侧头发打薄，避免头发蓬松，如此就不会让人感到上半部脸过宽。

(4) 长形脸。一般人见到长形脸的直觉总是忧郁、老成，所以变发的重点就在如何让脸长缩短些，如此才能让人显得更有活力与朝气。理想的发型是将前面刘海留长，然后采用旁分法并将刘海向两侧自然分开梳理，如此在前额会产生自然的大波浪，这是让头型自然变短的方法，应该避免的是将两侧头发打薄。

不管长发还是短发，一定要洗干净、梳整齐，增添青春的活力。发型可根据衣服正确搭配，要善于利用视觉错觉来改变脸形，如脸形过长的人可留较长的前刘海，并且尽量使两侧头发蓬松，这样长脸看起来就不太明显；脖颈过短的人则可选择干净利落的短发来拉长脖子的视觉长度；脸形太圆或太方的人一般不适合留齐耳的发型，也不适合中分头路，应该适当增加头顶的发量，使额头部分显得饱满，在视觉上减弱下半部脸形的宽度。根据应聘的不同职业，发型也应有所差异。

四、日常商务仪态

1. 站、坐、走、蹲的商务仪态

1) 女士

(1) 站：女性门店销售人员站立时，可表现出轻盈、妩媚、娴静、典雅的韵味，要努力给人以一种"静"的优美感。在站立时应两眼平视前方；表情自然，稍带微笑；两臂自然下垂，挺胸收腹；两腿立直，脚跟靠拢。

服务时的站姿多采用叠手站姿：双脚八字步或丁字步(即一脚稍微向前，脚跟靠在另一脚内侧，距离不超过 20 厘米)。双手虎口相交叠放于脐下三指处，手指伸直但不要外翘(图 15.20(a))；或放于腰际，拇指可以顶住肚脐处，手指伸直但不外翘(图 15.20(b))；或放于腰际，手指可自然弯曲(图 15.20(c))，一般在店内交流时多采用这种站姿。上身正直，头正目平，微收下颌，面带微笑；挺胸收腹，腰直肩平，双臂自然下垂，两腿相靠站直，肌肉略有收缩感。这种站姿端正中略有自由，郑重中略有放松。在站立中身体重心还可以在两脚间转换，以减轻疲劳，这是一种常用的接待站姿。

(a) 站姿 1　　　　　　　(b) 站姿 2　　　　　　　(c) 站姿 3

图 15.20　站姿

优美的站立姿势，关键在于脊背的挺直。要让身体主要部位尽量舒展，做到头不歪、脖不伸、颈部直、背不驼、胸不窝、肩不耸、腰部挺、髋不松、膝不弯，这样就会给人以肢体挺拔、精力充沛之感。

不良的站姿会给优雅打折，如图 15.21 所示。

(2) 坐：相对男士而言，女士的正确坐姿显得更为重要。无论多么美丽的女士，身着多么体面的衣装，如果坐姿不雅，马上就会让人议论纷纷。正确的坐姿应该是：入座时要轻、稳、缓。走到座位前，转身后轻稳地坐下。女子入座时，若是裙装，应用手将裙子稍稍拢一下，不要坐

图 15.21　不良的站姿

下后再拉拽衣裙，那样做不优雅。一般来说，女士入坐应尽量向前，背部一般不要靠在椅背上，可以将随身携带的物品如手提袋或衣物等东西放在身体和椅背之间。正式场合一般从椅子的左边入座，离座时也要从椅子左边离开，这是一种礼貌。女士入座尤其要娴雅、文静、柔美。如果椅子位置不合适，需要挪动椅子的位置应当先把椅子移至欲就座处，然后入座。而坐在椅子上移动位置是有违社交礼仪的。

女士坐姿主要有以下 5 种。

第一种：正位坐姿。身体的重心垂直向下，双腿并拢，大腿和小腿成 90°角，双手虎口相交轻握放在左腿上，挺胸、立腰、面带微笑，如图 15.22(a)所示。

第二种：双腿斜放坐姿。身体的重心垂直向下，双腿并拢，大腿和小腿成 90°角，平行斜放于一侧，双手虎口相交轻握放在腿上，挺胸、立腰、面带微笑，如图 15.22(b)所示。

第三种：双腿交叉坐姿。身体的重心垂直向下，双腿并拢，大腿和小腿成 90°角，平行斜放于一侧，双脚在脚踝处交叉，双手虎口相交轻握放在腿上，挺胸、立腰、面带微笑，如图 15.22(c)所示。

第四种：前伸后屈坐姿。身体的重心垂直向下，双腿并拢，左脚前伸，右脚后屈或右脚前伸，左脚后屈，双手虎口相交轻握放在左腿上，更换脚位时，手可不必更换，挺胸、立腰、面带微笑，如图 15.22(d)所示。

第五种：架腿式坐姿。先将左脚向右踏出 45°，然后将右腿抬起放在左腿上，大腿和膝盖紧密重叠，重叠后的双腿没有任何空隙，犹如一条直线，双手虎口相交轻握放在腿上，可更换脚位，挺胸、立腰、面带微笑，如图 15.22(e)所示。

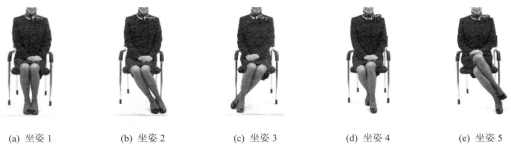

(a) 坐姿 1　　(b) 坐姿 2　　(c) 坐姿 3　　(d) 坐姿 4　　(e) 坐姿 5

图 15.22　坐姿一

女士坐在椅子上，应至少坐满椅子的 2/3，宽座沙发则至少坐 1/2。坐在矮沙发上时，双腿除要合拢外，膝盖要尽可能高过腰部，因此所采用的坐姿应该是双腿斜放式的坐法，也就是双脚同时向左侧或向右侧斜放，与地面成 45°左右的夹角。女士的身体如果能形成 S 形，则是最优美的姿态。

主持会议的女性坐姿应该是双腿并拢，双脚的脚踝部位先行交叉，然后略向左或右斜放，给人的感觉是大方自然。谈话时应根据交谈者方位，将上体双膝侧转向交谈者，上身仍保持挺直，不要出现自卑、恭维、讨好的姿态。讲究礼仪要尊重别人但不能失去自尊。

离座时要自然稳当，右脚向后收半步，而后站起。

不同场合的女性可能要换用不同的坐姿，但是基本原则是背部挺直，膝盖并拢，双手成为交叉的八字形，放在身体的侧面或中间都行，上身必须正对前方，目光凝视客人，保持优雅的微笑，这就是高雅的形象了，如图 15.23 所示。

(3) 走：标准的走姿是行走时双肩平稳，目光平视，下颌微收，面带微笑。肩平不摇，手臂伸直放松，手指自然弯曲，摆动时以肩关节为轴，上臂带动前臂，前摆向里约 35°，后摆向后约 15°，挺胸、收腹、立腰，起步时身体未向前倾，身体的重量落于前脚掌，不要落于后脚跟。前脚着地和后脚离地时伸直膝部，行走速度为每分钟 110~120 步，如图 15.24 所示。

门店销售人员在工作中因着不同的服装,其走姿的要求也不同。

穿西装时,在仪态举止方面要体现出挺拔、优雅的风度,要注意保持后背平正。女士行走时步幅不宜过大,要走柳叶步,即两脚跟前后踩在一条直线上,脚尖略向外开,走出来的脚印像柳叶一样;穿裙装时,长裙行走要平稳,步幅可稍大些。转动时,要注意头和身体协调配合,注意调整头、胸、髋三轴的角度,强调整体造型美。穿短裙行走要表现出轻盈、敏捷、活泼、洒脱的风度,但最大步也不超过脚长的 1.6 倍。步幅不宜过大,脚步的频率可稍快些,保持活泼灵巧的风格;穿高跟鞋走路要注意保持身体平衡。由于脚跟的提高,身体的重心前移,应避免膝关节前曲、臀部向后撅的不雅姿态。行走时步幅不宜过大,将踝关节、膝关节、髋关节挺直,保持挺拔向上的形体,如图 15.25 所示。

图 15.23　坐姿二　　　　图 15.24　走姿一　　　　图 15.25　走姿二

【参考】

走姿的技巧

若走路时能仔细注意下述要点,就能具有美妙的姿态并洋溢着青春的魅力(图 15.26)。

① 以腰发动脚,重心移动,以腰部为中央。
② 颈要直,双目平视,下颌向内缩,面带微笑。
③ 上半身挺直,腰部后收,两脚平行。
④ 膝盖伸直,脚跟自然抬起,两膝盖相互碰触。
⑤ 有节奏地走路,肩膀放松,手指并拢。

图 15.26　走姿三

【参考】

走姿的禁忌

① 忌"内八字"或"外八字"。
② 忌哈腰驼背、歪肩晃臀、头部前伸。
③ 忌摆臀,左顾右盼。
④ 忌膝盖和脚踝僵硬,脚蹭地面,上下轰动。
⑤ 忌只摆动小臂,不抬脚,蹭着地走。
⑥ 忌在工作场合手插在口袋中、双臂相抱、倒背双手行走。
⑦ 忌多人一起行走排成横队。

(4) 蹲：女子下蹲时，左脚在前，右脚稍后，两腿靠紧，向下蹲时，两腿合力支撑身体，避免滑倒。女士因为多穿裙子，所以无论采用哪种蹲姿，两腿一定要靠紧，臀部向下。下蹲时，应使头、胸、膝关节在一个角度上，使蹲姿优美。下蹲拾物时，应自然、得体、大方，不遮遮掩掩，如图15.27所示。正确的常用蹲姿一般还有以下两种。

① 交叉式蹲姿：在实际生活中常常会用到蹲姿，如集体合影前排需要蹲下时，女士可采用交叉式蹲姿，下蹲时右脚在前，左脚在后，右小腿垂直于地面，全脚着地。左膝由后面伸向右侧，左脚跟抬起，脚掌着地。两腿靠紧，合力支撑身体。臀部向下，上身稍前倾，如图15.28所示。

② 高低式蹲姿：下蹲时右脚在前，左脚稍后，两腿靠紧向下蹲。右脚全脚着地，小腿基本垂直于地面，左脚脚跟提起，脚掌着地。左膝低于右膝，左膝内侧靠于右小腿内侧，形成右膝高左膝低的姿态，臀部向下，基本上以左腿支撑身体，如图15.29所示。

一般允许蹲姿的场景为：一是需要整理工作环境；二是要给予客人帮助；三是给客人提供必要的服务；四是需要捡拾地面的物品；五是需要自己照顾自己。

图 15.27 蹲姿一

图 15.28 蹲姿二

图 15.29 蹲姿三

【参考】

蹲姿禁忌

弯腰捡拾物品时，两腿叉开、臀部向后撅起是不雅观的姿态(图15.30)。下蹲时注意内衣"不可以露，不可以透"。

蹲姿三要点：迅速、美观、大方。

若用右手捡东西，可以先走到东西的左边，右脚向后退半步后再蹲下来。脊背保持挺直，臀部一定要蹲下来，避免弯腰翘臀的姿势。女士要两腿并紧，穿旗袍或短裙时需更加留意，以免尴尬(男士则两腿间可留有适当的缝隙)。

图 15.30 错误的蹲姿

2) 男士

(1) 站：站姿是静力造型动作，显现的是刚健、潇洒、英武、强壮的风采，力求给人以一种"强劲"的壮美感。

男性门店销售人员规范的站姿(图15.31，图15.32)应注意以下几点。

① 头正。两眼平视前方，嘴微闭，收颌梗颈，表情自然，稍带微笑。

② 肩平。两肩平正，微微放松，稍向后下沉。

③ 臂垂。两肩平整，两臂自然下垂，中指对准裤缝。

④ 躯挺。挺胸、收腹、立腰，臀部向内向上收紧，身体重心落于两脚正中。

⑤ 腿并。双腿立直、并拢，双脚平行不超过肩宽，以20厘米为宜。双手放置身体两

侧，手中指贴于裤缝。

服务岗位中的几种站姿有以下两种姿势。

① 背手站姿(图 15.33)：双手在身后交叠，右手贴在左手外面，贴在两臀中间。两脚可分可并。分开时，不超过肩宽，脚尖展开，两脚夹角成60°挺胸立腰，收颌收腹，双目平视。这种站姿优美中略带威严，易产生距离感，所以常用于门迎和保卫人员。如果两脚改为并立，则能突出尊重的意味。

图 15.31　站姿一　　　　　图 15.32　站姿二　　　　　图 15.33　站姿三

② 背垂手站姿：一手背在后面，贴在臀部，另一手自然下垂，手自然弯曲，中指对准裤缝，两脚可以并拢也可以分开，也可以成小丁字步。这种站姿显得大方自然、洒脱，会给人们挺拔俊美、庄重大方、舒展优雅、精力充沛的感觉。

【参考】

商务礼仪中站姿六不宜

① 不宜东倒西歪。
② 不宜耸肩勾背。
③ 不宜双手乱放。
④ 不宜脚位不当。
⑤ 不宜做小动作。
⑥ 不宜随意倚靠。
部分不雅站姿如图 15.34 所示。

图 15.34　错误的站姿

(2) 坐：男士坐时应做到上身挺直，双手轻握膝盖，双脚平行，两膝间隔一拳，脚态可取小八字步或稍分开以显自然洒脱之美(图 15.35)，但不可尽情打开腿脚，那样会显得粗俗和傲慢。

图 15.35　男士坐姿

【参考】

商务礼仪中坐姿十不宜

图 15.36　错误坐姿

① 入座不宜太重。
② 女子落座双膝不宜分开，双手不宜乱放。
③ 不宜坐满椅子。
④ 不宜脚尖朝天。
⑤ 坐在椅子上不宜前俯后仰、东倒西歪。
⑥ 不宜摇腿、抖脚；坐立时，腿部不宜上下抖动，左右摇晃。
⑦ 双腿不宜过于交叉，或直伸出去。
⑧ 不宜双手放于臀部下面或以手触摸脚部。
⑨ 不宜以脚自脱鞋袜。
⑩ 不宜把脚放到桌椅上。

部分不雅坐姿如图 15.36 所示。

(3) 走：男士行走时上身挺直，双肩平稳，目光平视，下颌微收，面带微笑；挺胸、收腹，使身体略微上提；手臂伸直放松，手指自然弯曲，双臂自然摆动，步履稳健自信。一般男士的行走速度为每分钟 108～110 步。

【参考】

商务礼仪中走姿六不宜

① 身体不宜摇晃。
② 双手不宜反背。
③ 不宜手插裤袋。
④ 步幅不宜过大。
⑤ 步幅不宜过小。
⑥ 有急事莫奔跑。

部分不雅走姿如图 15.37 所示。

图 15.37　错误走姿

(4) 蹲：男士下蹲时无论采取哪种蹲姿，都应掌握好身体的重心，避免在客人面前歪倒的尴尬局面出现。

一般男士多采用高低式蹲姿：下蹲时右脚在前，左脚稍后，两腿靠紧向下蹲。右脚全脚着地，小腿基本垂直于地面，左脚脚跟提起，脚掌着地。左膝低于右膝，左膝内侧靠于右小腿内侧，形成右膝高左膝低的姿态，臀部向下，基本上以左腿支撑身体，如图 15.38 所示。

图 15.38　男士蹲姿

2. 手势和表情的商务仪态

1) 引导手势

一般方向的引导有提臂式、横摆式、回摆式和直臂式 4 种。邀请礼仪引导根据引导和被引导之间的距离主要分为提臂式和横摆式。

(1) 近距离：提臂式引导。
(2) 中距离：横摆式引导。
手势要领：手指伸直并拢，手与前臂成一条直线，肘关节自然弯曲，掌心向斜上方(图15.39)，同时注意眼神的交流。
在引导顾客上下楼梯时应注意以下两点。
(1) 新客人——侧前方引导。
(2) 老客人——客人先上先下。
在行进中引导顾客时应根据情况进行危机提醒，行进中与客人打招呼，礼仪用语可分为以下两种。

图 15.39　引导手势

(1) 近距离："请坐""请看这里""请注意这里"等。
(2) 中距离："这边请""请向这边走"等。
2) 递接物品的手势
在门店工作中，需要将物品递接给顾客时，应注意以下几点。
(1) 双手递接为宜。
(2) 要递接于手中。
(3) 要主动上前递接物品。
(4) 尽量做到方便递接。
(5) 递接有尖刃物品时，注意尖刃应朝向己方。

【参考】

手势注意事项

(1) 动作宜亲切自然，切忌快、猛。
(2) 不要掌心向下，不能用手指点人或指人。
(3) 注意面部表情和身体其他部位动作的配合，体现对其他人的尊重和礼貌。

3) 表情礼仪
表情是内心情感在面部的表现，是人际交往相互交流的重要形式之一。良好的表情可以缩短人与人之间的距离，化解令人尴尬的僵局，是沟通彼此心灵的渠道，使人产生一种安全感、亲切感和愉快感。

$$表情 = 目光 + 微笑$$

在五官当中，眼睛的传达力和表现力是最强的，虽然微笑有很强的感染力，但是它表达的信息却是单一的，而眼神可以传达出欣喜、关注、厌恶或不安等情绪。
"眼睛是心灵的窗户"，所以，大家一定要把这一扇可以帮助自己传达内心情感的窗户擦亮。
一旦学会了眼睛的语言，表情的变化将是无穷无尽的——泰戈尔。

【参考】

视线的应用

(1) 注意视线接触的向度，即目光的方向：我们比较喜欢平视，这样使交流也如目光的这条线路一样直接而顺畅，仰视和俯视都会使双方的心理承受差距。

(2) 把握视线接触的长度：如果你和一个人在交往时对方很少关注你，而且注视你的时间不超过整个相处时间的 30%，说明这个人不在乎你。那么同样的道理，如果你在和没有自信心的顾客交往时，多一些目光的接触，对于鼓励顾客有很大的作用。

(3) 控制视线接触的位置：一般而言，在初次相见或最初会面的短暂时间里，应注视对方的眼睛，但如果交谈的时间较长，考虑将目光迁回到眼睛和眉毛之间，或随手势而动。

(4) 善用目光的变化：每次看别人的眼睛 3 秒左右，让对方感觉到比较自然。

3. 上车、下车的商务仪态

由于工作需要，门店销售人员乘坐小轿车时应特别注意上下车的仪态。上车时，右手轻扶住车门，身体微微侧转与车门平行。然后右脚轻抬先进入车内，右手轻扶车门稳定身体。臀部往内坐下，左手同时扶住车门边框支撑身体，并缓慢将左脚缩入车内，此时要注意膝盖确实并拢。最后借由双手撑住身体，移动身体至最舒服的位置坐妥，优雅地坐进车内，如图 15.40 所示；下车时，应将双腿一起先移出车外，然后将屁股移出车外。尤其是乘轿车穿裙装的女士更要注意。

图 15.40　上、下车仪态

在正式的情况下，与他人一起乘坐轿车时，上下车的先后顺序有着一定的礼数。

(1) 如果当时环境允许，应当请女士、长辈、上司或嘉宾首先上车，最后下车。

(2) 若男士一同与女士、长辈、上司或嘉宾在双排座轿车的后排上就座，应请后者首先从右侧后门上车，在后排右座上就座。随后，应从车后绕到左侧后门登车，落座于后排左座。到达目的地后，若无专人负责开启车门，则应首先从左侧后门下车，从车后绕行至右侧后门，协助女士、长辈、上司或嘉宾下车，即为之开启车门。

(3) 乘坐有折叠椅的 3 排座轿车时，循例应当由在中间一排加座上就座者最后登车，最先下车。

(4) 乘坐 9 座 3 排座轿车时，应当由低位者，即男士、晚辈、下级、主人先上车，而请高位者，即女士、长辈、上司、客人后上车。下车时，其顺序则正好相反。唯有坐于前排者可优先下车，拉开车门。

(5) 由主人亲自开车时，出于对乘客的尊重与照顾，可以由主人最后一个上车，最先一个下车。

(6) 销售人员自己在上下车时，动作应当"温柔"一点，不要动辄"铿锵作响"。上下车时，不要大步跨越，连蹦带跳，像是"跨栏"一样。穿短裙的女士上车时，应首先背对车门，坐下之后，再慢慢地将并拢的双腿一齐收入，然后再转向正前方。下车时，应首先转向车门，先将并拢的双脚移出车门，双腿着地后，再缓缓地移出身去。

(7) 上下车时，应当注意对高位者主动给予照顾与帮助。

(8) 销售人员如果身为低位，则在上下车时，还需主动地为高位者开关车门。具体来讲，当高位者准备登车时，低位者应当先行一步，以右手或左右两只手同时并用，为高位者拉开车门。拉开车门时，应尽量将其全部拉开，即形成90°的夹角。

(9) 在下车时，低位者可以先下车去帮助开门，以示敬人。其操作方法与上车时基本相同。

此外，销售人员还应当注意自己在车上的谈吐与举止。在轿车行驶过程中，大家可以与同车人略作交谈，但是，绝对地畅所欲言是行不通的。在轿车里不宜和司机过多交谈，不宜谈论隐私性内容。以下是几个在车内的"不要"。

① 不要在轿车内吸烟。
② 不要在轿车内整理衣饰、描眉画眼，以及脱鞋、对着车内后视镜补妆的做法是很让人反感的。
③ 不要在轿车里和异性打打闹闹，表现得过分亲昵。
④ 不要在车里吃东西、喝饮料、吐痰。
⑤ 不能把东西随便扔出车窗。

第二节　店员行为举止礼仪

门店销售人员端庄、礼貌、亲切、大方的举止，对于促进服务质量的提高起着重要的作用。门店销售人员的日常行为举止礼仪主要包括介绍、握手、交换名片、商务拜访、电话礼节、设宴、赴宴等方面的常用商务礼仪。

一、介绍

在交际场合难免会碰到生人，要想彼此认识，需要通过介绍来达到目的。门店销售人员得体正确的介绍礼仪十分重要。在社交场合跟来宾见面时，通常有两种介绍方式：一种是自我介绍；另一种是他人介绍。

1. 自我介绍

为了某事需要结识某人，在没有他人介绍的情况下，可以直截了当地自我介绍。虽然是素昧平生没有联系，只要彬彬有礼，对方自然也会以礼相对。自我介绍时机要得当，以不妨碍他人为准，自我介绍的内容一般包括自己所属的公司、职位、姓名等。

2. 他人介绍

他人介绍主要应做到以下3点。
1) 顺序得当
先将下级介绍给上级，将年轻者介绍给年长者，将男士介绍给女士，将低级主管介绍给高级主管,将公司同事介绍给客户,将非官方人士介绍给官方人士,将本国同事介绍给外国同事。

2) 称呼得当

记住使用尊称,有职务的要称职务。

3) 仪态要得当

介绍者五指并拢,掌心向上;被介绍者站立、面向对方,微笑或点头示意,表现出热情和友善,介绍完毕后与对方握手问候:"您好!很高兴认识您!"

【思考】

> **先介绍谁?**
>
> 你作为一名销售员,要把一位重要的老顾客和你的老板互相介绍认识一下,应该先介绍谁给对方?
>
> 新员工第一天上班,你作为老员工要把她和你们的老板互相介绍认识,应该先介绍谁给对方?

二、交换名片

当今社会,名片的使用已经非常普遍。通常名片都印有姓名、工作单位、职务等。商业名片往往还印有办公地点、电话号码、邮政编码、MSN、QQ 等,让对方见到名片一目了然。

对门店而言,名片不单单是商务活动的重要工具,而且对提高门店服务质量和加强门店客户关系管理都有重要意义。门店销售人员在工作中交换名片的机会很多,应该掌握名片的准备、递送、接受、交换、存放 5 个要领。

1. 准备名片

会客前,门店销售人员首先要检查和确认名片夹内是否有足够的名片,把自己的名片准备好,整齐地放在名片夹(盒)或口袋中(图 15.41),要放在易于掏出的口袋或皮包里,不要把自己的名片和他人的名片或其他杂物混在一起,以免用时手忙脚乱或掏错名片。

2. 递送名片

在门店接待场合,名片是门店销售人员自我介绍的简便方式,也是强化门店品牌的手段。在一般情况下递送名片时要注意以下几点。

(1) 门店销售人员态度谦恭,将名片正面对着对方,用双手的拇指和食指分别持握名片上端的两角,以弧线方式递交于对方胸前。如果是坐着的,应当起立或欠身递送,如图 15.42 所示。

(2) 递交时要目光注视对方,微笑致意,可顺带一句"我叫XXX,请多多关照"之类的客套话。

(3) 当面对许多人时,递送顺序由尊而卑,无法区分尊卑时可按由近而远的顺序圆桌递送时要顺时针。

图 15.41　名片盒

图 15.42　递送名片

3. 接受名片

接受他人递过来的名片时，应该注意以下几点。

(1) 尽快起身，面带微笑，用双手拇指和食指接住名片下方的两角，并说"谢谢"、"能得到您的名片，深感荣幸"等客套话。

(2) 接名片时，要面带微笑用双手接过对方的名片，然后认真看一遍上面的内容，可阅读或点头示意，并抬头看看对方，使对方产生一种受重视的满足感。

(3) 名片接到后不能随便乱放，如果接下来与对方谈话，不要将对方名片急于收藏起来，应该放在桌子上，并保证不被其他东西压起来，使对方感觉到对他的重视。

(4) 当对方递给自己名片之后，如果自己没有名片或名片恰巧用完了，就应当首先向对方表示歉意，再如实说明理由。

【参考】

交换名片"四不宜"

(1) 不宜把对方名片放入裤兜里。
(2) 不宜在对方名片上写备忘事情。
(3) 不宜先于上司向客人递交名片。
(4) 不宜玩弄对方的名片。

索取名片的4种常规方法

(1) 交易法：首先递送名片。
(2) 激将法：递送同时讲"能否有幸交换一下名片"。
(3) 谦恭法：对于长辈或高职务者，"希望以后多指教，请问如何联系？"
(4) 平等法："如何与你联系？"

4. 交换名片

名片是门店销售人员的必备沟通交流工具，名片像一个人简单的履历表，递送名片的同时，也是在告诉对方自己的姓名、职务、地址和联络方式，如图 15.43 所示。由此可知，名片是每个人最重要的书面介绍材料。若想适时地交换名片，必须注意下列事项。

图 15.43　交换名片

(1) 交换名片的顺序一般是："先客后主，先低后高。"当与多人交换名片时，应依照职位高低的顺序，或是由近及远，依次进行，切勿跳跃式地进行，以免被对方误解为厚此薄彼。

(2) 在与他人交换名片时，要养成记住对方姓名的习惯。只有门店销售人员重视顾客的名字，顾客才会重视门店的旅游产品。

(3) 在交换名片时，要保持名片的整洁，不要轻易地在自己的名片或他人的名片上随意涂改或做笔记，因为这样会造成他人心理上的不快感。

(4) 破旧名片应尽早丢弃，与其发送一张破损或脏污的名片，不如不送。

(5) 同时交换名片时也可右手递名片，左手接名片。

【参考】

交换名片技巧

(1) 名片可在刚见面或告别时发送，不要在会中擅自与别人交换名片。但如果自己即将发表意见，则在说话之前发名片给周围的人，可帮助他们认识你。

(2) 不要在一群陌生人中到处传发自己的名片，这会让人误以为你想推销什么物品。

(3) 除非对方要求，否则不要在年长的主管面前主动出示名片。

(4) 交换名片时如果名片用完，可用干净的纸代替，在上面写下个人资料。

5. 存放名片

存放名片时，应该注意以下几点。

(1) 整好名片册。得到的名片应一一放入名片册，小心折叠和弯曲。在名片旁，不妨粘一张便条纸，写上得到的时间、此人的特征、从他身上可获得哪些帮助和资讯等。一个小小的动作，将使日后受益无穷。

(2) 用好名片盒。对于工作中常用的名片，不妨将它们收置在一个小巧的名片盒里，随身携带，方便易用。

(3) 主动联系。在收到名片后，除了要定期整理、更新外，不妨试着和自己较感兴趣的人主动联系，几回电话就有可能为门店增添几笔生意，并有可能培养出忠诚顾客。

三、商务拜访

在日常工作中，门店销售人员拜访客人和客户的机会比较多，应该掌握好商务拜访的要点。商务拜访一般包括以下程序。

1. 约定礼仪

在进行商务拜访之前，要事先打电话向对方说明拜访的目的，约定拜访的时间与地点；记住不在客户刚上班、快下班、异常繁忙、正在开会、休息和用餐的时间去拜访。

2. 精心准备

正式拜访前，要阅读拜访对象的个人资料或公司资料，注意个人的仪表修饰，准备名片与门店相关资料，明确谈话主题、思路和话语。

3. 遵时守约

再次与客户通话确认，以防临时发生变化；选好交通路线，算好出行时间；确保提前 5～10 分钟到达。

4. 耐心等待

门店销售人员到达目的地后，应向接待人员说明身份、拜访对象和目的；在会客室等候时不看无关的资料或在纸上涂画；接待员奉茶时要微笑表示谢意；等候超过一刻钟可向接待员询问有关情况；如受访者实在脱不开身，则留下名片和相关资料请接待人员转交。

5. 专心会谈

门店销售人员在实际工作中跟客人会谈的机会很多。会谈时应该注意使用尊称、礼貌用语，注意语速、语气、语调，千万记住在会谈过程中如无急事不要接打电话。会谈是门店销售人员同游客交往的普遍形式，所以应掌握社交聚谈时的礼貌礼节。

(1) 在会谈时态度要真诚、庄重。不能傲慢、冷漠、随便、慌乱，不能唯唯诺诺、卑躬屈膝。

(2) 会谈时的表情要自然、大方。不能忸怩，不要惊慌失措，不要心不在焉，或时时看表，避免伸懒腰、打哈欠及做其他不雅动作。

(3) 会谈时的目光要坦率、诚实。忌讳左顾右盼、躲躲闪闪，切忌居高临下。

(4) 会谈时的内容可以根据不同的对象有所侧重，但不要涉及个人隐私，不能自我吹嘘。交谈时要做到"五不问"，即不问年龄(尤其是女性)、不问婚姻、不问履历、不问收入、不问住址。

(5) 多人交谈时，要照顾大家，不要只同一个或两个人讲话而冷落在场的其他人；也不要只顾自己讲话，不给其他人讲话的机会。聚谈时要做到善于选择话题、善于随机应变、不恶语伤人、忌自我吹嘘、适当保持沉默等。

6. 礼貌告辞

门店销售人员应根据会谈对方的反应与态度确定告辞的时机。告辞后即起身离开座位，握手并感谢对方的接待。客户如要相送，应礼貌地请客户留步。如办公室门原来是关闭的，出门后应轻轻把门关上。

【参考】

> **门店销售人员的举止**
>
> (1) 站姿(图 15.44)、坐姿要端庄、自然、精神。
> (2) 接待过程中的行走要轻盈、敏捷、优美、协调。
> (3) 讲话过程中的手势等肢体语言要得体、优雅，不可过分夸张。
> (4) 递接物品、名片、数钱、找钱等动作要符合规范。
> (5) 即使在没有顾客时，也不可相互打闹、嬉笑。
> (6) 上岗的任何时间都要避免懒散的样子。

图 15.44　销售人员站姿

四、销售距离

1. 私人距离

又称为亲密距离,一般小于 0.5 米,一般而言,消费者进入这一距离时,其对旅游产品服务或促销信息已产生兴趣,是主动过来询问的。

2. 社交距离

又称为常规距离,一般为 0.5～1.5 米,一般而言,在这一距离的消费者是在搜索目标信息。

3. 礼仪距离

又称为尊重距离,一般为 1.5～3 米,适用于迎宾,唤起消费者注意的距离。

4. 公共距离

又称为有距离的距离,一般距离在 3 米以上,适用于在店内搜寻潜在、有效消费者的距离。

五、电话礼仪

图 15.45 电话礼仪

电话是门店销售人员日常工作中进行沟通的主要工具之一,电话虽然是机械的,但使用它要用声调表达出门店工作人员的诚恳和热情,声音悦耳,音量适中,这是每一位打电话的人员都应遵守的最简单、最起码的礼貌。打电话时尽管相互看不见,但说话声音大小、对待对方的态度,使用语言的简洁程度等看不见的风度表现,都通过电话传给了对方(图 15.45)。因此,拨打或者接听电话时,门店销售人员应面带微笑、真诚友好,把快乐幸福带给电话另一端的客人。作为门店销售人员,不管在任何地方、任何时间、任何情况下,也不管你的心情有多么不好,都不能将任何消极情绪传染给电话另一端的顾客!因为你代表的是整个公司的形象。

1. 拨打电话

一定要让门店销售人员明确自己所拨打或接听的每个电话都是重要的,是代表旅行社形象的,对每一个旅游者都要抱着认真负责的态度,绝不能敷衍;门店销售人员的良好形象建立在每一个电话里,门店的业务和人脉(与客户建立的良好关系)会在每一个热忱的电话中悄悄拓展开来。

门店销售人员在打电话之前要做好充分的准备:一是打电话前必须明白每一个电话想要达到的效果或目的;二是所打的每个通话应是通过市场细分的目标客户群体(行业、领域等),并且准确无误地将旅游资讯传达给客户,同时了解客户的真实需求;三是在进行电话营销时,具备积极、自信的心态尤其重要。因为门店销售人员对自己的信心往往也是顾客对门店销售人员的信心。

门店销售人员首先应确定对方号码,确保环境安静,打电话时语气要热诚、口音清晰、语速平缓，确保说话内容、措词、语气和语调准确、简洁、得体，音调要适中，说话的态度要自然。拨错号码要道歉。要注意自我介绍，然后询问和确认对方的姓名、部门和职位。如果对方不在，可请代接电话者转告，或向代接电话者询问对方的去处和联系方式，或把自己的联系方式留下，以便对方回来后回电话；最后要感谢对方或代接电话者，并有礼貌地说声"再见"。

【参考】

拨打电话(图 15.46)注意事项

(1) 往对方家里打电话，应避开早晨9点钟以前，晚上9点钟以后。往单位打电话，最好避开临下班前10分钟。

(2) 打电话时要先通报自己的单位或姓名。礼貌地询问对方是否方便之后再开始交谈。比如，"您好！我是××旅行社的门店，我想占用您5分钟时间，可以吗？"

(3) 假如要找的人不在，对方又问是否有什么话需要转告时，不要一声"没有"就挂断了，一般做法是留下姓名和电话号码，如果真没事可转告，也应客气地道谢。

(4) 电话内容应言简意赅，因为客户愿意听你说话的时间只有30秒。

图 15.46　拨打电话

(5) 当拨错电话后，应及时向对方道歉："对不起，我打错电话了。"

(6) 打完后，挂电话时要轻，赌气地把话筒一扔是没有礼貌的做法。一般应由年长者或接电话的一方先挂电话。

2. 接听电话

门店销售人员所代表的是门店而不是个人，它能够真实地体现出门店销售人员的个人素质、待人接物的态度以及通话者所在旅行社的整体水平。所以不仅要言语文明、音调适中，更要让对方能感受到热情、真诚。

门店销售人员接听电话时要养成良好的工作习惯：一是要手边放有纸和笔(双色铅笔、计算器、便笺、电话记录本、客户资料、备忘录等)，随时记下所接听或拨打的每一个电话中有价值的信息；二是自报家门，无论是接听还是拨打电话，都应该及时报出旅行社或者门店和自己的全名，并询问对方的公司、姓名和电话号码以及通信地址，以便于在电话沟通中，不时地称呼顾客的姓名，更好地了解顾客的真实情况。三是门店销售人员接听电话要及时，铃响不过3声，若周围吵嚷应安静后再接电话，因有急事或接另一个电话而耽搁时应表示歉意，如图 15.47 所示。

图 15.47　接电话

接电话的内容一般如下。

(1) 热情问候并报出公司或部门名称，用语规范；保持微笑，注意姿势，语调平静，吐字清晰，音量适中。

(2) 一手持听筒，一手准备记录；抓住重点，留心细节，适时回应，重要内容要复述并得到对方确认，如图 15.47 所示。

(3) 接电话时要确认对方单位与姓名，询问来电事项，按 4W1H (who 谁打来的\when

时间\where 哪里打来的\why 为什么打来\How to 如何处理的)原则记录。
- (4) 不随意打断对方说话。
- (5) 转接时注意表述"请稍等"。
- (6) 不在对方可听见的情况下转接或问话。

【参考】

> **接听电话注意事项**
>
> (1) 注意接听要及时，应对要谦和，语调要清晰明快。
> (2) 接电话时如果嘴里正吃着东西，要尽快把东西吞下去再接，免得对方听不清楚并有失礼之嫌。
> (3) 别人打电话到门店找你，应该尽可能地亲自去接，就是手里有很忙的事，也要把它放下，让他人去代接是不礼貌的。
> (4) 拨错号码是常有的事，接到拨错号码的电话，不能一声"错了"，然后重重挂上电话。要语气温和地告诉对方："对不起，你打错了，这是××旅行社门店。"
> (5) 通话结束时，挂断电话需要轻放，这一点非常重要，但很多门店销售人员很难做到。

3. 代接电话

门店销售人员如果是代接电话，应按照下列程序进行应对：首先告知对方所要找的人不在，并说明原因；礼貌地询问对方的工作单位、姓名和职位、是否留言。如留言，应详细记录，并表示会尽快转达；如对方不留言，则等对方挂断后再挂机。接到抱怨和投诉电话时不与对方争辩，而应表示会尽快处理。如不是本部门的责任，应把电话转给相关部门和人员。来电找的人正在接电话或无法接电话时如实相告并主动询问对方是留言还是等待。如留言则记录对方的留言、单位、姓名和联系方式；如等待则将话筒轻轻放下，通知被找的人接电话。如被叫人正在接一个重要电话，一时难以结束，则请对方稍后再来电话，切忌让对方莫名地久等。

【参考】

> **代接电话注意事项**
>
> 接电话找人是常有的事，不要一声"不在"就不容分说把电话挂上了，也不能过分追问对方情况，例如，"你找他有什么事？""你是他什么人？"等，这都是非常失礼的表现。
> 应说："请稍等！"如果对方要找的人恰巧不在，要立即告之："对不起，本人不在，需要我转告什么吗？"但询问对方姓名后再说"本人不在"就很容易引起对方的误解。

4. 挂机顺序

门店销售人员在电话通话结束后，一定要清楚谁先挂机，正确的顺序如下。
- (1) 上级先挂机。
- (2) 客户先挂机。
- (3) 主叫先挂机。

【参考】

表 15-1 电话礼仪的语言选择

错误语言	正确语言
你找谁？	请问您找哪位？
有什么事？	请问您有什么事？
你是谁？	请问您贵姓？
不知道！	抱歉，这事我不太了解。
他不在！	抱歉，他还没回来，您方便留言吗？
没这人！	对不起，我查一下，您还有其他信息可以提示我一下吗？
你等一下，我要接个别的电话。	抱歉，请稍等。

六、电子邮件礼仪

电子邮件又称为子函件或电子信函，也包括短信和微信。它是利用电子计算机或移动设备所组成的互联网络向交往对象所发出的一种电子信件。使用电子邮件进行对外联络，不仅安全保密，节省时间，不受篇幅的限制，清晰度极高，而且还可以大大地降低通信费用。随着互联网和电子邮件在商务领域中的普及应用，电子邮件礼仪已经成为商务礼仪的一部分，并且对于客户关系成败的影响日益显著。门店销售人员发送电子邮件应该注意以下几点。

1. 认真撰写

向他人发送的电子邮件一定要精心构思，认真撰写。

1) 主题要明确

一个电子邮件大都只有一个主题，并且往往需要在前注明。若是将其归纳得当，收件人见到它便对整个电子邮件一目了然了。

2) 语言要流畅

电子邮件要便于阅读，语言要流畅。尽量别写生僻字、异体字。引用数据、资料时，则最好标明出处，以便收件人核对。

3) 慎重对待

要小心撰写在 E-mail 或微信、短信里的每一个字，每一句话。因为法律规定 E-mail 或微信、短信也可以作为法律证据，是合法的，所以发 E-mail 或微信、短信时要小心。如果是对旅行社、门店不利的信息，千万不要写上，如报价等，发邮件时一定要慎重、慎重，再慎重。

4) 注意措辞

发件人也许认为自己的邮件浅显易懂，但是有时候却遭到误解。简单明了的邮件可以节省打电话或发传真澄清邮件意义的时间。

2. 提前通知收件人

尽量在发邮件以前得到对方的允许或者至少让他知道有邮件过来，确认自己的邮件对他有价值。没有人会喜欢垃圾邮件。收件人对于满篇废话的不速之"件"的态度通常是作为垃圾邮件一删了之。

3. 避免滥用

时间是无比珍贵的，所以"在商务交往中要尊重一个人，首先就要懂得替他节省时间"。若无必要，轻易不要向他人乱发电子邮件。收到他人的重要电子邮件后，应即刻回复对方。

不要"惹火"收件人：如果使用含有敌意的词句或者批评的语气(电邮礼仪中称之为"火焰")，就会"惹火"对方并且造成糟糕的局面。电子邮件不是大家"笔伐"的工具，如果有问题，与对方当面解决。

4. 慎选功能

(1) 小心使用附件功能：附件越大，下载时间就越长，占用收件人的电脑空间就越大。有些附件可能毫无必要，也许收件人已经有了。可传真或者邮寄那些冗长的附件。

(2) 小心使用抄送功能：发件人也许会把自己的邮件像备忘录一样抄送给其他同事或者客户。不要滥用抄送功能，否则收件人会以处理垃圾邮件的方式一删了之。

(3) 小心使用软件功能：现在市场上所提供的先进的电子邮件软件可有多种字体备用，甚至还有各种信纸可供使用者选择。这固然可以强化电子邮件的个人特色，但是对于此类功能商界人士必须慎用。因为，一方面，对电子邮件修饰过多，难免会使其容量增大，收发时间增长，既浪费时间又浪费金钱，而且往往会给人以华而不实之感。另一方面，电子邮件的收件人所拥有的软件不一定能够支持上述功能。这样一来，他所收到的那个电子邮件就很有可能会大大地背离了发件人的初衷，因而使之前功尽弃。

七、胸卡礼仪

《旅行社国内旅游服务质量要求》中明确要求门店销售人员"佩戴胸卡"，《旅行社出境旅游服务质量》中也要求营业销售人员"佩戴服务标志"，可见胸卡或者服务标志的重要性。门店销售人员佩戴胸卡时要注意以下事项。

1. 规格统一

门店销售人员胸卡的尺寸、颜色、款式、图案等要完全一样。

2. 内容统一

一般应包括部门、职务、姓名3项。必要时还可贴上本人照片，以供顾客监督。

3. 佩戴统一

或将胸卡别在左侧胸前，或挂在胸前，或用挂绳将胸卡挂在颈上。

4. 完好无缺

佩戴破损、污染、折断、掉角、掉字或涂改的胸卡只会有害无益，应及时更换。

第三节 礼仪养成训练

礼仪是人类文明演变的结果，是文化的沉淀物，它也是一个企业道德文化水平发达程度的标志之一。对门店而言，加强门店销售人员的文化素质、礼仪素养训练有助于热情细致地接待顾客，有助于成功地宣传门店旅游产品，有助于妥善处理顾客的不满和投诉，有助于门店、旅行社树立良好的口碑和品牌形象。

一、迎宾礼

迎宾礼仪是给对方留下良好印象的首要一步。在门店商务礼仪中，迎宾礼仪还包括如下内容。

图 15.48　迎宾礼

(1) 门店销售人员看到客人进店时，要注意眼、耳、口的并用。说"欢迎光临"的时候要求门店销售人员融入感情，眼神要流露出欣喜。最重要的是要态度亲切、热诚待人，如图 15.48 所示。

(2) 要做到"五步目迎，三步问候"。目迎就是行注目礼。门店销售人员要专注，看到旅游者已经进来了，就要转向旅游者，用眼神来表达关注和欢迎，注目礼的距离以五步为宜。在距离三步的时候就要面带微笑，热情地问候并用手势语言敬请旅游者坐下。

(3) 要言行一致，千万不能心口不一。比如嘴上说"您好，欢迎光临"，手里还在忙着其他事宜，就给人以不愉快的感觉。

(4) 对所有顾客都要一视同仁，让每个上门的旅游咨询者都能感觉受到尊重与重视，才是接待的最高艺术。

【参考】

> **点 头 礼**
>
> 当顾客在销售人员的带领下走过其他正在工作的人员前时，正在忙于工作的销售人员可以对顾客行点头礼，表示对顾客的欢迎。销售人员在与顾客的交谈中，也可在对顾客的观点表示认可时行点头礼。点头礼的基本姿势为：双眼平视对方，面带微笑，点头 1~2 下，以向对方表示友好、致意或者赞同。

二、送客礼

"出迎三步，身送七步"是送客礼仪的基本要求。顾客离店必应以礼相送，除了说些道别话外，还要懂得一些送客礼节，以将再次见面的心情来恭送旅游者出去。

(1) 当旅游者提出告辞时，门店销售人员要等旅游者起身后再站起来相送，切忌没等旅游者起身，自己先于旅游者起立相送，这是很不礼貌的。

(2) 若旅游者已经起身告别，门店销售人员仍端坐在办公桌前，嘴里说再见，而手中却还忙着自己的事，甚至连眼神也没有转到旅游者身上，更是不礼貌的行为。

(3) 通常当旅游者起身告辞时，门店销售人员应马上站起来，与旅游者握手告别，同时选择最合适的言词送别，如"预祝旅游愉快""欢迎下次光临"等礼貌用语。尤其是对初次上门的旅游者更应热情、周到、细致。

(4) 当旅游者带有较多或较重的物品时，送别时应主动帮旅游者代提重物，送出门店。

(5) 与旅游者在门口、电梯口或汽车旁告别时，要与旅游者握手，目送旅游者上车或离开，要以依依不舍的态度送客，不要急于返回，应挥手致意，待旅游者移出视线后，才可结束送别仪式。

三、握手礼

握手是最为常见、使用范围十分广泛的见面礼，它是社交和商务活动中一个公开而又神秘的使者，可以表示欢迎、友好、祝贺、感谢、敬重、致歉、慰问、惜别等各种感情。正是这简单的一握，蕴藏着丰富的信息；简单的一握也蕴藏着复杂的礼仪细节。因为，握手动作的主动与被动、力量的大小、时间的长短、身体的俯仰、面部的表情及视线的方向等，往往表现了握手人对对方的不同礼遇和态度，也能窥测对方的心里奥秘。

1. 握手的程序

握手的主要原则是尊重别人。握手的程序应根据握手人双方的社会地位、年龄、性别和宾主身份来确定。一般遵循"尊者决定"的原则。握手的次序要得当。

(1) 女士先伸手之后男士再伸手——表示对女士的尊重，如女方无握手之意，男方可点头或鞠躬致意；倘若男方已是祖辈年龄，则男方先伸手也是适宜的。

(2) 上级先伸手之后下级再伸手——表示对上级的尊重。

(3) 客人到来时主人先伸手——表示对客人的欢迎与热情；客人临走时客人先伸手——表示对主人的感谢与告别。

(4) 在平辈的朋友中，相见时先出手为敬；如要同许多人握手，应当先同性后异性，先长辈后晚辈，先职位高者后职位低者，先已婚者后未婚者。

(5) 在社交和商务场合，当别人不按先后顺序的惯例而已经伸出手时，都应毫不迟疑地立即回握，拒绝他人的握手是不礼貌的。

当然，要掌握好握手的力度、速度、时间长短、身体的弯度、面部的表情和视线方向。

【参考】

握手"五不宜"

(1) 不宜用左手。
(2) 不宜戴着墨镜。
(3) 不宜戴着手套。
(4) 不宜交叉握手。
(5) 不宜坐着不动。

部分不雅握手礼仪如图 15.49 所示。

图 15.49 不雅握手礼仪

2. 握手的方法

在介绍之后，互致问候的同时，双方各自伸出右手，彼此之间保持一步左右的距离，手掌略向前下方伸直，拇指与手掌分开并前指，其余四指自然并拢并微向内曲，握手时两人伸出的掌心都不约而同地向着左方，然后用手掌和五指与对方相握。伸手的动作要稳重、大方，态度要亲切、自然。

右手与人相握时，左手应当空着，并贴着大腿外侧自然下垂，以示用心专一。一般要站着握手，除老弱残疾者外，不能坐着握手。握手时间的长短可因人、因地、因情而异。太长了使人局促不安，太短表达不出热烈情绪。初次见面时握手时间以 2～3 秒为宜；在多人相聚的场合，不宜只与某一人长时间握手，以免引起他人误会。

握手力量要适度，过重的"虎钳式"握手显得粗鲁无礼，过轻的抓指尖握手又显得妄自尊大或敷衍了事；但男性与女性握手时，男方只需轻轻握一下女方的四指即可。为了表示尊敬，握手时上身略微前倾，头略低一些，面带笑容，注视对方的眼睛，边握手边开口致意，如说："您好！""见到您很高兴！""欢迎您！""辛苦啦！"等。握手时可以上下微摇以示热情，但不宜左右晃动或僵硬不动。

对尊敬的长者握手可取双握式，即右手紧握对方右手时，再用左手加握对方的手背和前臂。当自己的手不干净时，应亮出手掌向对方示意声明，并表示歉意。

3. 握手的姿势

尽管握手的姿势千差万别，归纳起来它可以传达 3 种基本态度：支配型、顺从型、平等型。

平等型的握手所传递的信息是："我喜欢你，我们可以相处得很好"，如图 15.50 所示。

支配型和顺从型的态度则正好相反。握手时，如果对方的手掌心向下行握手礼，应该立刻意识到对方的支配欲和垄断欲很强，这种掌心向下的握手方式无声地说明，对方认为自己在此时此地处于高人一等的地位。而与此相反，如果对方握手时掌心朝上，应该意识到，对方属于顺从型，这种人可能处世比较民主、谦和、平易近人，对对方比较敬仰。这种人往往容易改变自己的看法，容易被他人支配。

图 15.50 握手姿势

【参考】

从握手姿势中可透露心态及性格特点

美国著名盲女作家海伦·凯勒说:"我接触过的手,虽然无言,却极有表现性。有的人握手能拒人千里。……我握着他们冷冰冰的指尖,就像和凛冽的北风握手一样。而有些人的手却充满阳光,他们握住你的手,使你感到温暖。"

4. 握手的场合

握手是人们日常交际的基本礼仪,在必须握手的场合如果拒绝或忽视了别人伸过来的手,就意味着自己的失礼。具体说来,应该握手的场合至少有以下几种。

在被介绍与人相识时;与友人久别重逢时;社交场合突遇熟人时;客人到来与送别客人时;拜托别人时;与客户交易成功时;别人为自己提供帮助时;劝慰友人时。此外,还应本着"礼貌待人,自然得体"的原则,灵活地掌握与运用握手礼的时机,以显示自己的修养与对对方的尊重。

四、鞠躬礼

图 15.51 鞠躬礼一

鞠躬礼(图 15.51)也是常用的见面礼节之一。所谓鞠躬礼,一般是指向他人躬身以示敬重或感谢之意。它因此也被称为躬身礼。此种礼节一般是下级对上级或同级之间、学生向老师、晚辈向长辈、服务人员向宾客表达由衷的敬意。门店销售人员行鞠躬礼表示对 VIP 客户、银发市场(专指旅游市场中的老年旅游者)的旅游咨询者的欢迎和敬意比较合适。

1. 基本方法

(1) 行礼时,立正站好,保持身体端正,双手放在身体两侧或在体前搭好,面带微笑。

(2) 面向受礼者,距离为两三步远。

(3) 鞠躬时,以腰部为轴,头、肩、上身向前倾斜 15°~60°(具体视行礼者对受礼者的尊敬程度而定),目光也应向下,同时问候"您好""欢迎光临""欢迎您再来""谢谢惠顾"等,如图 15.52 所示。

(4) 迎接客人时,女士双手交叉于腹前,男士双手在两侧或背后交叉,视线均落在对方鞋尖部位。礼后起身迅速还原。

2. 鞠躬礼的要领

行鞠躬礼时面对客人,并拢双脚,视线由对方脸上落至自己的脚前 1.5 米处(15°礼)或脚前 1 米处(30°礼)。男性双手放在身体两侧,如图 15.53(a)所示;女性双手合起放在身体前面,如图 15.53(b)所示。

鞠躬时必须伸直腰、脚跟靠拢、双脚尖处微微分开,目视对方。然后将伸直的腰背由腰开始上身向前弯曲。

图 15.52 鞠躬礼二

鞠躬时，弯腰速度适中，之后抬头直腰，动作可慢慢做，这样令人感觉很舒服。

(a) 鞠躬礼 1　　　　　　(b) 鞠躬礼 2

图 15.53　鞠躬礼三

3. 3 项礼仪准则

(1) 受鞠躬礼应还以鞠躬礼。

(2) 地位较低的人要先鞠躬。

(3) 地位较低的人鞠躬要相对深一些。

【参考】

> **鞠躬礼注意事项**
>
> (1) 内外有别。自古以来，中国就有鞠躬礼存在，但是在中国，鞠躬礼多用于需要表达敬谢之意或道歉之意的场合。而在国外，它却主要用于见面或告别之际。
>
> (2) 对象特定。在国外，鞠躬礼主要通行于我国相邻的日本、韩国、朝鲜诸国。在欧美各国以及非洲国家里，它并不流行。
>
> (3) 区别对待。施鞠躬礼时，外国人一般只会欠身一次，但对其具体幅度却十分在意。在正规场合，欠身的幅度越大，越表示自己对交往对象礼敬有加，不过欠身的最大幅度不宜超过 90°。

五、微笑礼

古人云："没有笑颜不开店"，"和气生财"。微笑可以产生最大的经济效益，微笑就是生产力。美国希尔顿饭店总公司董事长康纳·希尔顿视微笑为饭店效益的法宝。他说："我宁愿住进那些虽然只有旧地毯，但处处能见到微笑的旅店，也不愿意住进只有一流设备而不见微笑的饭店。""希尔顿的微笑"不仅挽救了经济大萧条、大危机时代的希尔顿饭店，而且造就了今天遍布世界近百家的希尔顿饭店集团。所以说，微笑是宾客感情的需要，是服务行业经济效益的需要。服务行业人员的微笑应该甜美、真诚、友善、亲切、大方、自然，给人一种愉快、舒适、幸福、动人的好感。

真诚的微笑是发自内心和享受其中的，微笑可以编织每一个奇妙。微笑是人际交往的润滑剂，见面时握手、问候、交换名片以至于交谈都需要微笑。

1. 微笑——你的第一张名片

微笑是旅游服务业的法宝，独具魅力的微笑是优质服务的基石。微笑是社交场合最富有吸引力、最有价值的面部表情，它表现着人际关系友善、诚信、谦恭、和蔼、融洽等最为美好的感情因素,所以微笑已成为各国宾客都理解的心理性"语言"。门店销售人员在接听客人的电话、跟客人面对面交谈、跟客人签订旅游合同、跟旅游供应商沟通谈判等时,都应该体现出发自内心的微笑,让对方体会到你的热情友好。

【参考】

图 15.54 微笑一

微笑的魅力(图 15.54)

(1) 微笑可以表现出对客人的友善。
(2) 微笑能够愉悦客人和自己的心情。
(3) 微笑能够增加与客人之间的沟通进程。
(4) 微笑可以体现调人员的修养和无穷魅力。
(5) 微笑可以获得客人的信任与尊重。

2. 微笑的练习

微笑是服务行业人员的基本功之一,这种微笑适用范围最广,它贯穿于接待服务的全过程。现代职场中,微笑是有效沟通的法宝,是人际关系的磁石。没有亲和力的微笑无疑是重大的遗憾,甚至会给工作带来不便。可以通过训练有意识地改变自己。

1) 良好素质——微笑练习的第一阶段

微笑不能单纯从动作分解出发,而首先必须有真诚的心态、心地和心境,要敬业、乐业,要有良好的心理素质。微笑在于它是含笑于面部,"含"给人以回味、深刻、包容感。如果露齿或张嘴笑起来,再好的气质也没有了。

2) 放松肌肉——微笑练习的第二阶段

放松面部肌肉,眼睛略眯起、有神,眉毛上扬并稍弯,鼻翼张开,脸肌收拢,嘴角上翘,唇不露齿,尤其是不露出牙龈,做到眼到、眉到、鼻到、肌到、嘴到,轻轻一笑才会亲切可人,打动人心。

可以使用"哆来咪"练习法,从低音"哆"开始,到高音"哆",一个音节一个音节地大声地清楚地说 3 次每个音。发音应注意嘴型。也可以默念普通话"茄子""七""威士忌",这些字、词的发音口型正好是微笑的最佳口型。

3) 增加弹性——微笑练习的第三阶段

形成笑容时最重要的部位是嘴角周围的肌肉。如果嘴角周围的肌肉变得有生机,整体表情就给人有弹性的感觉。伸直背部,坐在镜子前面,反复练习最大的收缩或伸张:首先张大嘴并保持这种状态 10 秒,使嘴周围的肌肉最大限度地伸张,能感觉到颚骨受刺激的程度;然后闭上张开的嘴,拉紧两侧的嘴角,使嘴唇在水平上紧张起来,并保持 10 秒;其后是在嘴角紧张的状态下,慢慢地聚拢嘴唇,保持 10 秒。保持微笑 30 秒,反复进行这一动作 3 次左右。

另外,还可以使用"咬筷法"(图 15.55、图 15.56)。即用门牙轻轻地咬住木筷子。把嘴角对准木筷子,两边都要翘起,并观察连接嘴唇两端的线是否与木筷子在同一水平线上。保持这个状态 10 秒。在这一状态下,轻轻地拔出木筷子之后,练习维持这个状态。练习的关键是使嘴角上升的程度一致。

图 15.55　微笑二　　　　　　　　图 15.56　微笑三

4）形成保持——微笑练习的第四阶段

这是在放松的状态下，闭上眼睛，调动感情，发挥想象力，或回忆美好的过去或展望美好的未来，使微笑源自内心，有感而发。使眉、眼、面部肌肉、口形在笑时和谐统一。根据以上各种练习笑容的过程，形成微笑。一旦寻找到满意的微笑就要保持，要进行至少维持那个表情30秒以上的训练，就可以获得很大的效果。

5）修正修饰——微笑练习的第五阶段

如果笑容还是不那么完美，就要寻找问题：比如嘴角上升时是否会歪；笑时是否露出牙龈。照着镜子，试着笑出前面所选的微笑，给上嘴唇稍微加力，拉下上嘴唇，用正确的姿势边修饰自己的微笑边反复练习美丽的微笑。

实 操 练 习

1．门店销售人员的形象礼仪主要从哪些方面来体现？
2．微笑练习经过几个阶段？试根据上述要求进行微笑练习。
3．门店销售人员地上取物要注意哪些要领？
4．在实习或实践工作中，你觉得自己或者同事们在使用名片、接听电话方面的举止得体吗？

参 考 文 献

[1] [美]科特勒·凯勒．营销管理[M]．梅清豪，译．上海：上海人民出版社，2006．
[2] 刘涛．门市销售服务技巧[M]．北京：北京大学出版社，2003．
[3] 徐云松，左红丽．门市操作实务[M]．杭州：浙江大学出版社，2006．
[4] 徐萍，代智弘．旅游门市接待[M]．北京：中国铁道出版社，2009．
[5] 王煜琴．旅行社计调实务[M]．济南：山东大学出版社，2009．
[6] 王艺超．金牌店长、金牌店员[M]．北京：北京工业大学出版社，2006．
[7] 东柯．金牌店长、金牌店员培训手册[M]．海口：海南出版社，2010．
[8] 赵晓军．金牌店长必读手册[M]．北京：中国商业出版社，2007．
[9] 祝文欣．王牌店长——店长制胜的9大秘诀[M]．北京：中国发展出版社，2010．
[10] 肖建中．王牌店长[M]．北京：北京大学出版社，2008．
[11] 赵伟．沟通式销售：沟通大师教你打动游客的心[M]．北京：地震出版社，2008．
[12] 叶宜同．我国旅游电子商务的现状与发展方向[J]．中国校外教育．2009,12:140-141．
[13] baidu 百科，http://wapbaike.baidu.com/．

北京大学出版社本科旅游管理系列规划教材

序号	书名	标准书号	主编	定价	出版时间	配套情况
1	会展概论	7-301-21091-8	来逢波	33	2012	课件
2	餐饮运行与管理	7-301-21049-9	单铭磊	39	2012	课件
3	现代酒店管理与服务案例	7-301-17449-4	邢夫敏	29	2012	课件
4	旅游财务会计	7-301-20101-5	金莉芝	40	2012	课件
5	旅游文化与传播	7-301-19349-5	潘文焰	38	2012	课件
6	旅游地形象设计学	7-301-20946-2	凌善金	30	2012	课件
7	旅游规划原理与实务	7-301-21221-9	郭伟	35	2012	课件
8	旅游学导论	7-301-21325-4	张金霞	36	2012	课件
9	前厅客房服务与管理	7-301-22547-9	张青云	42	2013	课件
10	休闲活动策划与服务	7-301-22113-6	杨梅	32	2013	课件
11	休闲学导论	7-301-21655-2	吴文新	49	2013	课件
12	休闲学导论	7-301-22654-4	李经龙	30	2013	课件
13	旅游服务礼仪	7-301-22940-8	徐兆寿	29	2013	课件
14	导游实务	7-301-21638-5	朱斌	32	2013	课件
15	导游实务	7-301-22045-0	易婷婷	29	2013	课件、教师用书
16	英语导游实务	7-301-22986-6	唐勇	33	2013	课件
17	旅游英语教程	7-301-22042-9	于立新	38	2013	课件、教师用书
18	旅游地图编制与应用	7-301-23104-3	凌善金	38	2013	课件
19	旅游资源开发与规划	7-301-22451-9	孟爱云	32	2013	课件
20	景区经营与管理	7-301-23364-1	陈玉英	48	2013	课件
21	旅游策划理论与实务	7-301-22630-8	李锋 李萌	43	2013	课件
22	旅游学概论	7-301-21610-1	李玉华	42	2013	课件
23	旅游学	7-301-22518-9	李瑞	30	2013	课件
24	会展业概论	7-301-23621-5	陈楠	30	2014	课件
25	休闲度假村经营与管理	7-301-24317-6	周绍健	40	2014	课件
26	西部民族民俗旅游	7-301-24383-1	欧阳正宇	54	2014	课件
27	旅游文化学概论	7-301-23738-0	闫红霞 李玉华	37	2014	课件
28	旅游企业战略管理	7-301-23604-8	王慧	38	2014	课件
29	旅游英语	7-301-23087-9	朱华	48	2014	课件、光盘、视频
30	旅游政策与法律法规	7-301-23697-0	李文汇 朱华	43	2014	课件
31	旅游法律法规教程	7-301-24850-8	魏鹏	45	2014	课件、微课
32	旅游心理学	7-301-23475-4	杨娇	41	2014	课件
33	旅游学概论	7-301-23875-2	朱华	44	2014	课件
34	现代酒店管理实用教程	7-301-24938-3	林巧 张雪晶	38	2015	课件
35	旅行社经营管理	7-301-25011-2	余志勇	35	2015	课件
36	旅游文化创意与策划	7-301-25166-9	徐兆寿	43	2015	课件
37	旅游景区管理	7-301-25223-9	杨絮飞 蔡维英	39	2015	课件
38	酒店质量管理原理与实务	7-301-25543-8	张红卫 张娓	37	2015	课件
39	会展节事策划与管理	7-301-25512-4	朱华 张哲乐	35	2015	课件
40	旅游交通管理	7-301-25643-5	来逢波 陈松岩	31	2015	课件
41	旅游规划理论与方法	7-301-25939-9	牟红	43	2015	课件
42	餐饮经营与管理	7-301-26144-6	公学国 王雅静	38	2015	课件
43	导游实务教程	7-301-26110-1	高亚芳	49	2015	课件
44	旅游资源学	7-301-26803-2	杨阿莉	44	2016	课件、互联网+
45	旅游经济学	7-301-26190-3	魏鹏 杜婷	35	2016	课件
46	旅游英语实用教程	7-301-27113-1	吴淑娟 王纯阳	25	2016	互联网+
47	现代旅行社门店管理实务(第2版)	7-301-27176-6	梁雪松等	35	2016	课件

如您需要更多教学资源如电子课件、电子样章、习题答案等，请登录北京大学出版社第六事业部官网 www.pup6.cn 搜索下载。

如您需要浏览更多专业教材，请扫下面的二维码，关注北京大学出版社第六事业部官方微信(微信号：pup6book)，随时查询专业教材、浏览教材目录、内容简介等信息，并可在线申请纸质样书用于教学。

感谢您使用我们的教材，欢迎您随时与我们联系，我们将及时做好全方位的服务。联系方式：010-62750667，moyu333333@163.com, pup_6@163.com, lihu80@163.com, 欢迎来电来信。客户服务QQ号：1292552107, 欢迎随时咨询。